『十四五』国家重点图书

汉水流域文明研究文丛之乡村文化自信

东方莱茵河

——一条大江的钟灵造化神韵

潘世东 丛书总主编

杨　涛 从书执行总主编

彭东方　潘龚凌子 著

国家出版基金项目
NATIONAL PUBLICATION FOUNDATION

WUTP
武汉理工大学出版社

图书在版编目（CIP）数据

东方莱茵河：一条大江的钟灵造化神韵/彭东方，潘龚凌子著. —武汉：武汉理工大学出版社，2023.11

（汉水流域文明研究文丛之乡村文化自信）

ISBN 978-7-5629-6460-5

Ⅰ. ①东… Ⅱ. ①彭… ②潘… Ⅲ. ①汉水-流域-文化史-研究 Ⅳ. ①K296

中国国家版本馆 CIP 数据核字（2023）第 092187 号

责任编辑：胡璇小惠
责任校对：赵星星
装帧设计：艺欣纸语
排　　版：武汉正风天下文化发展有限公司
出版发行：武汉理工大学出版社
社　　址：武汉市洪山区珞狮路 122 号
邮　　编：430070
网　　址：http://www.wutp.com.cn
经 销 者：各地新华书店
印 刷 者：武汉精一佳印刷有限公司
开　　本：710×1000　1/16
印　　张：18.25
字　　数：374 千字
版　　次：2023 年 11 月第 1 版
印　　次：2023 年 11 月第 1 次印刷
定　　价：148.00 元

凡购本书，如有缺页、倒页、脱页等印装质量问题，请向出版社发行部调换。
本社购书热线电话：027-87523148　027-87391631　027-87165708（传真）

作者简介

彭东方，1964 年生，1988 年硕士研究生毕业于武汉水利电力大学治河工程专业。曾任交通部长江水系航运规划办公室总工程师、长江航运规划研究中心主任兼总工程师，现任长江航运发展研究中心副主任兼总工程师，湖北省普通高校人文社会科学重点研究基地——汉江师范学院汉水文化研究基地特邀研究员。2005 年被评为湖北省有突出贡献中青年专家，当选中国人民政治协商会议湖北省第九届、第十二届委员会委员。参与国家级大百科历史文化重点出版工程“中华长江文化大系（二）”及“中华文化系大江”丛书等项目，著有《大江经纬——长江流域的纵横水网》等卷，多项研究成果获省部级奖。

作者简介

潘龚凌子，女，1989 年生，湖北省竹山县人，菲律宾永恒大学博士，共青团汉江师范学院文学院分团委书记，汉江师范学院文学院讲师。参与国家社科基金资助项目“汉江流域民歌论纲”“文学重复原理研究”。主要著作有《童心不泯——一条大江千年不歇的儿童歌谣》、《汉江歌魂》（副主编），发表《反思沈从文与鲁迅的乡土文学精神》《试论汉水流域儿童歌谣的分类》等多篇论文。

“汉水流域文明研究文丛之乡村文化自信”
顾问及编委会

总　序

汉水文化是我国流域文化中具有典型意义的特殊文化范型，是国内外学术界特别关注的学术焦点。

早在1956年，赖家度撰写的《明代郧阳农民起义》就从土地兼并和流民生计问题论证了流民起义的原因。20世纪90年代以来，关于该领域的研究异彩纷呈。王光德与杨立志著有《武当道教史略》，对中国道教在汉水中游的武当山异军突起作了全面且系统的梳理，这本书也成为研究汉水文化历史较早的史学专著。张国雄借助大量族谱资料完成名为《明清时期的两湖移民》的学术著作，对持续数百年的"江西填湖广""湖广填四川"作了初步梳理。牛建强的《明代人口流动与社会变迁》对汉水上游的地理、物产和人口概况作了详细的介绍，总结流民在该地区的活动以及朝廷由暴力镇压到安抚的策略变化过程，指出其作为内陆型移民代表的典型意义。葛剑雄主编、曹树基著的《中国移民史》（第五卷）按府级政区对汉水下游的洪武大移民和中上游的荆襄流民运动的过程与人口作了初步估算，可以看作是对20世纪该领域研究的系统总结。这一时期关于明代汉水流域经济开发的研究也已起步，具有代表性的文章是吕卓民的《明代陕南地区农业经济的开发》、张国雄的《江汉平原垸田的特征及其在明清时期的发展演变》等。21世纪以来，跨学科研究方法被广泛运用到该领域的研究中。受年鉴学派影响，武汉大学的一批学者不再把移民、经济、社会看成独立的研究单元，而是以长时段、多学科相结合的方式进行综合研究。2000年，鲁西奇的《区域历史地理研究：对象与方法——汉水流域的个案考察》出版，为区域历史地理创立了全新的研究范式。晏昌贵的《丹江口水库区域历史地理研究》将各个历史时期该地的政区、人口、聚落、经济研究结合起来，全面展示古代社会的生存状态。2007年，张建民的《明清长江流域山区资源开发与环境演变：以秦岭-大巴山区为中心》出版。潘世东的《汉水文化论纲》、刘清河的《汉水文化史》和柳长毅、匡裕从主编的《郧阳文化论纲》等著作则是从大文化史观的角度对汉水文化进行纵横梳理的务实探索。

此外，章开沅、张正明等主编的《湖北通史·晚清卷》，张正明著的《楚史》，蔡靖泉著的《楚文学史》，张正明、刘玉堂撰的《荆楚文化志》，潘世东、饶咬成、聂在垠主编的《汉水文化研究论文集（2）》，杨郧生编著的《汉水流域民俗文化》，李学勤、徐吉军主编的《长江文化史》，黄元英著的《商洛民俗文化述论》，左鹏著的《汉水》，鲁西奇著的《城墙内外：古代汉水流域城市的形态与空间结构》，陈良学著的《明清川陕大移民》，巫其祥著的《汉水流域的民居和民居风俗说略》，梁中效著的《汉水流域历史文化的和谐特色》，刘克勤主编的《文化襄樊》，王美英著的《明清长江中游地区的风俗与社会变迁》，周积明主编的《湖北文化史（上、下）》，王雄著的《汉水文化探源：一个河流守望者的文学手记》，徐少华著的《荆楚历史地理与考古探研》，刘玉堂、张硕著的《长江流域服饰文化》，夏日新著的《长江流域的岁时节令》，顾久幸著的《长江流域的婚俗》，姚伟钧著的《长江流域的饮食文化》，赵殿增、李明斌著的《长江上游的巴蜀文化》，刘韶军著的《楚地精魂——楚国的哲学》，曾小珊主编的《魅力汉中》，杨光才等编著的《南阳宗教文化》，赊店历史文化研究会编的《中国历史文化名镇——赊店》等，都有开一时风气之先的贡献。

汉江师范学院立足于文化历史学、文化社会学、文化哲学和文化地理学等学科背景，着眼于历史性、时代性、全面性、典型性、学术性和普及性等学术定位，运用现代学术规范，从全流域的角度，系统地梳理了汉水流域经济社会、历史文化发展的辉煌历程，汉水文化的形成和发展的古今概貌，揭示了汉水文化的基本内涵和特征，全面地描绘了汉水流域具有典型意义、异彩纷呈的文化事项和民风民俗，形成了“汉水流域文明研究文丛之乡村文化自信”这套独具特色的地域文化研究、流域与河流文化研究的丛书。

“汉水流域文明研究文丛之乡村文化自信”是一个涉及文化自信的建立、核心价值观的构筑和乡村振兴战略的实施等多个领域的综合性选题，是在特定时期（新时代）、特定区域（汉水流域），针对特定对象（乡村与基层），采用特定方式（乡村文化振兴）解决文化自信的建立、核心价值观的构筑和乡村振兴战略的实施问题，建设发展“产业兴旺、生态宜居、乡风文明、治理有效、生活富裕”的新农村，构筑“农业强大、农民富裕、农村美丽”的辉煌绚丽明天而提供的思考与讨论、启示与借鉴、思路与方案，以及目标任务和创造性举措。

“汉水流域文明研究文丛之乡村文化自信”将研究置于史论一体、宏微观结合的纵横坐标上，进行立体透视和系统把握，主要采用史论结合，即历史与逻辑相结合、理论思辨与实证分析相结合、宏观研究与微观研究相结合的方法和比较研究方法，以及美学和心理学研究方法，采取思维发展逻辑与社会文化语境相统一、理论分析与田野调查相统一、真理诉求与价值评判相统一的视角和研究方向，融原典阐述和现代阐发于一体，讲求研究方法的科学性和实效性。本丛书由9本书构成，主要包括《曲莫如汉——汉水流域历史文明巡礼》《汉水风神——一条古河的历史文化魅力》《明代汉水——一条文化大江的峥嵘辉煌岁月》《岁时节令与风尚习气——汉水流域历史文化风习》《童心不泯——一条大江千年不歇的儿童歌谣》《东方莱茵河——一条大江的钟灵造化神韵》《人类的故乡——一座汉江府城的千古沧桑》《古盐道上的文化奇迹——一个汉江古镇的千年歌唱》《乡风乡韵——一个汉江游子的古镇乡愁传奇》。该丛书以汉水流域为着眼点，通过对流域内一条大江、一群人、一个村、一个镇、一个城、一组歌谣、一种文明形态、一种文化等个案的历史阐释，揭示一方山川大地富饶壮美、历史文化博大精深、社会经济富丽繁荣背后的文明涵养力、支撑力、规范力和推动力的深远根源。

大略统览上述9本书，我认为“汉水流域文明研究文丛之乡村文化自信”具有四个方面的实践与理论价值。其一，该丛书具有较高的政治与学术理论站位，聚焦乡村振兴战略中的乡村文化振兴，聚焦汉水流域乡村文化的本色、底色、成色和特色，围绕汉水流域乡村文明的传承、保护与创新，分别从乡村文化的实践与探索、乡村文化的温馨与浪漫、乡村文化的情怀与梦想、乡村文化的创新与发展、乡村文化的奇迹与贡献等，展现汉水流域乡村文明特有的博大精深、伟大辉煌，展现汉水流域乡村文化在历史发展变革中坚实而持久的润化滋养作用、规范约束作用、支撑推动作用、激励引领作用，凸显乡村文化的价值与力量，着眼重塑乡村文化自信，凸显核心价值观，助推文化小康和乡村文化振兴战略。

其二，研究主题重大而紧迫，不仅紧跟时代，贴近现实，而且直接关乎物质文明、政治文明、精神文明、社会文明、生态文明五大文明建设，属当前亟须破题且强力推进的重大社会文化历史课题的主要内容。

其三，本丛书可以丰富汉水流域社会史、地方史研究内容，拓宽研究范围，纠正前人研究的部分偏见。本项目组将在全面收集官方、民间资料的基础上，全面总结和思考已有研究成果，综合考察移民开发、国家治理、文化建树之间的关系，将汉水流域社会历史文化研究引向深入。

其四，本项目组将汉水流域的“历史流域学”推向繁荣，将参与创设新的研究范式，推进人文社科重点研究基地建设。近年来，以流域为研究对象的“历史流域学”方兴未艾，本项目组将全面参与这种全新研究范式的创建，以汉水为例，丰富“历史流域学”的理论与方法。此外，本项目的研究具有较为重要的学术价值和区域经济社会发展等方面的现实意义。

作为特异型的流域文化，汉水流域文化在自身的历史进程中处于南北文化激荡交锋的锋面，融合黄河文化和长江文化的优长，具有兼容会通的特色，独树一帜，别具一格，是得天独厚、不可代替的流域文化范型。对汉水流域文化的观照和审视，从某种意义上说，就是对中华文化的重心和节点的观照和审视。真正学术意义上的汉水流域文化研究依然任重而道远。关于汉水流域文化赋存资源现代转型的研究和开发，对于中西部地区的经济、政治、文化、社会和生态建设，对于流域文化、城市文化等文化学学科建设，对于进一步振兴中华民族文化，具有重要的理论意义和现实意义；对于全流域的文化资源优势转化为文化产业优势，对于推进文化强国建设和文化产业跨越式发展，对于鄂西生态文化旅游圈的开发和建设，都具有重要的参考借鉴与促进推动作用。

“好雨知时节，当春乃发生。”“汉水流域文明研究文丛之乡村文化自信”是一套应节起舞、应运而生的地域历史文化丛书，我们诚挚地期待它能落地生根、开花结果，正如丛书主编潘世东教授的初衷设定：“首次运用文化人类学方法、现代生态学和价值理论，立足哲学和社会学的理论背景，调查走访、科学论证和理论演绎并重，力求从理论和实践两个方面双管齐下，实现对汉水流域传统历史文化和经济社会发展模式的全面透视，解析汉水流域千年政治经济和社会文化和谐发展的成功奥秘，以达到总结历史经验教训、传播先进思想文化和科学技术、为决策者参考的目的。”

“不废江河万古流。”最后，我衷心祝愿汉水文化研究行稳致远、根深蒂固、生机勃勃！热切期待汉水文化研究基地成果丰硕、人才济济、兴旺发达！

湖北第二师范学院党委书记、博士生导师杨鲜兰

2022 年 5 月

序

在中国的古老传说中，银河称作云汉、银汉，是牛郎和织女相会的地方。据称，这条天河实际上与大地相连，《诗经》中有云，“维天有汉”，唯一与银河相接的地上河流，便在中国，便是汉江。

一、地质学、地理学视野下古老与优渥的汉江

在人们的一般常识中，毫无疑问，长江、黄河当是中国的第一、第二长河，长江、黄河的历史也远远超过汉江，古代的江、河、淮、济“四渎”之说便是代表观点。但地质学和考古学界却有一种新说，在长江、黄河形成以前，汉江便在今日甘肃省的东南部和陕西省的西南部形成了，由叮咚之泉渐成潺潺之溪，继而发展成浩荡之水，终至形成气候，一泻千里地横贯中国南方大地，最后，携风带气、恣肆汪洋地流入东海。以当时的气候条件和江河流域辐射面积推论，汉江当属中国境内最古老的江河。当汉江形成之后，长江和黄河才逐渐形成。可以设想，在乾坤奠定之时，长江当是一条小溪，或者说长江远不是当今的规模和流向，甚至可能是汉江的一脉支流。

长江成为第一大河源于地质发生的强烈褶皱和对汉江古老河道的“袭夺”。

种种研究资料表明，现今的青藏高原曾是古地中海的一部分；现在长江流域的部分地区，在1.5亿年以前才从汪洋大海中隆起，逐渐成为陆地。原始的长江发源于三峡地区的山地，沿着东高西低的地形大势，经过四川、云南一带的盆地底部，滚滚西流，经云南

西南部的南涧海峡流入古地中海。直到距今约 5000 万年，印度大陆板块向北运动，与亚欧大陆板块相挤压，使古地中海的东部逐步隆起，形成了原始的青藏高原，使原来东高西低的地势演变成西高东低地势，长江西流的通道被阻塞，不得不“另寻出路”。随着青藏高原的进一步抬升，终于形成了今日大江东去的态势。有青藏高原及雄峰巨峦的终年积雪为后盾，长江的水势自然超过源自嶓冢山和玉带河的汉江，袭夺成为主流。这种袭夺对汉江实行了“斩头去身”：在源头夺走了汉江的第一源头“西汉江”，使汉江源头向东缩移至现在的嶓冢山，而在汉口以下夺走了辐射辽阔而悠远的中下游水道和水源，使汉江由横亘在中国南方大地的一条“巨龙”缩身为一条“小蛇”。在远古，如同今天四川的那条名叫西汉江的河流注入嘉陵江一样，嘉陵江的上游原本也是和汉江连为一体的。嘉陵江的重要支流被称为“西汉江”，也许并非人们的随意称呼，而是一种对原始事实的认定。

有学者认为，三峡地区在地质时期发生过强烈褶皱，此地区后成为华西与华东的分水岭，岭西三水皆向西藏。如果此说成立，那么秦岭以南的东流之水主要就是汉江了。而能够与此观点相互印证的是，1976 年和 1978 年，长江流域规划办公室组织考察队对长江源头进行实地科学考察，也得出了早期长江曾有过西流历史的结论。

放眼全球文明的诞生繁育，汉江得尽天时地利、江山之助：在地球的版图上，有一条神秘的北纬 30°线，许多古老的河流文明正是沿着这条纬线，开始了自己跨越千年的文明旅程。汉江，正好处在这条黄金般的北纬30°文明线上。

汉江行诗走歌、流金淌银，不仅是一条绿色生态之河、黄金商旅之河、文化大河、历史大河和魅力大河，更是华夏文明的重要发源地和中华民族的母亲河之一，被世界文化学家誉为“东方莱茵河”。

二、历史溯源视野下神圣与崇高的汉江

汉江文化的原创力与文明贡献首先表现在她四大发祥地的历史文化地位上。

1. 汉水流域是地球古老生命的重要发祥地

今天，在汉水流域的秦岭腹地生活着一种叫作朱鹮的美丽生灵，它是一个非常古老的物种，在春秋战国时期就有关于它的记载。朱鹮曾广泛分布于东亚地区，因为它的优雅和美丽，又被称为“吉祥之鸟”和“东方宝石”。20世纪中叶以来，对生态环境极其敏感的朱鹮日渐稀少。

朱鹮对生存环境的要求非常高，它们喜欢在可供觅食的水田、沼泽附近和幽静的环境中生活。晚上它们在大树上过夜，白天则到没有施用过化肥、农药的稻田、泥地或溪流边去觅食。汉江秦岭南麓地区正好满足了这些条件，从而成为朱鹮最后的生存净土。

秦岭是一道天然的屏障，西太平洋吹来的暖流，顺山势上升，

水汽随着空气温度的下降逐渐冷凝，形成充沛的降雨量。再加上这里恰好有着非常适合动植物生长的温度，天地间最慷慨的馈赠造就了这一地区生态类型的多样性。除了朱鹮之外，这里生活着野生大熊猫、金丝猴和羚牛等珍稀动物。这里还是中国当今最大的动植物物种宝库之一，其植物中的文王一支笔、头顶一颗珠、七叶一枝花、江边一碗水号称化石级珍稀中草药。朱鹮这种对生存环境极为挑剔的鸟类和大批珍稀化石级动植物的发现，让人们一再惊叹，这是一块创造生命奇迹的土地。

其实，汉水流域所创造的生命奇迹并不仅止于朱鹮等古老珍稀动植物，如果我们把目光回溯到几十万年前、几千万年前，甚至是几亿年前，这片土地所创造的生命奇迹更是令人叹为观止。

2004年，地处宁强县汉源镇草坝场村境内的付祥文在自己的采石场里意外地发现了一批特殊的石头，这些石头大多是海百合类化石、“竹筒石”化石、巨型海贝化石、蜂巢珊瑚海生化石、鹦鹉螺化石和震旦角石，这些海生物化石都生活在距今5亿年至1.8亿年。据地质考古学家证实，发现海生物化石的这一脉群山，属于5.2亿年前寒武纪地层。除了宁强县，在整个汉江上游地区都发现过大量的远古海洋生物化石。也就是说，远在5亿年前，汉江的上游地区就已经成为生命的乐园。

河南省西峡县和湖北省郧县（今郧阳区）恐龙蛋化石的发现多少具有几分荒诞色彩。这里一向出产一种名叫石胆的中药材，而石胆这种极普通的、光溜溜的、扁圆似胆的、有黑有红的石头，其实就是极为珍贵的恐龙蛋。

直到1993年初，石胆就是恐龙蛋化石的说法才不胫而走，并且石胆在伏牛山区大量出土，引起国内外专家的极大关注和兴趣。直到1993年8月，国家和当地政府才确认西峡县4个乡镇16个行政村有恐龙蛋化石点，该地区是一个标准的化石群。而且，在西峡县恐龙蛋化石群分布的中心地带阳城乡虎头山、黄龙庙等四个地方还先后发现了恐龙骨骼化石。紧接着，在湖北省郧县也同样发现了大量的恐龙蛋化石。在丹江口市的建筑工地上，人们发现了恐龙骨骼，这些地方与西峡县几乎在同一个地区，都在汉水流域。

根据古地质生物学家推断，只有非常适宜生命生存发展的地方，才有可能是生命起源的地方，也才有可能是人类文明的摇篮。而恐龙生存和发展得较具规模、较为密集、较为旺盛和较为壮观的地方可能就是这种地方。汉水流域恐龙蛋化石群和恐龙骨骼的惊人发现，说明汉水流域应该就是地球上生命的重要发祥地之一。

2. 汉水流域是人类的重要发祥地

在古人类的考古发掘史上，汉江郧县古人类遗址群的发现几乎让人惊心动魄。这里是东方世界从距今100万年至5万年的古人类演变完整链条化石群的所在地。1989年，汉江之滨出土的“郧县人”化石距今100万年至80万年，距今约75万年的是郧县梅铺猿人牙齿化石，郧县白龙洞猿人距今20万年至10万年，而郧西县黄龙洞猿人则距今约5万年。在古人类的发现上，中国有好几大古人类遗址，但是其他地方的猿人发现都是孤例，唯独“郧县人”遗址群在方圆不足200平方千米的区域构成了由猿到人最重要阶段的一个完整链条。汉水流域古人类演变完整链条化石群的发现，彻底改写了人类起源于非洲的一元论历史，使汉水流域成了人类当之无愧的摇篮之一。

3. 汉水流域是中华民族的重要发祥地

汉江上游是古代胜地，因为汉江发源于秦岭南麓，从这里有道路通往渭河流域和关中地区以及西面的四川地区。因此，在中国的整个历史上，汉水流域是长江流域和上述几个地区之间的著名通道。这很符合汉水流域实际，这个汉水地域圈，事实上就是古老华夏民族的起源地之一。

“华夏”之名，如何得来？古往今来，众说纷纭。

从文字学的角度看，“华”是“花”的本字，因而“华”字有美丽的含义；“夏”字是“大”的意思。将两者连在一起，就是“大美”的意思，的确是个美好的称谓。

“华夏”一词始见于《左传·襄公二十六年》“楚失华夏”。唐孔颖达疏:“华夏为中国也。”大约从春秋时期起，我国古籍上开始将“华”与“夏”连用，合称“华夏”。“华夏”所指即为中原诸侯，也是汉族前身的称谓，因为汉族是中华民族的主体，所以“华夏”至今仍为中国的别称。

为什么要将中国称为华夏呢？《辞海》“华夏”条解释为:“汉

族先民或中国（中原）的古称。……《书·孔氏传》中称‘冕服采章曰华，大国曰夏’；孔颖达疏谓‘中国有礼仪之大故称夏，有服装（章）之美谓之华’，并认为华夏连称‘谓中国也’。”① “华夏”中的“华”字有历史资料记载是指“华婿氏”，即华夏之根、人类共祖。而据传，早在公元前4000年，河西走廊和黄土高原北部居住着以黄帝为代表的夏族，晋南关中一带居住着以炎帝为代表的华族，淮河以南和汉水流域居住着蚩尤的先人。公元前2700年，夏族领袖黄帝东进，战胜华族领袖炎帝，两族结成联盟并将蚩尤灭掉，占据整个中原，华、夏二族逐渐融合成华夏族。所以炎黄的后代都为华夏子孙。

在历史上，“华夏”也是一个文化地域概念。古人以文化水平高低为地域定名。文化程度高的地区称为“夏”，文化程度高的人或民族称为“华”，“华”“夏”合起来就代表了中国是一个有高度文明和发达文化的中央大国。后来华夏族不断壮大，凡是接受认同华夏文化与号令的民族，大都纳入了传统华夏族的范畴，华夏成了中华民族的称号。

也有人从历史和逻辑两个方面进行演绎和考证，认为大约从公元前7000年起，当今汉族主体的一部分巴、楚人在长江流域发展。公元前5000年左右，汉族的另一来源华夏族在黄河流域起源并开始逐渐发展，进入了新石器时期，并先后经历了母系和父系氏族公社阶段。公元前2700年，活动于陕西中部地区的一个姬姓部落，

① 夏征农，陈至立. 辞海：第六版彩图本［M］. 上海：上海辞书出版社，2009：934.

首领是黄帝，其南面还有一个以炎帝为首的姜姓部落，双方经常发生摩擦。两大部落间最终爆发了阪泉之战，黄帝打败了炎帝，两个部落结为联盟，攻占并统一了周边各个部落，华夏族的前身由此产生。

公元前1046年，西周建立。从西周开始，境内各个民族与部落不断融合，形成了黄河流域的华夏族和淮河、泗水、长江和汉水流域的楚族。华夏族和楚族成为现代汉民族的前身。

春秋时期，华夏族同周边民族进一步融合，华夏族和楚族、秦族之间也逐渐融合。到了战国时期，华夏各诸侯国之间相互征战，陆续进入中原地区的其他民族也逐渐与华夏族融合，从而形成较为稳定的族体。此时，华夏族的活动地域也扩展到了辽河中下游、洮河流域、四川盆地、长江以南地区等地。

秦统一后，仅仅十余年，秦朝覆灭，刘邦战胜项羽，建立汉朝。汉朝统治中国400余年，该时期中国版图空前扩大，并以先秦时期的楚族和华夏族为核心，融合了羌、匈奴的部分部落，形成了汉族。此时汉族人口主要分布在黄河、淮河流域。从西晋末年起，汉族人口逐渐向长江、珠江及中国东南部大规模迁徙，到明清时，统治阶层的民族政策间接导致南方汉族人口超过了北方。自明朝起汉族开始零星向东南亚移民，从19世纪起又有汉族向欧洲、北美等地移民。

华夏民族究竟起源于何处呢？汉水流域地处我国内陆腹心之地，介于黄河、长江两大水系之间，秦岭耸立于北，巴山绵亘于南，形成两山夹一川的壮美地形。汉江河谷自古以来就是沟通东西的走廊。流域内的汉中盆地、南阳盆地和襄阳盆地又是我国西部和中部地区南北交往的通道。历史上南北对立时期，双方的征伐攻守主要在黄河、长江之间的汉水流域、淮河流域进行，争夺的焦点是汉中、襄阳、寿春和徐州。这四个城市分别位于中国古代北方与南方联系的四条主要交通干线上，是所谓“天关”“地机”“九州咽喉”。就山川形势的险要来说，汉水流域的汉中、襄阳自然在寿春、徐州之上。那么，在华夏民族起源和发展的过程中，汉水流域是否也处在所谓的“天关”“地机”“九州咽喉”的关键地位呢？

据《水经注》记载，汉水也叫夏水。有学者认为，“夏”民族的名称就是由“夏水”而得。著名学者钱穆先生在所著的《中国文化史导论》中认为，中国民族之本干，在春秋时代的人口里，常称为诸华或诸夏，华与夏在那时人的观念里，似乎没有很大分别。据有些学者的意见，华与夏很可能本是指其居住的地名。在《周礼》和《国语》两书里，华山是在河南境内的，很可能便是今之嵩山。古之夏水即今之汉水。华夏民族，很可能指的是今河南省嵩山山脉西南直到汉水北岸一带的民族。

著名学者吕思勉先生在《中国民族史》一书中写道:“夏为禹有天下之号，夏水亦即汉水下流。”① 章太炎先生在《訄书》中曾说过，“汉之左右，谓之夏、楚”②，意思是汉江两岸是夏和楚两大古老民族的发祥地。

汉水流域突出的文化历史地位和深厚的人文底蕴，足以为上述

---

① 吕思勉. 中国民族史［M］. 北京：中国大百科全书出版社，1987：6-7.
② 章炳麟. 訄书［M］. 刘治立，评注. 北京：华夏出版社，2002：119.

著名学者的学术观点提供强有力的文化资源支撑。“抟土作人”的人类始祖女娲，四五千年前就在汉江上游的安康市平利县和十堰市竹山县留下了有关抟土作人、炼石补天的传说和遗迹；炎帝神农部族在汉水流域的厉山始用木制耒耜耕田，在神农架架木为屋、日尝百草，神农氏因而闻名于世；千秋传颂的帝舜，在安康、房县、淅川和随州，留下了大量传说和直接的遗迹。世界最大的恐龙蛋化石群在这里问世，亚洲古老久远的人类头盖骨“郧县人”在这里被发现，还有李家村与龙岗寺等仰韶文化遗存。从诡秘的神话传说，到至今尚存的文化遗存，都提醒我们：汉水流域是华夏文明的古老源头之一。

对此，长期对汉江文化和巴蜀文化情有独钟的一位老人——华中科技大学的张良皋教授，经过三次长时间、大范围、近距离的实地田野探察，在《巴史别观》一书中，提出了类似观点：(在汉水流域的) 鄂湘川黔交界地区即古代巴域，是华夏文明发源地，中心就在汉江中游的郧阳竹山一带。张良皋称，甲骨文、古代精美的青铜器及古文化中的五行、八卦等，最早都是从巴域出现的。比如“五行”中，“金”代表西方盛产金银铜铁锡；“木”代表东方的荆山；“水”代表北方的汉江；“火”代表南方的炎热；“土”代表汉江中游郧阳出产的一种黄土。

汉水流域文化小说代表作家王雄曾经指出，人类文明依河流而兴，同时又沿着河流而扩散。同理，一个古老民族的起源和发展，也必定和一条古老的江河血肉相连、息息相关。一部华夏民族的形成发展史，应该就是中华古典文明由汉水流域自西向东走向黄河、长江乃至世界的历史。由此可以看出，“华夏”之名与汉江有着密不可分的联系。由此我们也有更多理由认为，华夏起源于汉江，汉水流域是古老华夏族崛起的核心腹地之一。①

4. 汉水流域是中华文明的重要发祥地

汉水流域作为中华文明的重要发祥地，与炎帝有着深远紧密的联系。

我们经常说炎黄一统、四海一统、古今一统、华夏一统，意思是说无论海内海外、天南地北、古往今来、赵钱孙李，我们都是炎黄的子孙，都有一个共同的祖先，都有一个共同的血脉，都有一个共同的文化传统。一统，就是一个共同的祖先血统，一个共同的文化传统，一个统一的祖国（祖先之国）。所以，我们四海之内皆兄弟。

炎帝神农之所以能够享有如此崇高尊贵的地位，关键在于他为中华民族建立了一系列永不磨灭的丰功伟绩。第一，他树艺五谷，发明耒耜，教民耕种，是农业的发明者，是中国最早的农神；第二，他“作陶冶斧斤”，是手工业的发明者；第三，他遍尝百草，发明医药；第四，他首倡日中为市，以物换物，是中国最早的市场倡导者；等等。

如果说伏羲、女娲主要解决的是人类自身生产、繁衍的问题，

---

① 王雄. 汉水文化探源：一个河流守望者的文学手记［M］. 北京：中国青年出版社，2007：167.

那么，炎帝神农所解决的是人类生存、发展的问题。这一问题的解决开启了中国古老农耕文明的先河，使汉水流域成为古老中华文明的重要发祥地。

可以烘托炎帝神农在汉水流域创造农耕文明壮举的是，三皇在这里留下了伏羲画八卦、女娲补天、神农尝百草的神话；中国的神话传说牛郎织女、汉江神女等在这里诞生；商洛阳虚山是字圣仓颉筑台造字之处；夏商时期的盘龙城遗址在武汉盘龙湖半岛被发现；随州出土了中国迄今发现数量最多、保存最好、音律最全的一套编钟，其发声洪亮，总音域只比现代钢琴的音域两端各少一个八度音程，而且是世界上最早具有十二个半音音阶的定调乐器。

而在汉江之滨、南水北调工程淹没区域的辽瓦店子，发现了著名的辽瓦店子遗址，这是一处堆积极为丰富的古文化遗址，包含了自新石器时期的石家河文化一直到唐宋时期的遗存。

汉江与汉朝、汉人、汉语、汉字、汉族、汉服、汉学等有着密不可分的联系，汉水流域为华夏文明的发祥地之一，也为世界各地华夏子孙的祖居圣地。

三、文化、文明视野下伟大与辉煌的汉江

汉江文化的原创力与文明贡献更突出表现在其人杰地灵、圣人辈出和伟大文明孕育方面。

自古以来，汉水流域孕育了伟大的文明。据现代学者考证，在远古，汉水流域生活的是炎帝的子孙。

曾侯乙墓中的二十八宿图，是中国古代天文学最早的图文资料，而《甘石星经》的作者之一楚人甘德，是中国古代二十八宿体系创立人之一，还首次发现木星卫星，比伽利略早了将近2000年。与其同时出土的曾侯乙编钟，更是世界音乐史上的骄傲。

张衡诞生于南阳郡汉水流域的西鄂县（今河南省南阳市石桥镇），是我国东汉时期伟大的天文学家、数学家、地理学家和发明家。他提出浑天说，改进浑天仪；他探索地震起因，发明了地动仪。西汉时期的外交家张骞出生在汉江边的陕西城固，是丝绸之路的开拓者，被誉为“第一个睁开眼睛看世界的中国人”。东汉的蔡伦封侯于汉江边的龙亭铺，改进了造纸术。

生活在汉江终点的伯牙与钟子期成为知音的千古美谈，表明楚国有音乐家追求真正的理解和心灵的交流，达到音乐的最高境界。

“医圣”张仲景是东汉南阳郡涅阳县（今河南省邓州市）人，为我国古代伟大的医学家，因有仁心仁德，后人尊称他为“医宗之圣”或“医圣”。他所著述的《伤寒杂病论》是我国最早的理论联系实际的临床诊疗专书，是继《黄帝内经》之后又一部光辉医学典籍，被后世医家誉为“万世宝典”。春秋战国时期，神医扁鹊就在汉江中游有活动。到了唐代，孙思邈虽然是京兆华原（今陕西省铜川市耀州区）人，但是在汉水流域留下了遗迹：在汉中，有药王山。在汉江的中游武当山，一直到汉江的下游，都有“药王”孙思邈的遗迹。明代李时珍《本草纲目》的部分内容就来源于汉水流域的中草药文化和中草药物种标本。《本草纲目》考订了过去本草学中的许多错误，综合了大量医学资料，提出了较为科学的药物分类方法。不仅如此，它还是一部博物学著作。

“千古良相”诸葛亮“鞠躬尽力，死而后已”的献身精神，择才使用、任人唯贤的用人之道，忠诚无私的高尚品格，开拓创新的进取意识，千百年来一直为人们所敬仰、称道和怀念。习凿齿是东晋文学家、史学家，他所著的《襄阳耆旧记》是中国最早的人物志之一。陆羽擅长品茗，对中国茶业和世界茶业的发展做出了卓越贡献，被誉为“茶仙”，尊为“茶圣”，祀为“茶神”。“宰相之杰”张居正世人称其为“张江陵”，他是中国历史上优秀的内阁首辅，明代伟大的政治家、改革家。

中国文学的一大源头《楚辞》发源于汉水流域，爱国诗人屈原是中国最伟大的浪漫主义诗人之一，也是我国早期的著名诗人。他创立了“楚辞”这种文体，也开创了“香草美人”的传统。《离骚》开创了中国文学现实主义和浪漫主义的伟大先河和光荣传统。

生活在汉水流域的人们在政治历史、经济社会、农业医药、科学技术、军事外交、文学艺术、语言文字等方面，对人类文明做出了巨大贡献，留下了不可磨灭的丰功伟绩，泽被千秋，影响深远，为古今中外的文化历史学家所景仰和赞叹。

四、哲学视野下和乐与自由的汉江

汉江文化的原创力与文明贡献更为深远和持久的力量还表现在其建构民族灵魂、熔铸国民精神的文化思想上。

在道家看来，人的生命是最为可贵的。注重现世生命的首要表征在于，武当道教自古以来就力倡好生之德。武当道教是惜生重生的。道教认为人生可贵，生命神圣。《太上老君开天经》说："万物之中，人最为贵。"陶弘景《养性延命录》又指出："人所贵者，盖贵于生。"生命对于人来说是最宝贵的，不仅对人具有唯一性，也是不可重复的。生命一旦失去，便永不复得。正因为生命如此宝贵，所以才应该乐生养生，实现生命的最高价值。

武当道教提倡乐生养生之说，其出发点就在于希望人们尊重他人的生命，尊重万物的生存权利。同时也希望人们重视保养自己的生命。而保养生命的关键则在于遵道而行。只有做到道与生相守，生与道相保，才能维持生命的健康和长久。武当道教中这种热爱生命的处世情操是积极而严肃的，它不仅代表了中国民众几千年来所向往追求的目标，也代表了全人类对健康人生的美好愿望。可以说，好生、重生、惜生、养生、乐生等生命理念是武当道教留给今人的一笔宝贵精神财富。

好德、重德、积德、守德是武当山道士注重道德的基本表征。而廉洁清静、行善抑恶和积德积善则是他们为道修行的基本原则。在武当山，一个有道行、有德性的道士，必须以七个基本原则约束自己：一是忠孝为先的原则，强调学道之人必须力行忠孝。二是诚信不欺的原则，强调诚信既是学道修道的基础，也是做人做事的根本。三是乐人之吉的原则，就是希望他人远离凶害，要有同情心和乐于助人的热心。《太上感应篇》说："宜悯人之凶，乐人之善，济人之急，救人之危。见人之得，如己之得；见人之失，如己之失。"四是利人利己的原则，强调要"度己度人"，度己就是要学道修行，修炼心身，度人就是在自己修炼有所得的基础上，尽己之力去帮助他人，济世利人。五是正心去欲的原则，强调去除欲望的干扰而使人心离恶就善，并通过去除欲望而回归本心，这是修行的第一步。六是齐同慈爱的原则，强调对所有的人，不分亲疏贵贱，都要一体兼爱，要将心比心，要待人如己。要不杀不害，对他人的成功不嫉妒。同时还要善待一切生命。《洞真太上八素真经三五行化妙诀》要求人们“慈爱一切，不异己身”，对于一切人和物，“心恒念之与己同存，有识愿其进道，无识愿其识生”。故《太上妙法本相经》中曾说:“善人如水，利入一切。”七是劝善度人的原则，强调道门中人不仅要提升自己的道德修养，还要积极行化世间，劝善度人。

注重道德的基本表征和为道修行的基本原则应该算是武当山立山以来就始终秉持的苍生之念和济世情怀了。

武当道教这种近乎终极的品质和德性可以从它劝善度人的原则中见出一斑。劝善度人的最佳典范就是吕洞宾。吕洞宾已九转丹成，却不愿上升天界，而是以“度尽众生”为宏愿，行化世间，劝善度人，造福苍生万物。吕洞宾向世人展现的是一种悲悯苍生的情怀和以劝善度人为己任的使命感。

武当道教这种近乎终极的品质和德性是从它的名字“太和山”中彰显出来的。“太和”首先强调的是“和”，即崇尚天人合一，强调和谐——人自身的和谐、人与人的和谐、人与社会的和谐、人与自然的和谐。同时武当道教也追求贵人重生，要求世人关注苍生万物，热爱一切生命，普施人间大爱。其实，“太和”二字蕴含玄机。太，至高、至大、至重者也；和，和睦、和平、和谐者也。“太和”的意思就是，宇宙间至高、至大、至重的理想和价值，就是和睦、和平、和谐，此其一。如果直接按字面意思来解读，那么，“太和”就是太平和谐的意思，世界太平，社会和谐，人类和睦，此其二。武当道教把太和博爱、厚德载物的精神和对世界人类的祝福实实在在、旗帜鲜明地展示给我们！

这种太和博爱、厚德载物的精神德宏泽广，源远流长，它是武当山这座德山的真正涵养和最深魅力之所在。因为，人为万物之灵，德为万灵之魂。灵无德而不正，人无德而不立。领略武当山及其文化底蕴，假如没有得到这座德山的感化和泽育，所有的思考和感悟不仅流于表面，弄不好还会误人误己。

正如国学大师林语堂所指出的“道家及儒家是中国人灵魂的两面”①，前者使中国人“穷则独善其身”，后者使中国人“达则兼济天下”。儒家力倡积极进取、脚踏实地、建功立业，其入世的壮志情怀是中国人在人生道路上奋斗的精神动力；道家标榜委运乘化、投身自然、隐逸出世，其不求闻达的出世思想则是中国人在人生战场上掩护撤退的盾牌。道家的加入，使中华文化更加圆满，也更富于人性的温馨烂漫。

汉江在中华文化发展、融合的进程中发挥了独特的作用，并逐渐形成了一种核心价值观。汉江文明的包容性与开放性为当今人类文明和谐共处提供了经验和榜样；其热爱自然、返璞归真、自由浪

① 林语堂. 林语堂自传［M］. 工爻，谢绮霞，张振玉，译. 北京：群言出版社，2010：101.

漫、天人合一的理想为当前生态文明的建设、人与自然和谐共处的世界潮流树立了借鉴的对象。汉江众多历史名人身上体现出的忠义、诚信、爱国、感恩等价值观和性格特征与当代中国核心价值观中的爱国、敬业、诚信、友善的诉求一脉相承。传扬汉江文化的核心价值，能够让人们回望历史，从历史深处和民族文化的根部汲取中国力量，唤醒和激起民族文化的伟力。

汉江文化不仅属于汉水流域、汉民族，更属于神州大地、中华民族和人类世界。而汉江文化内含的价值和高度，不仅具有流域文化的地标性，更富于民族特性和爱国热情，是我们伟大民族和伟大国家应该倍加珍惜和保护、大力弘扬和传承、科学发掘和开发的宝藏。

著者

2022 年 10 月

目　录

第一章
沧浪之水

自古江河，曲莫如汉。汉江出秦岭大山，经汉中平原，穿南阳盆地，润江汉平原，河道逶迤曲折，水流平缓，曲流发达。下游地区纵横交错的河港湖汊，使汉江与长江的关系错综复杂而又亲密无间。汉江曾有“沧浪之水”的称谓，战国时期就传唱着《沧浪之水歌》：“沧浪之水清兮，可以濯我缨。沧浪之水浊兮，可以濯我足。”从《禹贡》到《孟子》，再到屈原的《楚辞》，沧浪的内涵不断丰富，它不仅仅是自然的河流，还是人们精神的归宿。

河流历来是文明孕育之源。在中华民族发展的历史进程中，汉族、汉朝、汉字、汉剧、汉白玉等称谓，或多或少与汉江有些关联，汉江文化的这种实力在世界江河中是不多见的。

第一节　沉静温婉卧中天

汉江静卧在中国中部大地上，以一种沉静、温婉的形象出现在世人面前，如慈母般默默哺育着沿岸的人民，历经沧桑，波澜不惊。千百年来，汉江就这样静静地流淌，舒缓中时见激越，轻灵中亦含凝重。

一、秦岭深处向龟山

汉江自秦岭深处迤逦而来，一路曲水，向着龟山，在湖北汉口龙王庙汇入长江。汉水流域位于东经 106° 12′～114° 14′，北纬 30° 08′～34°11′,整个地形西北高东南低，似一个向东南敞开的喇叭。北以秦岭、外方山与黄河流域为界，东北以伏牛山、桐柏山与淮河流域毗邻，西南以大巴山与嘉陵江流域相邻，东南为江汉平原。汉江干流全长 1577 千米，流域面积 15.9 万平方千米，多年平均流量 1602 立方米每秒，多年平均径流量 566 亿立方米，绵长曲折的汉江与它的数百条支流流淌着数不完的故事。

汉江发源于秦岭南麓，有南、北、中三源，即南河、沮水、漾水。南源南河又名玉带河，发源于陕西省宁强县西北的箭竹岭水池垭，于勉县铜钱坝汇入汉江；北源沮水源出陕西省留坝县与凤县交界处的紫柏山南麓黄花坪沟，西南流入勉县张家河，纳入庙河、冷峪河后入略阳县两河口，继续南流至黑河坝纳白河，后转东南至新铺坝始称汉江；中源漾水亦曰东汉水，发源于陕西省宁强县嶓冢山。《尚书·禹贡》载，“嶓冢导漾，东流为汉”，其将中源漾水作为汉江的源头，但此河流程较短。按照“河源唯远”的原则，则应以北源沮水为正源。2011 年 10 月在汉江、嘉陵江河源考证座谈会上确定汉江源头为陕西省汉中市宁强县大安镇的汉王山（嶓冢山）。

无论是南源玉带河、北源沮水，还是出自嶓冢山的漾水，当它们从深山中汇集了涓涓细流，流过了被称为“汉江源头第一城”的宁强之后，便开始了以汉江的身份所展开的千里流淌。从这里起步，汉江由西北流向东南，穿过秦岭南麓的高山峡谷，流经南阳盆地，滋润着江汉平原的千里沃野，孕育着灿烂辉煌的华夏文明。湖北丹江口以上为上游，两岸坡陡，水急滩多，长约 925 千米；丹江口到湖北钟祥碾盘山为中游，流经丘陵河谷盆地，河床不稳定，沙滩甚多，长约 270 千米；碾盘山以下为下游，流经江汉平原，河道蜿蜒曲折，两岸堤防完整，护岸工程较多，最终在汉口龙王庙汇入长江，长约 382 千米。

南来北往的涓涓细流，不断壮大着河流奔走的力量。源头地区水面狭窄，但河谷较宽，两岸谷坡平缓，河床坡度也很平坦，不像一般河流源头是深邃的峡谷。上游河段穿行于秦岭、大巴山之间，沿途峡谷盆地交替，河床多由卵石、砾石与基岩组成，河道比降大。三源相聚后的河流已初具大河规模，东流经勉县后称为沔水，至勉县武侯镇上游高家泉出峡，进入平坦开阔的汉中盆地，经褒城左纳褒河，东流经陕南名城汉中，过城固县城后湑水河由左岸汇入。

汉中盆地的河面与滩面宽阔，比降小，水流缓，河槽左右摆动不定，冲淤变化显著。河床由砂卵石组成，河道淤浅，多沙洲和岔流，汉中西南的中村滩就建在河心沙洲上。褒河口以西，低水时河面宽仅 30 余米，洪水时宽达 400～700 米。褒河口以东，低水时河面宽 300 米，洪水时河宽 1000～2000 米。盆地有四段阶地，地面平坦，土壤肥沃，水资源丰富，水利条件优越，农业发达。

出汉中盆地，从洋县龙亭铺至渭门，汉江进入长约 53 千米的峡谷段，此段以小峡、黄金峡最为著名。峡谷两岸山地高出河床 300～400 米，河面宽一般不及 200 米，最窄处仅 30 米，河中基岩外露，多滩险。渭门至石泉段河道弯曲，左岸陡，右岸缓，河面宽多在 200 米左右，河谷宽达 500 米以上。三花石至茶镇间的七里坝一带，河谷比较开敞，谷宽 350～500 米。茶镇以下又进入峡谷区，险峻程度远不及黄金峡。石泉县城上游，建有石泉水电站，是汉江上游河段梯级开发的第二个梯级电站，形成了汉江上游第一个大型水库——石泉水库。子午河在洋县，牧马河在西乡，分别从左岸、右岸汇入石泉水库。

汉江过了石泉大坝，一路向东南流淌，经紫阳后东流而入安康水库。本段为峡谷、盆地交错段，两岸山峰高出河面 300 米，河面宽 200～300 米,河谷宽 200～500 米。安康盆地河谷宽敞，成为农业发达区。安康水库是以发电为主，兼有防洪、航运等功能的大型水库，又称瀛湖，是国家 AAAA 级旅游区。

过了安宁康泰的安康，又过美丽的县级市旬阳，再经过陕鄂交界的白河，汉江一直向东，来到湖北十堰郧阳区，就进入了丹江口水库。这之间，左岸的旬河在旬阳、右岸的堵河在郧阳区、左岸的丹江在丹江口先后融入主流。如今，清澈甘甜的汉江水已汩汩奔流在华北大地上。

丹江口至钟祥碾盘山的中游河段，河道流经丘陵及开阔的河谷盆地，平均比降 0.19‰，河床宽浅，水流散乱，有大小江心洲 20 余个，属游荡型河道，河流总体呈东南流向。襄阳以上河床质由大石、粗砂、细砂组成，襄阳以下为沙质河床。汉江在流过谷城右纳南河、襄阳左纳唐白河后，水量、沙量大增，河床时冲时淤，并受两岸山势节点控制，宽窄不一，低水期河槽宽 300～400 米，洪水期达 2000～3000 米，最宽可达 5000～6000 米。河谷沿河两岸除局部地点（如襄阳老龙堤）之外，几乎全部无堤，因此常遭受洪水灾害，沿河自然堤逐渐加高，而平原部分离河愈远则地势愈低，至岗边为最低，造成河谷地貌的倒置，沿河居民亦了解此点，有“高莫高于河沿，低莫低于山边”之谚语。

碾盘山以下，汉江进入下游冲积平原，水流变缓，属平原蜿蜒性河道。河床质多为沙质，两岸筑有堤防，堤防紧束。在潜江泽口龙头拐，有东荆河分流，汛期可分泄汉江部分洪水。再东流经天门、仙桃，至汉川左岸有汈汊湖水排入，至新沟有汉北河来汇，于汉口龙王庙入长江。

下游自新城以下，河曲发育，两岸堤距和河床断面，呈现上宽下窄的结构，如遇洪水，宣泄不畅，极易溃口成灾。沿江两岸湖泊众多，平原呈带状，与河道平行。汉江、东荆河、长江等大河沿岸的地势一般比较高，各河之间往往形成洼地，为积水所汇聚的洼地湖泊带。如汉江左岸，干流与北方岗地之间为天门河、汈汊湖洼地，汉江右岸与东荆河之间为通顺河、排湖洼地，东荆河与长江之间则为洪湖洼地，这些洼地大致均为东偏南方向。在平原与阶地毗连的地方地势亦很低，常有湖泊散布其间，成为岗地边洼地湖泊带，如钟祥筼家湖，天门白湖，孝感童家湖、野猪湖等。

汉江中下游两岸在历史上原有甚多穴口和支流，后因日渐淤塞，多数支流已淤废。明朝时，为维护献王陵寝，将左岸穴口全部堵塞。明隆庆年间（1567—1572 年），张居正在右岸修筑沙洋大堤，并堵塞位于今洪湖市的长江茅江口。这使得汉江河身被约束在狭隘的干堤内，最大洪水流量超过安全泄量四五倍，再加上长江洪水顶托，汉江常因泄洪不畅酿成水患。1949 年后，除全线修筑堤防外，上游干支流上先后建有石泉、安康、丹江口、王甫洲、黄龙滩等水利枢纽工程，下游修建汉北排涝工程、杜家台分洪工程等，这些工程使防洪压力大大减轻，还兼有灌溉、航运、发电、养殖之利。

二、长河古老流向稳

长江支流当中有“八大支流”的称谓，这八大支流分别是雅砻江、岷江、嘉陵江、乌江、沅江、湘江、汉江和赣江，它们宛若八大金刚，拱卫着母亲河长江。在这八大支流当中，汉江又是一条独具特点的河流。汉江久远而古老，流程悠长而曲折，河道变迁却稳定，为世人留下了一部鲜活的流动的史书。

从地质学和考古学上来说，一般认为汉江形成于地球早期的造山运动，要比长江、黄河早 7 亿多年。早期长江曾有过西流的历史，后来由于印度大陆板块北移，与亚欧大陆板块相挤压，形成原始青藏高原，长江西流的通道被阻，终于形成了今日大江东去的态势。由于其水势超过源自汉王山和玉带河的汉江，因而“袭夺”成为主流。

有古代地图可以作证。其一是战国时期的《禹贡》中，绘有“九州图”“导山图”“导水图”；其二是宋代《禹迹图》中，也有相关图籍记录。前者地图上的黄河是从正北向南到华山东去，没有河套，长江起源于岷山；后者地图上的黄河有了河套，长江仍然起源于岷山。通过两书的对比，不难发现黄河、长江的河道都与如今所见并不相同，中途几经改道。但是，这两幅古地图上的汉江却描绘得与今天的地图几乎完全一样。一直到 1639 年，明代地理学家、旅行家徐霞客在其《溯江纪源》中写道，“故推（长）江源者，必当以金沙为首”①。由此可见，中国人认识汉江很可能要比认识长江、黄河早得多。

“曲莫如汉”道出了汉江河道蜿蜒曲折的特点。汉江全长约 1577 千米，就长度而言，为长江支流当中最长的。从高空俯瞰，汉江宛如一幅周易八卦图。它劈开秦岭巴山，穿越陕南鄂北，奔腾三千里，给人以舟楫之便、灌溉之利；汉水流域面积为 15. 9 万平方千米，在长江八大支流当中排第二位，仅次于流域面积达 15. 98 万平方千米的嘉陵江；汉江多年平均径流量达 566 亿立方米，超过中国第二大河流黄河。从这些自然地理数据可以看出，汉江确实是一条非同凡响的大河。

汉江干流流经陕西、湖北两省，从秦岭出来，穿越秦巴山地的陕南汉中、安康等市，进入鄂西后北过十堰入丹江口水库，出水库后继续向东南流，过襄阳、荆门等市，在武汉开启了“江汉朝宗于海”的进程。汉江的支流则广泛触及甘肃、四川、重庆、河南等省、直辖市。由此，在干支流的共同构造下，汉江水系的流域范围地跨中国中西部六个省级行政区域。

---

① 薛仲良. 徐霞客家集［M］. 北京：新华出版社，1995：60.

汉江是一条古老的河流，是一条稳定的河流。这种古老与稳定，是放在一个相对长的时期而言。在某些阶段，汉江河道也经历了变化的过程，并由这个变化而形成了如今的稳定。

汉江在远古时代没有固定的河道，尤其是中下游，到了丰水期，河水漫盖，一片汪洋；枯水时，水草茵茵，一片沼泽。光阴荏苒，沧海桑田，随着水流的冲刷和自然流势，汉江形成了弯弯曲曲的自然河槽，水流逐步有了定势。汉魏时期，自然形成的汉江下游河槽在现在的天门河中下游一线，与当今汉北河走向大致相应。隋唐至宋初，汉江下游自然形成的主河槽，在今东荆河一带。北宋中期至南宋，汉江下游主河槽两道并存，形成南北两道，即北线为天门河中下游一线，南线为东荆河一带。

汉江下游流经云梦泽故地，常使河道消失在云梦泽的巨大水体中。在泥沙沉积及长江顶托的影响下，古云梦泽渐渐被淤成平地。明代后期，汉江分支的北支线规模渐渐减小，逐步西缩，变为一线支流，最终淤塞，有的部分分段成了内湖，有的部分成为一片沃土。汉江上游大部分汇集到了南支河槽，使河床愈冲愈深，愈刷愈宽，规模逐步扩大成了干流。同时，由于南岸不断溃口，还形成了另一新的南流分支通顺河汇入长江。汉江河床经历了“三十年河北，三十年河南”，“两水道南北并成”，最终合二为一的漫长历史。

明朝以前，汉口还不存在，其地属于汉阳。汉江近长江一带歧道漫分，多口入江，主道经汉阳与孝感、黄陂之间东流，在今汉口谌家矶、黄陂沙口间汇入长江。汉川以下汉江江面变窄，常年闹水患，历史上曾多次因洪水泛滥自然改道。明朝成化年间（1465—1487 年），汉江中下游连年大水，堤防多次决口，终在汉阳西排沙口、郭茨口一带决而东下，发生一次大的改道，汉江从不稳定的分汊入江到稳定归一地汇入长江。换言之，汉江终于在今龟山之北形成合而为一的河道，流入长江，结束了汉江下游河道游移不定的历史。这样，也把汉阳一分为二，南为汉阳，北为汉口，汉江改道最终确立了武汉三镇鼎立的格局。

至此不能不说到古琴台。文献记载伯牙鼓琴于江中，钟子期砍樵在山上，今古琴台却离江面甚远，钟子期能听到琴声吗？其实，改道前的汉江正是从琴台旁流过，故此才有“高山流水”的故事。汉江改道后，北岸地势较高，居民日多，原来商贾云集的舵落口逐渐下移，至明末居民已逾数万，由长堤街、汉正街、花楼街向里发展，最终形成汉口。

三、支流湖泊漫道来

形似喇叭的汉水流域东西横贯 8 个经度，南北跨越 4 个纬度。从地图上看，喇叭口子近乎水平直线朝北，从秦岭往东，一直到桐柏山，口子才逐渐收紧，至大洪山收至最窄。汉江沿途汇入难以计数的支流，串起星罗棋布的湖泊，形成了汉江的好山好水。汉江干流流经陕西、湖北两省，支流则伸展至甘肃、四川、重庆、河南等省、直辖市。汉水流域面积在 100 平方千米以上的支流有 364 条，其中 1000 平方千米以上的有 43 条。5000～10000 平方千米的支流有旬河、夹河、唐河、南河、汉北河；10000 平方千米以上的有堵河、丹江、唐白河。

陕西省境内的汉江均属上游段，山地河流发育，支流众多，长度在 50 千米以上的河流有 68 条，100 千米以上的有 18 条。水系分布为不对称树枝状，北岸支流比南岸多而长，河网密度也比南岸大。北岸支流发源于秦岭南坡，主要支流有褒河、湑水河、酉水河、金水河、子午河、月河、旬河、蜀河、金钱河等，南岸支流源于大巴山北坡，主要支流有冷水河、南沙河、牧马河、任河、岚河、黄洋河、坝河等。上游支流特别是流入汉中盆地的各支流，均由山区汇入盆地，都能利用河口形势，筑坝开渠引水灌溉。历史上，汉中人民在此开凿有汉惠、褒惠、胥惠、冷惠等渠，为汉中盆地农业的发展提供了丰富的水源。

湖北省境内，汉江水系呈格子状排列，两岸支流较短，左岸较右岸发育成熟。左岸支流主要有夹河、丹江、唐白河、汉北河等，右岸主要支流有堵河、南河、蛮河等。下游支流多发源于大洪山、桐柏山，如天门河、溳水、大富水、涢水等，均在左岸。下游还有一条减河分流汉江水，即东荆河。南河有两源，南源出自神农架阳日湾的粉清河，北源出自武当山的马栏河，流经保康县珠藏洞汇流而成南河，由东庄峪入谷城县境，经县城至格垒嘴入汉江。

在这些支流当中，丹江是汉江最长的支流。它从秦岭深处徐徐走来，在丹江口水库与汉江缓缓相拥，两岸山清水秀，自然和人文景观众多。楚文化与中原文化在这里交融，历史上一些著名的战役在这里发生，历代文人在这里留下诗篇，加高后的丹江口大坝使南国清流滋润华北大地……

如果说各级支流在流域大地上的刻画，造就了形态优美的喇叭口，那么密布的湖泊在流域大地上的点缀，则更加丰富了喇叭的元素，演奏出更加和美的音符，使流域的山水更加完美。

上游的陕西境内，天然湖泊少而分散，散见的有太白山顶的太白海池、汉中南郑的六池等。太白海池位于秦岭主峰太白山顶最高点八仙台（又称拔仙台、八仙绝顶）附近，由八仙台西北 400 米处的大爷海起，向东略偏南有二爷海、三爷海、玉皇池、三清池等，被誉为“太白明珠”，均属高山冰蚀湖。太白山主体是酸性岩浆大规模侵入形成的太白岩基，出露岩石主要为花岗片麻岩，在第四纪古冰川强烈作用下，水蚀、冰碛形成了一整套冰川地貌，冰川消融后冰斗底部洼地积水成湖。

大爷海水面海拔3550米，面积10.2亩，深17米，在太白县境内；二爷海在八仙台西南400米处，跨入周至县境，海拔3610米，面积7.05亩，深10米，为黑河源头，湖水清澈碧绿；三爷海更向南，海拔3485米，原有面积约27.5亩，现今湖水已退缩到冰坝附近，湖面日益缩小；玉皇池曾是太白山最大的湖，面积约135亩，湖面海拔3350米。①

进入中下游后，湖泊逐渐密集起来，用星罗棋布来形容是毫不为过的。在下游的江汉平原，叫得上名字的湖泊有钟祥的莫愁湖、镜月湖，钟祥以下的龙赛湖、老观湖、排湖、汈汊湖、东西汊湖、沉湖、五湖、西湖、朱山湖、后官湖、龙阳湖、墨水湖、月湖、莲花湖等。这一带属于古云梦泽之地，水陆交替变换，湖泊多也就不足为奇了。江汉相汇处的武汉就以湖泊多而有“百湖之市”的美誉。在汉阳，龙阳湖、三角湖、墨水湖、后官湖、南太子湖、北太子湖等六湖与长江、汉江已经连通，形成“两江六湖十二渠”的动态水网。

20世纪50年代以后，在大兴水利建设中，因在各大小河流上建坝蓄水各地形成了许多人工湖泊。陕西境内主要有红寺坝、石门、南沙河、石泉、安康、二龙山等水库；河南境内主要有鸭河口、赵湾、望花亭、宋家场等水库；湖北境内则有陡岭子、黄龙滩、霍河、丹江口、王甫洲、白水峪、黄坡、温峡口、惠亭等水库。这些水库建成后，以库成湖，水面广阔，绵延数十上百公里，其中亦有不少水库进行旅游开发等活动，成为著名的风景旅游区，如汉中南郑红寺湖、石门水库、安康瀛湖、丹江口水库、惠亭湖等。

风景优美的汉中南郑的南湖，水域面积约1109亩。湖周青山常

---

① 陕西省地方志编纂委员会. 陕西省志：第十三卷 水利志［M］. 西安：陕西人民出版社，1999：93.

绿、河流密布，风光绮丽。“青山碧水、松涛竹海、鸟语花香”是南湖独特的自然美景，南湖有陕西第一湖之赞誉，是汉中灵山秀水的集中体现。南郑另一个有名的水库就是红寺坝水库，因1959年在濂水河上游兴修水库，大水淹没红寺庙而取名红寺坝水库。库区水域和山林大约各占一半，水域东西宽1000多米，南北最长处达5千米，湖水由大巴山的濂水河供给，常年碧波荡漾。南郑还有陕西修建最早的水库——强家湾水库。水库于1954年12月动工，1955年6月竣工，后修渠加坝数次，1963年调濂（濂水）引红（红寺坝），坝高26米，蓄水765万立方米。

以惠亭水库形成的惠亭湖，位于交通便利、风景秀丽的大洪山外围的京山县。惠亭水库位于溾水中游，始建于1959年，1966年建成，是一座以防洪、灌溉为主，兼有养殖、发电、旅游、航运、城镇供水等综合效益的大型水库。大坝高31.54米，顶长860米，宽6米，水库承雨面积283.5平方千米，总库容量为3.14亿立方米。水库配有溢洪道，南北输水管和全长101千米的南、北干渠。沿坝坡石阶拾级而上，可见波光粼粼，水天一色。

第二节 天赐物宝润经年

汉水流域幅员广阔，地貌类型多样，高山、中山、低山、丘陵、垄岗、河谷盆地、平原等应有尽有，山多平地少，上中下游海拔相差很大。汉江一路经过崇山峻岭和山泉溪流的汇聚，汇长江，入大海，它和它的支流所构成的水系，滋养了物华天宝的秦巴山地，塑造了沃野千里的汉江谷地，润泽了中州粮仓南阳盆地，造就了鱼米之乡江汉平原。

一、秦巴山地气势雄

汉江上游的陕西省，辖境南北狭长，北部为著名的黄土高原的组成部分，中部是号称八百里秦川的关中平原，南部为秦岭山脉和米仓、大巴山地，秦岭巴山之间有盆地、峡谷、宽谷相间的汉江谷地。汉江流经的陕南地区地貌分区明显，基本上是一个“八山一水一分田”的山区，由秦岭山地和大巴山地组成，与汉江一起共同呈现出“两山夹一川”的地势结构。北秦岭是一个高山中山区，沿汉江谷地南北伸展的是一系列低山丘陵盆地，由此往南，是介于川、陕间的米仓——大巴构造剥蚀中山。秦巴山地包括汉中、安康、商洛三个地区及宝鸡市的凤县、太白两县，面积 74017 平方千米，一般海拔 1500～3000 米。大部分山体从海相岩层发育而来，以变质岩系和灰岩系为主，构造上经强烈的带状褶皱、抬升和断裂运动，成为东西向褶皱带和起伏较大的岩质山地。区间林特产资源丰富，又有珍稀动植物资源宝库之称。

陕境秦岭是整个秦岭山系的骨干，为昆仑—秦岭山脉东西向褶皱带的重要组成部分，重峦叠嶂，耸立于渭河平原和汉江谷地之间，组成物质以古老变质岩和花岗岩为主。山势北陡南缓，主脉分布在山地北部，由许多海拔 2500 米以上的高峰组成，从西向东依次有玉皇山、太白山、四方台、首阳山、静峪脑、终南山、草链岭等，太白山古冰川留下的冰蚀、冰碛地貌保存完好。

秦岭以太白山为主峰，向西分为三支，海拔略低。北支为秦岭，也称南岐山或大散岭；中支为凤岭，海拔 2000 米，有黄土堆积，水土流失比较严重；南支为紫柏山，海拔 2538 米，在留坝的西北称柴关岭。秦岭西段分别为清姜河与嘉陵江，嘉陵江左岸支流与沮水河干、支流以及褒河一些支流的分水岭和发源地汇合。

太白山往东的中段称终南山，主要山岭有四方台、首阳山、终南山和东光秃山等，海拔为 2500～3000 米，是沣河、涝河、浐河、子午河、旬河和金钱河等河流的发源地。由秦岭梁向东南延伸的平河梁，在旬河及社川河流域，有近东西向延伸的古道岭、海棠山和羊山，山势低缓而破碎，海拔在 1500 米左右，是蜀河、月河主要支流恒河、付家河等河流的发源地。骊山是陕西秦岭中段北麓外延的断块山。来自骊山的溪流，有的成为灞河的支流，有的直接流入渭河。

陕西秦岭的东段呈手指状，向东南展开。从北向南依次是太华山、蟒岭、流岭、鹘岭和新开岭，海拔为 1500～2500 米。南洛河、丹江及其支流银花河分布其间，成为山河相间的岭谷地形。河谷两侧间有红色断陷盆地和河谷平地。较大盆地有洛南石门盆地、商丹盆地、山阳漫川盆地等。秦岭主脊草链岭和太华山，是丹江、南洛河以及秦岭东段北坡山涧溪流的分水岭与发源地。

秦岭南坡为纵深山地，河流曲折绵长，切断东西走向的山岭，使山势错综复杂，坡谷起伏跌宕，峡谷耸峙，水力资源丰富。秦岭节理、裂隙发育，风化严重，滑坡活跃，地面主要为松散的残积、堆积物，雨季山洪频发，常伴有泥石流灾害。

大巴山地，为米仓—大巴山构造剥蚀中山，地跨川陕之间，受巴山弧构造控制，山势为东西向略偏东南，与秦岭绵延对峙，主要为由灰岩、片麻岩、花岗岩组成的断裂挤压带山地。主脊高峰散布，有巴山、光头山、铁船山、摩天岭、化龙山、光顶山等高峰。东北面汉阴县境内月河、汉江间的凤凰山独立江中，仍属大巴山地。宁强、南郑、西乡、镇巴和镇坪等县境由灰岩组成的山地，有岩崖、溶沟、落水洞、大型溶槽、溶洞、石笋、钟乳石、天生桥、地下暗河等丰富多样的岩溶地形。紫阳、白河两县大部，岚皋、平利北部及旬阳南部，属大巴山与低山丘陵过渡带，山势低缓破碎，河曲发育，河谷多谷中谷，天然裁弯取直，古河道和离堆山较多。

秦岭以南为亚热带气候，热量丰富，降水丰沛，又无寒冬，树木常绿，一片江南风光。秦岭山地的热量和降水随高度而发生变化，垂直气候带异常明显。这一区域年降水量分布呈南北多、中间少的趋势。米仓山、大巴山是年降水量超过 1000 毫米的多雨区，秦岭中山区域年降水量不少于 900 毫米，子午岭一带年降水量不少于 600 毫米。年平均气温分布主要受地形影响，大体呈向东开口的半闭合型，即东部高，向西、向南和向北逐渐降低。

秦岭拥有陕西省内最大的林地，林区面积近 400 万公顷，森林面积近 200 万公顷，主要分布在太白、留坝、凤县、勉县、略阳、洋县、佛坪、宁陕、镇安、周至等县，其中，太白、周至、眉县围绕太白山尚保存一片面积约 400 平方千米的原始森林，有植物千余种，珍稀鸟兽 270 多种，具有典型的生物群落，还有角峰、冰斗、槽谷、冰川湖等古冰川地貌，是多学科学术研究的理想场所。大巴山林区仅次于秦岭，面积有 17300 平方千米，森林面积为 6110 平方千米，森林覆盖率为 35. 3%，主要分布在南郑、西乡、镇巴、紫阳、岚皋、平利、镇坪、旬阳等县。

二、汉江谷地物产丰

汉江沿岸峡谷、盆地交错出现，河流阶地普遍发育，是陕南主要的农作区和陕西省亚热带资源的宝库。汉江谷地主要由汉江干支流沿岸的汉中、西乡等一系列盆地构造冲积串联而成。

汉中盆地地处秦岭和巴山之间。汉江从中间蜿蜒流过，造就了中国西部除关中平原、成都平原外的第三大平原，也是汉江上游最大的平原。

汉中盆地有四级阶地，盆地内水系和阶地发育具不对称性特征，北侧支流源远流长，阶地面宽广；南侧一般河流较短小，阶地面狭窄。因现代汉江偏向南侧，故一般北岸阶地较宽大。第一级阶地高出汉江平均水位 3～5 米，第二级阶地高出平均水位 10～15 米，阶地断续分布，地势平坦，水源充足，土地肥沃，引灌条件优越，组成汉中盆地的主体，为陕西主要稻谷产区。第三级和第四级由红色亚黏土和黏土构成，即所谓红土高阶地，多为后期流水侵蚀，呈梁状，土质黏重，常夹带有砾石，对农作物十分不利。盆地周围系低山丘陵，丘陵中又分布着许多大小不等的坪坝。汉江南岸为丘陵地带，向南过渡到大巴山地，海拔 700～1000 米，主要由花岗岩、花岗杂岩组成，经流水长期侵蚀，岗丘起伏，顶部浑圆，坡度和缓，并形成星罗棋布的大小宽谷盆地或坝子，其中最大的是西乡盆地，是汉江南岸的农业生产中心。

汉中盆地地势险要，自古即兵家必争之地。汉中郡始于秦代，《汉中府志》载，“郡临汉水之阳，南面汉山，故名汉中”①。汉中北有秦岭、陈仓、褒斜、子午古栈道北通关中，南有米仓、金牛古栈道和阳平关。秦代时汉中就成为连接关中和巴蜀的要道，险要的地理位置和优越的农业资源，使汉中成为陕南政治、军事、经济和文化重镇。

位于汉中盆地东侧的西乡盆地，南北宽约 9 千米，东西长 20 千米，海拔 440～500 米，牧马河东西横贯其间，泾洋河自南流入。盆地内地

① 严如熤，郭鹏.（嘉庆）汉中府志校勘［M］. 西安：三秦出版社，2012：65.

势平缓，土壤肥沃，河溪交错，渠堰成网，盛产稻、麦，居民点集中，是西乡县经济、文化、交通的中心区。

安康盆地由石泉、马池、汉阴、恒口、安康等数个小盆地构成。盆地呈西北—东南向沿月河谷地展布，东西长约 100 千米，南北宽 3～5 千米，由于盆地的主要部分在汉江支流月河流域，因而亦称月河盆地。盆地土层深厚，气候条件好，灌溉便利，作物一般可一年两熟，产量高，是安康地区的农业中心和经济、文化、交通的中轴地带。盆地沿河两岸有许多因断裂和流水侵蚀形成的山石风景点和历史文化名胜点，如汉阴县的卧龙岗、红崖寺、双乳山、鲤鱼山等。

石泉盆地位于马岭关以西，包括黄金坝、石泉城关及长安坝等，长约 12 千米，宽 1～3 千米；马池盆地位于马岭关以东，槽沟梁以西，长 10 千米，宽 1～3 千米。这两个小盆地是石泉县稻、麦的集中产区，也是人口较密集的地区。汉阴盆地位于槽沟梁与铁岭关之间，沿月河谷地东西延伸，长 35 千米，宽 3～5 千米。恒口盆地位于铁岭关与长岭之间，长 30 千米，宽 4～6 千米。盆地内月河的河漫滩和一、二级阶地宽阔平坦，土壤肥沃，灌溉便利，是汉阴县和安康市的重要粮油产区和人口密集区，素有“鱼米之乡”的称号。安康盆地位于长岭以东，包括安康城、张滩、关庙等汉江沿岸乡镇，长约 15 千米，宽 6～8 千米，是安康汉江沿岸的粮油基地和人口聚居区，经济较发达。

商丹盆地位于商洛地区中部丹江沿岸，处于流岭和蟒岭之间，海拔 600～800 米，土地肥沃，农业发达，有“百里州川”之称，是商州区和丹凤县经济、交通、文化中心地区。

汉江谷地是陕西年平均气温最高的地方，冬季也比较温和，成为中国北亚热带的一部分，也是陕西省水热资源较丰富的地区。这里年降水量在 800 毫米左右，安康以东的年降水量大于 800 毫米，以西及丹江谷地年降水量不到800毫米，谷地以南的年降水量超过1000毫米，镇巴站年降水量多达1258.3毫米，居陕西之冠。年均气温在14℃以上，紫阳以东都在15℃以上，以安康最高。东段丹江流域的丹凤、商南，年均气温在13.5℃以上。

汉江谷地的发展比较早。西周灭亡时，一些郑国（今陕西省华县）人民南越秦岭来到汉中盆地，称为“南郑”，和原来居住在汉中境内的褒国形成陕南地区最早的两个聚落。南郑人民带来了关中平原先进的农业耕作技术，逐渐发展了农业生产。从汉到南宋的1000多年间，有三次较大的发展：一是西汉初期，兴建了汉中地区历史上最早的水利工程“山河堰”，促进了农业发展。西汉初期，为使汉中成为稳固的大后方，萧何提议在汉江一些主要支流上筑堰引水，灌溉农田。褒河上的山河堰即为萧何所筑，曹参落成之，故山河堰又称萧曹堰。二是蜀、魏相争时期，诸葛亮驻兵汉中，重视农业，讲求水利，分兵屯田，使汉中有足够的积谷，以区区之地，供养十万大军。三是南宋抗金名将吴玠、吴璘兄弟驻兵汉中期间，恢复和兴建了可以灌溉数十万亩农田的水利工程，并在汉中、安康等地屯田。以后汉中盆地因交通阻隔，受战争破坏较小，经济发展比较稳定。现在，汉江谷地仍是陕南农业生产的精华地带，也是陕西农业生产水平较高的地区之一，素有“小江南”之称。

三、南阳盆地中州粮

南阳盆地是一块极为特殊的地方，具有南北居中、东西居中的特殊地位，为中国的核心腹地。盆地内有唐河、白河、丹江等主要河流纵贯中部，南入汉江。

南阳盆地位于秦岭、大巴山以东，桐柏山、大别山以西，其北是秦岭山脉东端平均海拔一千多米的伏牛山，其南是大巴山脉的东端，是中国核心、坚硬的“中央造山带”的陷落处。襄阳、南阳横亘其中，一南一北，珠联璧合。中国的“中央造山带”即昆仑山—秦岭大巴山—桐柏山—大别山—郯庐断裂带—苏鲁造山带，这一绵延东西的造山带，是东亚大陆上较坚硬的造山带，其是由华北（中朝）板块与华南（扬子）板块相撞击形成的。比如，秦岭山脉就是华北板块的南缘，而大巴山脉则是华南板块的北缘。秦岭大巴山脉到南阳盆地处，突然几乎消失，成为盆地，但继续向东又以桐柏山、大别山的方式出现了。也就是说，南阳盆地其实位于中央造山带上，不但如此，而且南阳盆地还是中央造山带的东西方向和南北方向的中心。从这里向东西两面伸展，有着无尽的平原与山地资源，盆地中部为海拔 80～120 米的冲积平原，常常是“走岗不见岗，走凹不见凹”。

盆地的西部人口较少，山地、高原、胜景较多，有着中国西部地区仅有的适合大规模人类居住的地方，即关中平原与四川盆地。其中，关中平原在其西北，四川盆地在其西南。而在关中与四川之间，则是汉中盆地，这也是南阳盆地的正西方。盆地的东边缺口所对的，正是中国主要人口聚集地“中央大平原”。熟悉中国地理地势的人都会惊叹南阳盆地的独一无二，秦岭挡住了北方的沙尘与冷空气，而大巴山则隔离了南方的炎热与潮湿，典型的半湿润大陆性季风气候使得这里物种丰富，是可媲美成都平原的富饶之地。

汉江从秦岭、大巴山之间流向盆地，水量充沛且极少污染，这为该地区大规模人口居住和经济发展提供了可能。气候上，南阳盆地为北亚热带与暖温带的过渡地带，属典型的半湿润大陆性季风气候，冷热适宜，降水适中，光照充足，无霜期长，自然灾害相对较少；水资源总量丰富，淡水充足且水质良好；植被状况良好，物种多样；土壤肥沃，盛产小麦、杂粮、水稻和棉花、芝麻等，素有“中州粮仓”之美称。

一马平川，沃野千里；水韵娇媚，文脉绵长。自古以来，南襄大地都是沟通南北政治、经济的大通道。《读史方舆纪要》记载，襄阳“北通汝洛，西带秦蜀，南遮湖广，东瞰吴越”。蜿蜒流淌的唐河、白河在襄阳与汉江交汇，使得襄阳自古以来就是南北水陆交通要道、汉水流域重要物资集散地。承东启西、连南接北的地理位置，使得襄阳历来为兵家必争之地。

南阳盆地的南阳、襄阳，同为历史文化名城。南阳为豫西南中心城市，襄阳则是湖北省域副中心，两城在河南、湖北社会经济发展中占有重要地位。南阳盆地山川秀丽，自然与文化遗产丰富，拥有众多具有深厚文化底蕴的人文景观和引人入胜的自然景观。

四、江汉平原鱼米乡

汉江出了南阳盆地，到湖北钟祥后，就进入了广袤无垠的江汉平原。

江汉平原由长江、汉江冲积而成，介于北纬29°26′～31°10′，东经111°45′～114°16′，西起宜昌枝江，东迄武汉，北至荆门钟祥，南与洞庭湖平原相连，面积约4.6万平方千米，主要包括荆州市的荆州区、沙市区、江陵县、公安县、监利市、石首市、洪湖市、松滋市8个县（市、区）及仙桃市、潜江市、天门市3个省直辖县级市，并辐射周边武汉市、孝感市、荆门市、宜昌市和襄阳市5个市的部分地区。江汉平原因地跨长江、汉江而得名，是中国三大平原之一的长江中下游平原的重要组成部分。

早在白垩纪时期，江汉平原地区就生成古湖盆，淤积了巨厚的沉积物，成为今天江汉油田的基础。后由于地质运动形成古云梦大泽，经流入泽中的长江与汉江长期冲积形成平原。这里地处北亚热带季风气候区，气候温暖湿润，光热资源丰富，雨热同季，降水丰沛，年均降水量1100～1300毫米。境内地势平坦，土地肥沃，地下水极为丰富，可称为“华中地下海”。地上湖沼洼地星罗棋布，河港堤垸交织纵横，湖北号称“千湖之省”，其中江汉平原就有湖泊300多个，重要的有洪湖、汈汊湖、长湖、排湖、大同湖、大沙湖等，构成一幅“水乡泽国”的图景，是世界上淡水资源最丰富的地区之一。湖泊一般底平水浅，既是淡水养殖业的基地，又能调蓄江河水量，减轻平原旱涝灾害。

此平原主属扬子准地台江汉断拗，地势低平，除边缘分布有海拔约50米的平缓岗地和百余米的低丘外，海拔均在35米以下。大体由西北向东南微倾，西北部海拔35米左右，东南降至2米以下，汉口仅3米左右。地表组成物质以近代河流冲积物和湖泊淤积物为主，属细砂、粉砂及黏土，第三纪红层仅于平原边缘地区出露。

平原内湖泊星罗，水网交织，堤垸纵横，成群的湖沼洼地多集中在平原东南部。长江在这里蜿蜒曲折，被称为“九曲回肠”之处。汉江出钟祥后，即分岔成放射状三角洲水系，形成以长江为边缘的汉江三角洲平原，是江汉平原的重要组成部分。由于汉江的冲积，长江主流被迫南迁，历史上至少南退了3000～4000米。平原深处内陆，土壤肥沃，产稻米，素称“鱼米之乡”。1949年以前常受洪水威胁，有“沙湖沔阳州，十年九不收”之谚语，被称为湖北省的“水袋子”；1949年以后，修建荆江、杜家台等分洪工程，加固江堤，抵御洪水灾害。随着水利建设与河湖的综合治理，江汉平原正逐步转变为湖北的“钱袋子”。

江汉平原人口密集，物产丰富。由于具有良好的农业生态环境和发展优势，江汉平原成为长江经济带经济发展所倚仗的农业经济基础之一，农业生产总量约占湖北省的近60%，占全国的5%～12%，为全国闻名的粮、棉、油和鱼、肉、蛋生产基地。江汉平原的粮食作物以水稻为主，其次为小麦。粮食产量占全省的40%左右，被誉为湖北的“粮仓”，是中国重要的商品粮基地之一，自明朝以来就有“湖广熟，天下足”之称，这也充分说明江汉平原在全国的重要地位。

第三节 上善若水大河汤

在五千多年的中华文明进程中，水既是善利万物的自然馈赠，也是文明传承的载体之一。远在新石器时代，黄河文明与长江文明就已成为华夏文明的并峙双峰，树立起了中华文明的骨架。汉江作为连接长江、黄河两大流域的纽带，不仅在交通上沟通东西南北，而且在文化上融汇四方。

一、亿万年前的生命

太古代，地球历史上的第一纪，是生命起源的时期。在海水、湖水、阳光、空气、温度等的作用下，生命在这一重要而又漫长的时期渐渐形成。变形虫、团藻等单细胞动物化石遗迹可见于汉水流域的神农架地区。

在整个汉江上游地区，都发现过大量的远古海洋生物化石，包括珊瑚化石、三叶虫化石、海百合化石、笔石化石，非常丰富，这反映出距今4.3亿年前后，汉江源头是一个广阔的海洋环境。也就是说，远在几亿年前，汉江上游地区就已经成为生命的乐园。数亿年前，秦岭地区开始快速上升，海水退出了历史舞台。生活在海底的生物被定格在汉中盆地的山体岩石中，历经数亿年地壳运动、地热持续、高温高压而形成了今天的化石，最终成为记录生命奇迹的亿年灵物，而它们曾经的家园将成为另一批生命的乐土。

距今 2.5 亿至 0.65 亿年的中生代，是地质史上爬行动物出现并盛行的时代。中生代由远及近分为三叠纪、侏罗纪、白垩纪三个纪，其中，三叠纪是爬行动物由陆地向海洋环境适应、辐射和发展的重要时期。在这个跨度将近 2 亿年的中生代中，人们已经熟知侏罗纪时期是恐龙盛行的时期。那么在三叠纪早期，比恐龙还早的爬行动物是什么样的呢？从现保存于北京地质博物馆和武汉地质调查中心的孙氏南漳龙和南漳湖北鳄的化石中可以寻找答案。

1959 年、1972 年，在汉江中下游南岸的南漳，分别发现了孙氏南漳龙、南漳湖北鳄化石，2010 年被列入国家一级古生物化石保护名录。孙氏南漳龙化石标本完整保存了头骨大部分及颈、躯干和尾前部的骨架，总体长 1.5 米，现保存于北京地质博物馆。南漳湖北鳄的 3 个成年体骨架标本和 1 个幼年体骨架标本，现保存于武汉地质调查中心。南漳湖北鳄成年个体整体骨架长接近 1 米，其体呈纺锤形，头骨细长。南漳湖北鳄化石伴生有鱼龙类、鳍龙类、海龙类等爬行动物化石群，被学术界称为南漳水生爬行动物化石群。

在距今 2.5 亿年的二叠纪末，地球出现了一次生物大灭绝，之后海洋生态系统经历了漫长的复苏过程。在三叠纪时期，海洋生态系统渐渐复苏，部分爬行动物便由陆地向海洋环境发展，并在三叠纪中晚期得到发展、演化。南漳湖北鳄就是该时期爬行动物从陆地到海洋演化过程中出现的典型物种。

据考证，南漳地区生活着大量水生爬行动物，较为典型的爬行动物有孙氏南漳龙、南漳湖北鳄、湖北汉江蜥等。它们具有浅海游泳及海岸上活动的能力，但不适应远洋生活。南漳湖北鳄带有浓厚地方色彩，目前发现的古生物化石中南漳湖北鳄独一无二，全球只在湖北南漳及邻近的远安一带有发现。此后，伴随早三叠纪末期的海退和生态环境的恶化及其局限盆地的填平，它们或迁徙，或消失。孙氏南漳龙、南漳湖北鳄等生活在局限台地的肿肋龙类、幻龙类及海生原龙类等多数爬行动物都灭绝了，而能够适应远洋生活的鱼龙类开始繁盛起来，成为之后鱼龙类恐龙的祖先。

汉水流域还有世界上规模大、数量多、分布广、龙蛋共生，距今6500万年的恐龙蛋化石群出土。1992年，地质考古人员在河南西峡的群山中，寻找在当地很常见、被称为“石胆”的椭圆形石头。这次的发现相当惊人，石胆竟然就是恐龙蛋化石。

西峡发现恐龙蛋化石后，引起了学界重视。此前，全世界范围内发现的恐龙蛋化石总量不超过500枚，而在西峡方圆不超过5千米的区域，竟然发现了20多个种类的恐龙蛋化石，数量超过10万枚。这些恐龙蛋化石中，有巨型长形蛋，还有戈壁棱柱形蛋，都是世界上独一无二的，说明当时生活在西峡的恐龙种类非常丰富。

随着挖掘的不断深入，恐龙蛋化石在当地的埋藏囊括了西峡约1000平方千米的范围。在邻近的湖北省郧县（今郧阳区）青龙山和郧西，数量更大的恐龙蛋化石群也重见天日，丹江口则同时出土了恐龙骨骼化石。一时间，全球考古界的目光都聚集到了汉水流域。

如今，在西峡恐龙蛋化石群发掘原址上修建的西峡恐龙园内，仍能看到大量裸露的恐龙蛋化石。面对如此众多的化石，不难想象，在恐龙统治世界长达1亿多年的时间里，汉水流域这片青山绿水中是怎样一幅场景，这是壮观、辉煌的生命奇迹出现的地方。恐龙如此集中的地方，也应当是其他生物繁衍生息的乐园。人类在史前无可置疑是一种高级动物，多少年后，在这一带发现人类化石，恐怕也是一种必然。所以我们有理由相信，当6500万年前的突然变故让恐龙退出历史舞台之后，这片土地开始了一次新的生命奇迹的孕育。

在恐龙灭绝后的洪荒大地上，第三纪古动物层出不穷。在汉江上游地跨鄂豫两省的李官桥盆地和丹江口境内的均（县）草（店）盆地，出现了淅川中原鸟、玉皇顶亚洲冠齿兽、尤因它兽、戈壁恐角兽、雷兽、湖北先鼠及召和貘类、龟类、蹄类等。

以上种种不难描绘出地球历史上汉水流域第一纪生命起源时期到第二纪恐龙世界，以及第三纪鸟类、两栖类、食草类、食肉类各种动物的繁衍、活动图景。

二、百万年前的人类

汉水流域是人类的重要发祥地。这里是世界东方从距今100万年到8万年的古人类演变完整链条化石群的所在地。距今100万年的郧县人，支持了人类起源的多元说。自郧县人以来，依次还有70万年前的梅铺人、30万年前的白龙洞人和8万年前的黄龙洞人，形成了人类进化链条的4个节点。其间还有若干不同年代的人类活动遗址，呈现出人类持续繁衍、连续进化的轨迹。在古人类的发现上，中国有北京猿人、蓝田猿人、云南元谋猿人、安徽和县猿人、南京猿人、巫山猿人和汉江郧县猿人等著名古人类遗址。其他地方的猿人发现都是孤例，唯独郧县人遗址构成了100万年间由猿到人最重要阶段的一个完整链条。在汉水流域的崇山峻岭、幽谷深壑中，人们可见人类从早期猿、晚期猿、直立猿、早期智人到晚期智人的全过程。

人类起源于何时何地？人们争论不休。但古人类学家都认为人类起源于亚洲或非洲，有“起源于非洲”或“起源于亚洲”的一元说，也有“起源于非洲、亚洲”的二元说。100多年来，经过各国古人类学家前赴后继、艰苦卓绝的研究，普遍认为最早的人类起源于新生代，而人类的进化大部分在更新世。特别是经过近几十年的争论，到20世纪70年代，各国古人类学家才基本承认人类是由猿进化来的。

1976年，汉江岸边湖北郧西的白龙洞中，发现了距今约100万年的猿人牙齿化石。同样处在汉江之滨的湖北郧县，1989—1990年在郧县青曲镇曲远河口弥陀寺发掘出了完整的距今108万至35万年的猿人头骨2件，为世界罕见的重大发现，是中国第七猿人化石点。1989年，郧县青曲镇曲远河口弥陀寺村学堂梁子上的尝试性挖掘，把一个被考古工作者称为盖子结核的头骨化石推上了历史舞台。经鉴定，其时期约为100万年前，也就是属于直立人阶段。1990年，就在发现的第一具头盖骨化石的旁边，又发掘出第二具头盖骨化石。

由此，郧县人横空出世，其发现给人类的非洲起源说带来了巨大的挑战。通过其他地方发现的古人类化石的材料，也可以证明，非洲只是人类起源的一个地区，汉水流域应该是现代人类的发祥地之一。美国《发现》杂志将郧县人化石列入1992年世界50项重大科学发现成果之一。经测定，郧县人两个颅骨脑量值平均在1125毫升左右，今天人类的脑含量在1400毫升左右。它既有直立人的基本特性，又有智人的特性。如今，这两具头骨化石收藏于湖北省博物馆，与越王勾践剑和曾侯乙编钟等几件珍贵的文物一起被视为该馆的镇馆之宝。

在临近郧县的河南淅川，13 颗属于人牙的化石被发现。经鉴定，其中有的牙齿像北京猿人而与南方古猿不同，有的介乎北京猿人与南方古猿之间，有的与南方古猿牙化石相吻合，其数据均在南方古猿的变异范围内。

1963 年、1964 年秦岭北麓发掘的猿人下额骨、牙齿、头盖骨，被命名为“蓝田人”，距今 76 万年。

20 世纪 70 年代，在汉江下游的汉阳，人类颅骨化石被发现，其距今 5 万至 1 万年，为晚期智人阶段，被称为“汉阳人”。

180 万年前的郧县南猿人在汉水流域渐渐演化为直立人、早期智人、晚期智人。在演化过程中郧县南猿人不断从汉江两岸向中国的四面八方发展，直到进化成为古人、现代人。丹江口市博物馆馆藏的在汉江边习家店发掘的象牙化石，长 3. 24 米，中部直径 0. 25 米。它告诉世人，清澈的汉江水、温暖的气候、丰富的食物，让汉水流域在 110 万年前成为了人类以及大象、猕猴、鹿、貘等生物的理想生存空间。

人类学家通过考古，取得了一个又一个古人类成长于汉水流域的证物。汉水流域的人类，从远古的猿人到早期智人、晚期智人，直到现代人，不断地进化着，从深山老林走出，到丘陵荒野，到江汉平原……三千里汉江，亿万年历史积淀，黄河文明与长江文明在此交汇，由此形成的汉江文化在新世纪凸显的价值是当今人们的关注点和新期待……这片土地，经历了沧海桑田的变化；这片土地，孕育了一个又一个的生命奇迹。当“郧县夏娃”在汉江的臂弯中成长起来，中华民族的文明之种也在这片土地上静静播撒。

三、数千年来的遗址

汉水流域的古生物遗址震惊世界，而古文化遗存更令人感到汉江文化的源远流长。有人类的诞生，就有人类活动的痕迹。考古发现，这一带古文化遗址十分丰富。

1971—1974 年，在汉江上游河南淅川下王岗，考古人员发现距今 6800 多年的新石器时代遗址。下王岗遗址位于河南省淅川县城南的下王岗村丹江南岸，东北距淅川县城 35 千米。遗址处于丹江水库库区内，东、北、西三面为丹江环绕。遗址内发掘了仰韶文化、屈家岭文化、龙山文化、二里头文化等不同时期丰富的考古学文化遗存。

雕龙碑遗址位于湖北省枣阳市鹿头镇武庄村南 250 米处，是一处新石器时代中晚期氏族公社聚落遗址，距今约 6000 年。在这里，发现了一处类似于现代单元房并配有拉门的房屋基址。雕龙碑遗址的文化既具有地方特点，又受到周边文化的影响，因而带有很强的独特性。

新石器时代晚期，汉水流域经济发展较快，大体上与黄河流域齐头并进。而且，由于有着更为广泛的植被和水域，这一地区的采集和渔猎经济要比黄河流域更为普遍与持久。除了屈家岭遗址之外，在陕西龙岗寺和湖北石家河等遗址中，都出土了大量稻壳等堆积物。这些文化遗址都绵延分布于汉水流域，这里江面宽阔，水道稳定，就在河床两岸广阔平坦的空间上，华夏大地最初的农作物破土而出，呈现出一派欣欣向荣的景象，为后世的“湖广熟、天下足”积淀着最初的力量。

屈家岭遗址是 1954 年在考古调查中被发现的。1955 年，考古人员在屈家岭村西部进行了第一次发掘。1956—1957 年又在屈家岭村西北进行第二次发掘，并出版了《京山屈家岭》报告书，正式将那次发现的早期文化遗存和晚期文化遗存命名为“屈家岭文化”。1989 年 7 月 10 日至 8 月 8 日，考古人员再次对屈家岭遗址进行发掘，出土了大批文物。屈家岭遗址位于湖北省京山县城西南 30 千米的屈家岭村，是一处新石器时代的村落遗址。遗址坐落在一片椭圆形岗地之上，地势平缓，附近丘陵起伏，青木垱和青木河由东西两侧环绕其南，交汇合流，土地肥沃，物产丰富。屈家岭遗址出土物中以彩陶纺轮、彩绘黑陶和蛋壳彩陶最具特色。陶制的鼎、豆、碗等器皿均为双弧形折壁，风格独特。屈家岭文化广泛分布于湖北境内的江汉平原、西北山地和豫南邻鄂一带，文化面貌具有极为浓厚的地方色彩。遗址中保留的大量生产工具和粳稻谷壳表明，“屈家岭人”的社会经济是以农业为主，兼营饲养、渔猎、纺织等，农业和手工业已有分工，制陶业相当发达，陶器的品种丰富，图案精美。色彩鲜艳的彩陶器、陶质禽鸟模型及玉饰品，反映出当时人们精神文化生活的面貌。农业的进步和象征父权崇拜的“陶祖”的出现，说明其社会的发展已进入父系氏族阶段。

石家河遗址位于湖北天门石河镇北郊，分属土城村、芦岭村、唐李村、东桥村辖地，东南距天门城区约 11 千米，是长江中游地区已知分布面积较大、保存较为完整的新石器时代聚落遗址。石家河遗址及由它命名的石家河文化代表了长江中游地区史前文化发展的最高水平，在中华民族文明起源与发展史上占有十分重要的地位。1955—1993 年，国家文物局组织的石家河遗址考古队对该遗址的 9 个地点进行了 20 次规模不等的发掘，发现了丰富的遗迹和遗物，对研究长江中游地区史前文化发展编年和聚落的形成、发展与衰落具有典型意义。整个遗址除大自然的剥蚀外，没有遭受大规模、大面积的动土破坏，保存基本完好。从地面上看，石家河遗址的西垣和南垣保存较好，土城的城垣高耸地面，城周围的护城河清晰可见。2001 年 3 月，石家河遗址被评为“中国 20 世纪 100 项考古大发现”之一。

盘龙城遗址位于武汉市黄陂区滠口镇，因盘龙湖环抱而得名。盘龙城是中国已发现最早的商代古城之一，也是长江流域迄今发现的第一座商代古城，距今约 3500 多年，城邑和宫殿遗址壮观齐全，遗址、遗物、遗骸明显反映了奴隶社会的阶级分群。遗址城内东北部为宫殿建筑群，城外四周分布着手工作坊、民居点和小型墓地。遗址出土了大量青铜器、陶器、玉器、石器和骨器等，制作精美，花纹别致，特别是铜圆鼎、铜锁、铜提梁卣和玉戈等，是中国文物中极为罕见的珍品。其灿烂的青铜文化，较发达的农业、手工业、商业及完备的城邑形态和功能，对研究城市文明发展史具有极高的学术价值。

龙岗寺遗址位于陕西南郑梁山镇境内，与历史文化名城汉中隔江相望，因遗址上有一座古刹龙岗寺，故称之为龙岗寺遗址。1992 年，龙岗寺遗址被陕西省人民政府公布为省级重点文物保护单位。2006 年 5 月 25 日，龙岗寺遗址被国务院批准列入第六批全国重点文物保护单位古遗址名录。2011 年，龙岗寺遗址被列入国家“十二五”期间 150 处重要大遗址名单。2013 年，龙岗寺国家考古遗址公园建设立项得到国家文物局批复，并正式开始实施建设。

汉水流域的历史文化遗存丰富而又系统，构成一幅人类从远古走向现代的历史画卷，直观形象地描摹了这里的社会发展史轮廓。历史的巨轮滚滚前进，汉水流域人类社会的发展逐步从低级走向高级。

四、方国林立汉江滨

1. 汉江方国与“西土八国”

商周至春秋战国时期，汉水流域方国林立，是周代封国较为集中的地区。在春秋早期，沿汉江及其支流，大大小小共分布着约18个方国，为汉江中上游的巴、庸、麇、绞、鄀、谷、邓、卢、鄢、罗、吕、申12个方国及汉江下游支流涢水流域分布的唐、厉、曾（随）、贰、郧、轸6个方国。这18个方国，根据其自身属性和地域分布，大致可将其分为三类：以庸、巴为代表的原生部落方国；以唐、曾、郧、轸为代表的周代姬姓封国；以麇、罗为代表的楚系芈姓封国。

在汉水流域，最古老的原生部落方国大多在汉江上游，以庸国为代表，它早在商代就是侯国，《尚书》记载，周武王伐纣，其助者有“庸、蜀、羌、髳、微、卢、彭、濮”。微、彭皆为水名，因此《尚书》所载实指六者，其中，庸、卢、濮皆处汉江上游，武王伐纣，周誓孟津，号称八百诸侯而独载其六者，可见，这一地区在商周时期具有重要的地位。卢人沿微水（南河支流）而居。濮人没有建立统一的国家，社会组织是松散的部落。

巴国与以上三者有别，巴国本是巴人的聚居地，在川、陕、鄂交界一带，后周武王灭殷后以其宗亲封于巴地称子爵之国，其国君是周朝姬姓宗亲，其子民却是巴族百姓，这种构成与以上三者是不同的，但就其构成类型来说，庸、卢、濮、巴都是原生部落形成的方国。

汉水流域地势平缓、水土肥沃的地区，以中下游平原为主，周王为了扩其南土，将北方姬姓宗亲封于此地，称“汉阳诸姬”，同时也分封了中原的其他庶姓，形成了一系列大大小小的方国。周初，这一地区是封国较为密集的地区，其中有姬姓国如随、唐、贰，姜姓国如厉、吕、申，偃姓国如轸，允姓国如鄀，嬴姓国如郧，曼姓国如邓。“汉阳诸姬”的南下，将中原文化带到南方地区，中原文化与南方文化互相交融。不同民族杂居，十分有利于文化的交流和传播，于是这里形成了与中原文化既有联系又有区别的特色文化形态。

楚国早在商时，就迫于商的压力，从中原南迁至汉江，周成王时定都丹淅之会的丹阳，早期楚国与周王朝的建立有着十分紧密的联系。相传，楚先祖鬻熊是周文王之师，他为了营救西伯，把纣王所求珍宝献给纣王，从而使周文王得以获释。可见周文王立国与楚联系紧密。鬻熊后第三代孙熊绎在周成王时受封于楚，“号为子男五十里”（《史记·孔子世家》），居丹阳。此时楚国比较弱小，为了扩展势力，楚国向南方汉江下游发展。为了守住汉江上游地区，楚封同姓宗亲于故地，麇国即是楚国的同姓之国，在汉江上游，郧西北郧县西部。熊姓罗国也是楚国的同姓国，位于襄阳宜城至神农架一带。楚文王时，楚迁都于郢，罗亦随楚迁至枝江。从楚国同姓国的分布和迁徙状况也能很明显地看出楚国从汉江上游向汉江下游发展的历史轨迹。

2. 庸国与“庸人六绝”

庸国是汉水流域最大的方国。据王国维关于庸史的研究成果和《通志·氏族略》及蒙文通的《周泰少数民族研究·南方民族之移动》记叙，堵河流域的上庸，尧时是其长子丹朱的封地，丹朱在此发明了围棋，与父帝尧战于丹水之浦。庸国的疆土十分广袤。《华阳国志·汉中志》说:“汉中郡，本附庸国，属蜀。”《太平寰宇记》载:“于周为庸国之地。”这说明庸国以汉江上游的竹山为中心，陕南也是庸国的属地。《魏书》中“上庸郡”原注：“皇兴四年置东上洛，永平四年改为上庸郡。”上庸郡就是商洛东部丹凤、商南、山阳一带，名为庸郡，可能与曾经是庸国属地有直接的关系。庸国疆土如此之大，在春秋前期少有。而疆域广大的庸国并非徒有其表，其国力也非常强大。商朝时期，“百濮”都归集在庸国麾下。春秋时期，庸国称雄于楚、巴、秦之间，曾几次击退楚国入侵，以至于给楚国造成迁都的威胁。庸国的爵位也比较高。国君世代为侯伯，这大概是在牧野之战中立功的结果。

公元前885—前878年，周室式微，楚国在江汉地区乘势崛起。环顾四周，在它的西面，庸国的国势最为强盛，对楚国的对外扩张和称霸构成了巨大的威胁。《史记·楚世家》记载：“熊渠甚得江汉间民和，乃兴兵伐庸、杨粤，至于鄂（位于今河南省南阳市石桥镇）。”[①] 这次战争虽然没有灭掉庸，却成功地把庸变成了附庸国。

公元前611年春，楚国发生大饥荒，饿殍遍野，见楚国内乱，长期被楚国欺压的国家伺机报复。就这样，一支以庸国为首、其他国家紧跟的伐楚大军很快组织起来。与此同时，在公元前616年被楚所灭的麇国的遗民，也从迁移地今湖南岳阳一带“率百濮聚于选，将伐楚”。准备与庸国南北呼应，对楚国实施两面夹击。楚国国君十分紧张，一度准备迁都阪高（位于今湖北省当阳市东北）。但大臣蔿贾力排众议，说：“不行，我们能去的地方，敌人也能去，不如攻打实力最强的庸国。戎人、麇国和百濮，认为我们遭受饥荒不能出兵，所以攻打我们。如果我们出兵攻打庸国，他们必然害怕而回去。谁还有心思来配合作战呢？”听了

① 司马迁. 史记［M］. 裴骃，集解；司马贞，索隐；张守节，正义. 北京：中华书局，1959：1692.

蔿贾的建议，楚庄王当机立断，亲自统率精锐部队攻打庸国。面对楚军咄咄逼人的攻势，庸国及其盟军急忙后撤。楚军一路上兵不血刃，直抵庸国的防御堡垒方城。庸国凭险固守，首次交锋，楚军大败，楚将子扬窗被庸军生擒。楚国见庸国势力尚存，决定以骄兵之计战胜庸军。在之后的七次战斗中，楚军佯装败退，庸国人以为楚军无力再战，放松了防备。楚庄王亲临前线，率领大军在临品（今湖北省丹江口市境内）和前方部队会师，然后兵分两路，一路由将军子越率领，翻越武当山，经今房县县城向庸国都城挺进；另一路由将军子贝率领，从仞地攻击庸国的侧后。同时利用外交手腕，请求秦国、巴国派军参加战斗，三面围攻庸国。眼看庸国大势已去，与庸国结盟的其他国家为求自保纷纷撤兵，也有叛变投敌和与楚国联盟的，庸国军心涣散，方城很快被楚军攻破。公元前 611 年，庸国灭亡。

华中科技大学张良皋先生从文字学的角度，对庸国的古文明大国地位作了别具新意的考证，认为庸国有六大特点。

其一，屈原《离骚》中所说“伯庸”，乃是“庸伯”的意思，而庸伯则是祝庸即祝融的后裔。所以，庸国亦即融国。融是制陶大国，而且必定是鬲的发明者，拥有“专利”，成为氏族乃至国家的象征。鬲这种三足器，以其“空腹足”为特色，巧妙绝伦，充分利用火力，大大节省燃料，促进了陶器文化的发展。

其二，颂、诵之称，表明庸国是一个歌诗大国，或曰声乐之乡。无怪乎《诗经》有“二南”“鄘风”，皆因地域密迩，故得嫡系真传。《诗经》风、雅、颂之颂，也非商、周、鲁的创造，而是庸国早启端绪。

其三，祝龢之称，表明庸是器乐大国，或至少是管乐之乡，因为“龠”泛指一切管乐；即使“龢”读如“和”，义亦音乐之谐和，也在音乐的范畴之内。

其四，“庸”在金文中取“郭”形为义符。郭，城郭也，表明庸国曾是筑城大国。从《鄘风·定之方中》可以看出，庸人不仅擅长筑城，而且拥有全面的营建技术，庸是一个筑城大国和营建大国。

其五，“庸”与“容”通，“容成氏”就是“庸城氏”，就是庸国先民。《吕氏春秋·勿躬》载：“容成作历。”庸国是个造历大国。祝融氏属“火正”之官，与天文有密切联系，且有责任观测“大火”星，即“心宿二”。有学者认为，中国最早的历法，是以大火“昏见”为岁首的“火历”，与农事紧密结合。祝融氏火正应是此历的缔造者。此历既然为农业服务，庸国当然是农业大国。

其六，“庸”字下半截之“用”，在金文中作钟形，是甬钟的侧面象形字。在《路史》中，祝庸氏一作“祝诵氏”，而“诵”字右边正是甬钟之甬。加了金字旁的“镛”，就是大钟，或名“镈钟”，是金奏中的低音部，而甬钟则是演奏主旋律的乐器。庸是以钟为国徽的国家，在钟的冶铸方面具有显著的贡献，可以肯定其是冶铸大国。

“我们从庸国国号之一音多义推知：庸是制陶大国、歌诗大国、器乐大国、筑城大国、营建大国、冶铸大国、造历大国、农业大国……”①正如张良皋教授所说：“庸国的文明和历史恰像一座破碎的冰山，处处露出尖角，下面隐埋大量史实，可是至今也还不曾有人发愿整合这座破碎的冰山。这是一份前不见古人的工作，值得我们贾勇一试。”②

3. 麇国

中国的许多地名，都与先秦时期的古方国有关，如河南的上蔡、湖

---

① 张良皋. 巴史别观［M］. 北京：中国建筑工业出版社，2006：33.

② 张良皋. 巴史别观［M］. 北京：中国建筑工业出版社，2006：6.

北的随州。十堰古称郧阳，然而今郧阳区、郧西县所在地西周时期却是古麇国所在地。麇国属芈姓国，与楚同宗。早期楚人在汉北发展时，麇国与楚国属同姓之国，有亲属关系，比邻而居，互为唇齿，后楚都南迁至郢都后，两国关系日益疏远。麇国在汉江上游影响较大，成为百濮的首领，由于古麇国部族众多，疆域广大（含今丹江、两郧、房县等地区），所以在春秋早期，麇国是秦、楚、巴、庸等部落中实力较为强大的方国。楚南迁后，定都于郢，占据了沃野千里的江陵地区，楚人的生产生活条件有了很大改善，楚国发展迅速，已远远超过了远在鄂西北山区的麇国，此时的麇国与楚国也早已脱离了亲属关系，为了谋求扩张，楚对汉江上游的庸国、麇国发动了进攻，麇被迫屈从于楚的意志，成为楚的附属国。

公元前 617 年，楚穆王为了图谋霸业，在厥貉（位于今河南项城市西南）召集陈、蔡、庸、麇等方国会盟，相约联兵伐宋。麇国国君不愿为楚国势力北进而被牺牲，在会盟中途脱逃。这引起了楚穆王的强烈不满。公元前 616 年，楚穆王派大将成心伐麇，败麇师于防渚（今湖北省房县），后来又派楚将潘崇再次伐麇，至于锡穴。楚军攻入麇国都城锡穴，但并未灭掉麇国。公元前 611 年，楚国发生大饥荒，饿殍遍野，戎人乘机伐楚。在楚国内忧外患之际，麇国认为报仇雪恨、反扑楚国的机会到来了。庸、麇、戎、夷、百濮结盟而伐楚，对楚构成了巨大威胁，楚国几乎迁都避难。但由于联盟内部各自为政，缺乏统一领导，再加上楚国的全力还击，楚庄王亲征鄂西，联络秦国、巴国，将百濮部落联盟各个击破，经过交战，先灭了庸国，麇国孤立无援，随后也被灭掉。

4. 郧国

据《左传》记载，春秋时期，郧国本在今汉江下游的湖北安陆、京山一带，楚武王时期，楚国大肆兼并汉江东岸诸方国。楚武王四十年（公元前701年）春，楚国大夫莫敖屈瑕联合贰（今湖北省广水市境内）、轸（今湖北省应城市境内）两国夹击郧国。为救亡图存，郧国曾经联合随、绞等国合力抵抗，郧国将军队派往楚国边境蒲骚，试图抢先向楚国发起攻击。楚国大夫斗廉建议说："郧国军队驻扎在他们的郊外，一定戒备不严，他们天天盼望四国军队赶快赶到。您把军队驻扎在郊郢（今湖北省钟祥市境内）去抵御四国军队，以确保首都的安全。我率领精锐部队趁夜色掩护去进攻郧军，郧军存在期望四国援兵之心而又倚仗他们的城郭，就没有斗志了。如果打败郧军，四国的联军一定会离散。"莫敖说："何不向君王请求增兵？"斗廉回答说："军队打胜仗在于军心上下一致，不在于兵多。商纣兵多但敌不过周武王，这是您所知道的。我自成一军而出征，何必增兵呢？"斗廉夜袭郧国南部重镇蒲骚，一鼓作气打败了郧军。随、绞、州、蓼等国的盟军见郧军战败，便自行撤退。这就是著名的"蒲骚之战"。

"蒲骚之战"以后不久，郧国遭受重创。此后一部分郧人被迫迁徙到了楚地，另一部分则是向西北逃亡，来到了他们的友好邦国绞国寻求庇护，并将自己的国名带到鄂西北境内。因此今十堰地区先后出现了郧关、郧乡、郧乡滩、郧县、郧阳等带"郧"的地名。

5. 罗国

罗国是夏商时代芈部落穴熊的一个分支，和楚国同宗。大约在殷高宗武丁时，芈族系诸部落遭到殷的征伐，罗便随楚由罗山（今河南省罗山县）迁避到甘肃正宁县。此处虽远在西北，却毗邻周朝的发源地渭水流域。然而在周武王灭商的战争中，罗人表现得很不积极，引起周王室的强烈不满，周朝建立后，罗人被分封到房县。此时的房县偏僻封闭，林密草深，几乎是尚未开发的不毛之地，这种迁移名为“分封”，实属发配。然而罗国人不畏艰辛，不仅改变了房县的原始状态，还将势力发展到今襄阳的保康、宜城一带。西周时期，罗国为鄂西北地区的开发做出了重要贡献。

在楚国的扩张进程中，与之同宗的罗国也未能幸免。公元前700年，楚国以绞国参加郧国的伐楚盟军为由，出兵征伐绞国。罗国虽高度紧张，但仍然不敢拒绝楚国借道伐绞的要求，楚军过境时，罗国一直派人跟踪侦察，处于高度的戒备状态。一年后，楚国便以罗国心怀叵测、对楚不恭为由，派屡战屡胜的名将莫敖屈瑕带领精锐部队前往攻打。罗国自知单靠自己的力量敌不过楚军，于是联合北方的卢国（国都位于今湖北省襄阳市西南）共同迎敌。趾高气扬的楚军来到罗川城下，未及扎营，就杀声四起，埋伏在附近的罗卢联军如猛虎下山，把楚军打得晕头转向，楚军大败，一代常胜将军莫敖屈瑕羞愧难当，在荒谷中自缢而死。在楚国征伐史上，这无疑是一次重大挫折。从这次罗川战役看，罗国还是有一定实力的。不过楚国毕竟是大国、强国。在此后不久，罗国还是被楚国灭掉，其遗民被迁至枝江，后来又被迁至湖南汨罗。今屈原投江处附近，就有罗城遗址。

6. 曾国

曾国，大约存在于西周成康时期至战国末期，位于今湖北随州，长期被淹没在历史的尘埃中。然而，随着1978年曾侯乙墓的发掘，小小曾国开始名扬四海。这次考古出土了以九鼎八簋和编钟、编磬为代表的上万件文物，青铜器宛如刚放入地下，漆木器鲜妍如新，竹简墨迹清晰，尤其是整套编钟数量之多、做工之精细、气魄之宏伟，令人惊叹不已，堪称战国时期青铜乐器的巅峰之作，被誉为“国之瑰宝”。曾侯乙墓不仅令国人啧啧称奇，也以在文化艺术和科学技术上的辉煌成就而震惊世界。然而令人费解的是，这个为我们留下丰富物质文化遗产的曾国，却在留存至今的史籍中完全找不到对它的记载。更令人费解的是，随州为古随国地界，既然曾侯乙是曾国的国君，为何他的墓穴会在随国被发现？

虽然曾国的历史难以捉摸，随国的历史却在《左传》《史记》《水经注》等历史著作中均有记载。西周建立之初，周王为了巩固对南方疆域的控制，便把一些姬姓兄弟叔侄从山西、陕西移封到汉江中游地带，史称“汉阳诸姬”。随国便是汉阳诸姬中爵位最高、与周王室关系最近的一个。到了春秋时期，随国成为楚国北进的主要障碍。从楚武王开始，楚对随发动了一系列大规模进攻，最后就连楚武王本人也死于伐随的军中。尽管随人奋力抗楚，充分显示出其抵御外敌的“汉东大国”的气魄与胆识，但由于楚国势力过于强大，终被楚令尹子文击败。随国境土日削月割，国势衰落，不得不“世服于楚，不通中国”（《左传・哀公元年》）。然而公元前506年，吴王夫差攻陷楚都郢，楚昭王被迫四处避难。随国不但没有落井下石，反而冒着灭国的危险收留楚王，为楚国争取到最后一线生机。春秋末年，“周之子孙在汉川者，楚实尽之”①，唯随独存。楚国之所以不灭随国，想必是感念当年的恩德。

一些学者认为，随国其实就是曾国。一国两名的情况在历史上曾经出现过，譬如晋又称为唐，韩又称为郑。随国、曾国国君都姓姬，且一些考古遗迹显示，两国有很深的渊源，但是有些专家对此种说法持怀疑态度。

五、汉江文化的特征

文明的诞生、发展与河流有着密不可分的关系。汉水流域在古代作为一个相对独立的文化区域，是内陆腹地河流文化发展的一个典型。作为文明的源头和载体，虽然历史并没有特别垂青于汉江，但是其却以位于长江、黄河之间的地理优势，包容了来自这两大河流的文明因子，形成融汇四方、兼容并包的文化特色。

1. 开放性和广适性

从文化结构学的角度看，汉江文化是沉积与辐射的统一，源远流长，丰富多彩，具有开放性和广适性。

首先，汉水流域本身有很深厚的文化沉积。著名学者钱穆先生认为，中国民族之本干，在春秋时代的人口里，常称为诸华或诸夏，“华”与“夏”在那时人的观念里，似乎没有很大的分别。据有些学者的意见，“华”与“夏”很可能本指其居住的地名。在《周礼》和《国语》

① 蒋冀骋. 左传［M］. 长沙：岳麓书社，1988：372.

两书里，华山是在河南境内的，很可能便是今之嵩山。古之夏水即今之汉江。华夏民族，很可能指的是今河南省嵩山山脉西南直到汉江北岸一带的民族。著名学者吕思勉先生也认为，夏为禹有天下之号，夏水亦即汉江下流。由此可见，先秦时代的“中国人”称作“夏”或“华夏”，是与汉江有关的。此外，商周之际楚国也最早发祥于今陕南商洛丹水之阳，后来经过其先祖熊绎、熊弼等艰苦创业，才不断东扩，终于在春秋时雄踞江汉，成了南方赫赫大国。西周时，汉水流域分布着褒、巴、蜀、西、庸、濮、邓、楚、唐、骆、随等大大小小三十多个方国，大致属于周南、召南之域。

楚国最早的立国之地在汉水流域南阳盆地西面丹水与淅水的汇合处——丹阳。此后，经过历代楚人筚路蓝缕、艰苦卓绝的奋斗，楚国国境不断向东拓展，楚人终于成就了八百余年的辉煌业绩，创造了灿烂的楚文化。武汉大学考古与博物馆系于 2005 年 3 月开始对辽瓦店子进行抢救性发掘。2007 年，湖北省文物考古研究所再次对该遗址进行了发掘。该遗址包含了新石器时代晚期、夏、商、西周、东周、汉及唐宋等时期的遗存。辽瓦店子的考古研究对深入认识汉江文化具有重要的学术价值。

其次，汉水流域历史上是个移民地区。移民标志着文化的迁移和流动，移民的频繁和移民成分的复杂则意味着文化变迁的频繁和文化构成成分的复杂。大批多次的移民，使汉水流域文化积累深厚，层次丰富复杂。不仅巴蜀文化、秦陇文化、中原文化在这里交融汇集，而且西域文化、岭南文化、闽浙文化、江淮文化，甚至域外文化，都在这里有典型的碰撞、沉淀和遗存。层次的深厚累积和来源的广泛复杂，使汉江文化具有极大的普适性和广泛的代表性。

最后，汉水流域自古以来就是经济、文化和军事要地。汉水流域西通巴蜀、云贵，北连甘陕，东接江淮和辽阔的中原大地，南控长江中下游沿线以及江南的广大区间。随着人流、物流、信息流的东来西往，以及连年不断的南征北战，交融汇集在汉水流域的汉江文化被快速地、大范围地传播到全国东南西北，甚至顺着汉江，经由长江，远播到海外，形成空前的辐射效应。在东晋时，襄阳是著名的“互市”地之一，通过“互市”，商人们进行过境贸易，使传统的西北“丝绸之路”贸易由长安（今西安）延伸到了襄阳。有了这样的经济基础，加上前述的重要交通地位，在唐代，襄邓地区的经济发展如虎添翼。从晚唐诗人皮日休的记述中，我们可以想象当时的盛景：“处处路傍千顷稻，家家门外一渠莲。殷勤莫笑襄阳住，为爱南溪缩项鳊。”（《送从弟皮崇归复州》）在动荡的晚唐时代，襄阳尚且能称鱼米富足之乡，在和平安宁的唐前期，襄阳的经济条件应不逊于晚唐。但鱼米之乡还不足以完全描述襄阳地区独有的经济特色，其特色是在长期发展的基础上开发出别人所不能取代的主导产业。该地盛产优质土漆，自楚国时起，其漆器就已驰名天下，唐人对此十分清楚，指出“山南诸州，椒、漆为利”（《全唐文》），“襄州人善为漆器，天下取法，谓之‘襄样’”（《唐国史补》）。襄式漆器中以“库露真”尤为名品，北方游牧民族特别喜爱，常为买漆器而“所费如云屯”（《正乐府十篇·诮虚器》）。漆器是丝路贸易中不可或缺的外贸品种，襄阳漆器既然能领漆器行业之先，自当是贸易中的畅销货。所以，有人说汉水流域是大封闭中的大开放，其文化具有高度的开放性，道理就在这里。

2. 持久性和变化性

从文化哲学和文化地理学的角度看，汉江文化是厚重与灵动的统一，根深蒂固，历久弥新，具有持久性和变化性。

从地形地貌上看，汉水流域中上游是山地纵横，大河中流，依山傍水，山环水绕；下游是平原丘陵，沃野千里，车船舟楫，四通八达。这种山水相依、平原山地交接的地理条件，赋予了汉江文化独特的地域色彩。有句话说，水性使人通，山性使人塞；水势使人合，山势使人离。孔子曾说:“知者乐水，仁者乐山；知者动，仁者静；知者乐，仁者寿。”（《论语》）地理文化学家认为，地表不仅直接影响人类的生产和生活，而且会通过气候、交通等因素的影响，综合形成区域的文化差异。腹地纵深辽阔深远，群峰绵延阻隔，交通信息相对迟缓，人员物流相对困难，这在客观上造成了汉江文化相对闭塞的一面，致使社会发展缓慢，经济不够繁荣，文化生活和文化观念相对单调和落后，古老传统思想根深蒂固，表现出历史文化的厚重固执性。一个民族就像一条河流，从某种意义上来说，大规模的流浪和迁移可能意味着开拓与裂变，而闲适安逸则可能意味着保守和自满。

三千里汉江自西北向东南贯穿全流域，从中游开始，呈喇叭状渐开渐阔，最后完全敞开，和广阔的江汉平原连成一气，驰骋东下，汇入浩瀚的海洋，加入宇宙的歌唱。从这个喇叭吹出去的是苍凉而古老的山风，而由这个喇叭吸进来的则是江风、海风、大洋的风、彼岸的风、世界的风。风进风出，交融激荡，使沉寂闭塞的汉水流域感应着世界的脉搏。山生仁者，水生智者。奔流的大河带来灵动，带来变化，带来山外新的思想和观念，会像风一样，顺着汉江山谷，随着商队、考察队、旅行队等，驻足每一个港口码头，飘过山间崎岖的小路，飘向汉水流域崇山峻岭的深处，在那里引起喧哗，在那里布云播雨。所以，在汉江腹地被认为很闭塞的地方也很难找到陶渊明笔下那种与世隔绝的桃花源，相反，倒是很容易发现被冠名为“小香港”“小武汉”“小上海”的小县城和乡镇，这正是大山联系和感应山外世界变化的地方，也正是汉江文化灵动性之所在。

3. 丰富性和生长性

从文化发生学和文化本体学的角度看，汉江文化是独创性与兼容性的统一，厚积薄发，博大精深，具有丰富性和生长性。

从文化本体学的角度看，汉江文化是兼容性与独创性统一的结果。汉江文化处在巴蜀文化、秦陇文化、中原文化等三大文化的交汇区，而且岭南文化、闽浙文化、江淮文化都在这里有典型的碰撞、沉淀和遗存，所以，其兼容性的特点很典型。对此，汉水文化学者王雄在其《阴阳碑》中对汉水有一个形象的阐释：汉江源远流长，它发源于陕西宁强县的禹王山，这是一个因为传说太多而显得有些缥缈和迷幻的地方。汉江上流穿越在崇山峻岭之中，奔流到襄阳便是一马平川的江汉平原。宁强县是著名的羌城，相传羌族这个剽悍无比的游牧民族由北南迁于此，在这青山绿水中建立起了自己的美丽家园。汉水流域土肥水秀，多年来，两岸的人们习惯了富庶与田园诗般的生活方式。无论丰年荒年，汉江边上的人们向外流浪的要比任何一个地区的人都少。黄河文化与汉江文化也许正是在这一点上有所不同。人们涌向富裕之地，汉水流域在接纳众多的外来人口的同时，也接纳了外来文明，以此逐渐形成了南北交融、多方融合的汉江文化特征。

语言是文化传播的工具，汉江中上游的方言最能说明南北文化兼容交汇的痕迹。由于汉江上游在文化上“风气兼南北”，造成“语言杂秦蜀”，“论其声音，山南近蜀则如蜀，山北近秦则如秦”。[①] 例如，汉中地

---

① 严如熤，郭鹏.（嘉庆）汉中府志校勘［M］. 西安：三秦出版社，2012：733-738.

区大部分方言接近成都等处的四川话，属于西南方言的范围。而洋县、城固两县话，却是四川话与关中话融合后的变种。西乡、勉县、略阳三县话，保留关中话特点较少，向四川方言靠拢程度较高。安康地区受湖北话的影响较大。柞水、镇巴两县，分别有几百人以上的壮族、苗族聚居点，素有壮乡、苗乡之称。这里既有楚汉文化的融合，又有巴蜀文化的浸润，“楚音”“川语”“秦腔”并存，“苗语”“壮语”犹在，与关中、中原方言内部大体统一形成了鲜明的对照。在现代汉语中，河流的名称“江”与“河”在地理上有明显的差异，大致以长江为界，南方称“江”，北方称“河”。但是，汉江上游的人们把汉江称为“汉江河”。这种鲜活的大众文化，形象地说明了汉江文化是南北文化交融、统一的结果，显示了汉江文化的兼容性和丰富性。

4. 过渡性和和谐性

从文化风格学的角度看，汉江文化是醇厚中和与阳刚峻拔的统一，阴阳交合，刚柔并济，具有过渡性和和谐性。

四个主要的自然因素决定着人类文化的特质和人类的生活与命运，这就是：气候、食物、土壤和地形。受这四种因素的影响，我国南北文化呈现出较为鲜明的差异，即所谓“白马秋风塞上，杏花春雨江南”。大体上，南方文化浪漫、秀媚、清新，具阴柔之美；北方文化刚健、凝重、典实，多阳刚之气。汉水流域处在中国南北连接带上，其气候、食物、土壤和地形都带有很强的过渡性、渐变性特点，南北杂糅，界限模糊。汉水流域这种地理地貌和物候特征反映在文化特质上就是南北文化风格的有机统一，即阴柔浪漫与阳刚峻拔的统一，优美绮丽与凝重典实的统一。

首先，这种统一通过《诗经》和《楚辞》而得以显现。众所周知，上古时期，《诗经》和《楚辞》都对后来的中国文化产生了深刻影响。产生于黄河流域的《诗经》和发轫于楚地的《楚辞》风格迥异，前者尚实质朴、阳刚峻拔，后者浪漫华丽、思幻情炙，极其生动地展示了两大地域文化风貌特质上的差异。但非常有意味的是，《诗经》和《楚辞》所描写的地域文化恰好在汉水流域重合。《诗经·周南·汉广》："汉有游女，不可求思。汉之广矣，不可泳思。"《诗经·大雅·江汉》："江汉浮浮""江汉汤汤"。《楚辞·九章·抽思》："有鸟自南兮，来集汉北。"（汉北即汉江之北）《楚辞·九章·思美人》："指嶓冢之西隈兮，与纁黄以为期。"（嶓冢即汉江发源地嶓冢山）这些描写生动地反映了南北文化在汉水流域交汇融合的情形。显而易见，描写汉水流域的《诗经》篇章比起描写广大中原地带的《诗经》篇章的阳刚峻拔、凝重典实风格，多了几许婉转含蓄和浪漫惆怅，而描写汉水流域的《楚辞》篇章比起描写广大南方地区的《楚辞》篇章的阴柔浪漫、优美绮丽风格，也多了几许峻拔阳刚和开阔晓畅。在这里，南北文化艺术交融渐变的过渡性与和谐性表现得特别突出。

其次，汉江文化将和谐精神注入了中华文明。秦汉时期是中华文明第一次大整合阶段，由于特殊的地理方位，汉水流域成为秦、楚、巴、蜀乃至三晋文化的交汇地带，特别是两汉时期，融合战国时期秦楚两大文化流风余韵而形成的刚健豪放兼激越浪漫风格的汉代民族精神成为中华文明的主旋律，而汉代文化精神的基调之一是楚文化，楚文化的基调深深地植根在汉江文化之中。

最后，哲学精神是文化精神的灵魂。作为汉江文化哲学的代表，道家文化精神的核心在于太和。太和首先强调的是一种和，即崇尚天人合一，强调和谐——人与人的和谐、人与社会的和谐、人与自然的和谐。

同时道家也追求贵人重生，要求世人关注苍生万物，热爱一切生命，普施人间大爱。其实，武当山的别名“太和”就是一个强有力的佐证。太，至高至大至重也；和，和平和谐也。“太和”，即至高至大至重的价值，就是和平和谐，此其一。如果直接按字面意思来解读，那么，“太和”即太平和谐也，世界太平，社会和谐，此其二。在这里，汉江文化的和谐性得到了充分的展现。

第二章
济世沃流

横陈的秦岭，让中国南北之水截然不同。秦岭之南的汉江水碧若玉，一江好水不仅仅只是向东流，如今还汩汩北流，成为华北数省市的水源区；而秦岭之北的渭河却浊流滚滚，胜似黄河，这是秦岭南北河流的差异。作为长江八大支流之一，汉水流域广博，水系发达，纵横交错的河溪与星罗棋布的湖泊，构成了汉江丰富而又优质的水资源。

汉江两岸的支流，犹如一条条毛细血管，万流归一，顽强地支撑着母亲跳动的脉搏。汉江支流多而美，构成了流域大地上的亮彩，而多姿多彩的支流形态则成了这些亮彩上的点睛之笔。在众多支流中，有与其他河流完全反着走的任河，有自然与人工完美结合、东西横流的汉北河……难以计数的湖泊及干支流上因水资源开发利用而成的人工大湖，稳稳地静卧在流域内，让世人感受着美丽汉江的悠然怡情。

仁者乐山，智者乐水。山沉默厚重，每一块岩石都铭刻着岁月的沧桑，山的脊梁往往成为河流的分水岭。水灵动柔美，是万物生存的基本条件，它的滋润使万物生机勃勃。汉水流域的无数河流连接起令人神往的名山大湖，滋养着水流经过的地方。博施于民，而能济众，汉江真正称得上是济世沃流。

第一节　蜿蜒前行纳百川

古老汉江，一路蜿蜒前行，经秦岭南麓、巴山北坡、江汉平原，广纳流经之地的百川群流。发源于嶓冢山的小溪，汇聚沿途多少不知名的小河溪流，就成了熟悉的汉江。美丽的褒河，蜿蜒不息地流淌在青山秀水间。从秦岭深处款款走来的旬河，一路歌唱着山里人的欢乐，涌动着感人的纯洁与质朴，流出了闻名遐迩的太极城。

一、汉江源头玉带河

玉带河是汉江的南源，发源于陕西省宁强县的箭竹岭水池垭，自西向东流过金家坪，由西北向东南穿过县城，然后向东北蜿蜒流过县境，于勉县铜钱坝江入汉江。玉带河河水洁白如雪，水流宛若丝带，俨然羊脂美玉雕琢的玉带，故得名。

这里有一个家喻户晓的关于玉带河的美丽传说。从前，宁强久旱，庄稼枯槁，颗粒无收，人们只有祈求玉帝降雨。玉帝知晓后，便派王母娘娘降雨，王母娘娘扔下一条玉簪，变成美丽的玉带河。从此，沿河两岸五谷丰登，牛羊肥壮。玉带河长 101 千米，流域面积 831 平方千米，不仅哺育了两岸的人民，还给宁强大地增添了灵秀和韵致。

宁强素有“千里汉江第一县”的美誉，玉带河是宁强县流程最长、流域面积最大的河流。宁强襟陇带蜀，坐拥着秦巴山麓的雄风，偎依在汉江之源的怀抱，是西北进入大西南的主要门户，曾有“蜀道明珠”之称；也有人称她是羌族故里，因为史书上记载，这里曾是古羌人的主要居住地。生活在这里的人，心里都充满了对玉带河的美好回忆。河阔水丰，清澈见底，两岸柳树成林，河中鱼虾成群。不仅如此，玉带河还像一面镜子记录着宁强的进步与发展。清光绪五年（1879 年），宁强修北关大桥，贯通玉带河两岸，在玉带河两岸逐渐形成河街、半边街、上关街；1945 年又修玉带河五孔桥，南连老城，北接川陕公路，并渐成今新市区南段；1949 年以后，县城陆续扩展，1980 年末又重修玉带桥，并在玉带河两岸新建市场路、新市街等街道，城区新建楼房鳞次栉比，蔚为壮观。这一切足以说明玉带河之于宁强的重要性。

如今，在宁强县城西南，建造了汉水源森林公园。公园山体突兀，沟谷纵横，地形地貌多变，被誉为蜀道上的一颗明珠、巴山西部的一朵奇葩。汉水源森林公园以自然山水景观为主，并融合羌文化、关隘文化和宗教文化等打造了弥足珍贵的人文景观，万亩森林苍翠清幽、松海漭漭，十里金刚长峡景观险峻、势如剑开，高耸红石梁东西横亘、如龙盘踞，瀑布、碧潭、溪流等水体景观清秀妩媚、姿态万千，已成为川陕交界处最具魅力的旅游胜地之一。

2007 年 10 月，第六届全国城市运动会在武汉举行。运动会圣火汇聚了“长江文明之火”“汉江文明之火”“武汉城市文明之火”，源自古老山川江河的文明火种穿越都市的脉搏，点亮了整座城市。“汉江文明之火”即采自汉江源头——玉带河。

距玉带河不远，有黎坪风景区。黎坪风景区被誉为“巴山深处的绿色明珠”，是中国最神秘、最美丽的地方之一，位于陕西南郑黎坪镇，景区以森林景观、地貌景观、水体景观、现代人文景观及田园风光为主，是集山景、林景、水景、石景、气候景观和田园景观于一体的山岳型旅游区。

黎坪风景区地处大巴山中段，有原始森林 64 万亩。景区重峦叠嶂、沟壑纵横，一山一水，倾绿泻翠，西流河峡谷横贯其中，既有奇石险峰之壮美，又有古树清流之秀丽。整个风景区分为黎坪、黄洋河、石马列山、冷坝四大景区。黎坪景区为原始林海，古木参天，稀有罕见，以巴山松原始林海、巴山民情风俗及现代人文景观安汉故居为主要景观。黄洋河景区景观以高坑瀑布、千层岩、石城等为主；千层岩两岸势如剑开，置身其中，仿佛进入三国石栈道。石马列山景区是典型的高山峰丛石林地质景观，以石马山石林群为主要景观。奇石林立，形态各异，特别是与千年石黄杨林争奇斗艳，神秘莫测。冷坝景区以天然山甸草场为主要景观。山甸草场宽阔无垠，绵延数公里。阳春，山花烂漫，姹紫嫣红；盛夏，绿荫浓郁，凉爽宜人；金秋，霜叶似火，野果飘香；严冬，银装素裹，交相辉映。

二、曲水清流嶓冢山

位于汉江源头的宁强原名宁羌，原本是羌族故地，氐羌族在宁强活动历史悠久。

羌族与水似乎有着不解之缘，这不仅因为传说中的治水英雄大禹是羌族人，更因为羌族所居住的区域大多是江河的源头或上游地区，据《尚书·禹贡》中“嶓冢导漾，东流为汉”的记载，汉江源头就在宁强的嶓冢山。《山海经·西山经》亦言：“嶓冢之山，汉水出焉，而东南流注于沔……”① 《楚辞·九章·思美人》也有：“指嶓冢之西隈兮，与纁黄以为期。”② 《汉中府志》载，汉江，“水出（宁羌）州北八十里嶓冢山”③，嶓冢山在“州北九十里，在栈道烈金坝西十里，山势尊严，峰峦回合，望之蔚然深秀，其相连者为汉王山……山内有洞，宽数丈，深里许，为汉水发源处”④。

嶓冢山是载于史书经传的名山，位于宁强县城西北 40 千米处。唐朝诗人胡曾在《嶓冢》一诗中写道：“夏禹崩来一万秋，水从嶓冢至今流。”⑤ 嶓冢山系从汉王山起首，向西南延伸，直至川陕交界处。山之东水皆东流入汉江，山之西水皆西流入嘉陵江。

---

① 小岩井. 山海经［M］. 杭州：浙江教育出版社，2019：48.

② 屈原，宋玉. 楚辞［M］. 廖晨星，注译. 武汉：崇文书局，2020：129.

③ 严如熤，郭鹏.（嘉庆）汉中府志校勘［M］. 西安：三秦出版社，2012：149.

④ 严如熤，郭鹏.（嘉庆）汉中府志校勘［M］. 西安：三秦出版社，2012：147.

⑤ 邓显鹤. 沅湘耆旧集（一）［M］. 沈道宽，毛国翰，左宗植，校订；欧阳楠，点校. 长沙：岳麓书社，2007：107.

据传，当年汉王刘邦曾亲登此山，山上至今尚有汉王庙和汉王系马桩等遗迹，昔日南麓还有高祖试剑石。南宋诗人陆游告老还乡后，依然怀念这里的风光："嶓冢之山高插天，汉水滔滔日东去。高皇试剑石为分，草没苔封犹故处。"① 汉王山现已是飞播林区，满山葱郁，绿云接天。

在今阳安铁路、川陕公路旁，有禹王宫遗址。从此向北，可仰望嶓冢山。南来的小溪，俗名汉王沟，即漾水。循着清澈的溪水逆流而上，到白岩湾，有一座千仞绝壁，险峻异常。崖上山花吐艳，崖下林木葱茏，垂蔓之下有一石洞，洞口有一状如卧牛的钟乳石，石牛长 2.43 米，高 1.53 米，人称石牛洞。传说随大禹治水的牛用自己的身体堵住了从此奔涌而出的滔滔洪水，并化身为这块状如卧牛的钟乳石，守护着一方安宁。石牛自背至臀有八个古字，径不盈尺，不可辨认。千百年来，这八个形如蝌蚪的文字一直没人能读懂，这或许又是一道文明的密码。《陕西省金石志》认定是夏禹治水的遗迹，故称禹王碑。石牛遍体绿苔水渍，石牛之下，一线清泉淙淙流淌，细微而又恬静。每逢雨天，洞内轰然作响，在距石牛 20 米处，一股寒泉从崖隙喷出，远伸成溪，这即《禹贡》所载"嶓冢导漾，东流为汉"的汉江发源地之一。

从白岩湾沿溪流下行到川陕公路与烈阳公路交会处，东侧公路与铁路之间，有一株周长丈余、巨枝七出的桂花树，枝壮叶茂，形若碧绿的华盖，这就是历经千年的禹宫古桂。此树历时千年却仍枝繁叶茂，每逢金秋花开，十里飘香，好似一条温馨的芳绦，羁留着游人的情思。传说七条树杈是天上七仙女的化身，增添了神奇浪漫的色彩。此处原有一座始建于唐，重修于明，整葺于清的禹王宫。禹王宫亦名禹王庙、

① 钱仲联，马亚中. 陆游全集校注（2）：剑南诗稿校注（二）［M］. 杭州：浙江教育出版社，2011：426.

嶓冢祠，原为一套古典三合院，禹宫古桂就植于庭院之中。清道光年间（1821—1850 年）曾在此创建汉源书院。目前地面建筑无存，基址尚在。

三、褒水蜿蜒出褒谷

褒河古称褒水，又有山河、太白河、乌龙江、黑龙江之称，元代一度称紫金河，明代称褒谷水，为汉江上游左岸较大支流，地跨宝鸡、汉中两地的太白县、凤县、留坝县、勉县、汉中汉台区等。褒河有东西二源，均出秦岭南麓。西源出凤县代王山秦岭沟，初名中曲河，下行称西河；东源为正源，出太白县太白山之灵湫，始称虢川河，南流过太白县城，北纳七里川河后称红岩河，至留坝县江口东纳太白河后称太白河。两源在留坝县江西营汇合，过柳川又名下南河，东纳上南河，到武关驿有北栈河西来，改称北栈河，再汇尚溪河，过马道后称褒河，最后于汉中市汉台区龙江孤山村入汉江。褒河长 175.51 千米，流域面积 3908 平方千米。流域多山，河道流向较顺直。主要支流有沙子河、武官河、太白河、杨家河等。褒河河谷是古代褒斜道的一部分。

褒河上游支流发育，下游支流短小，纳大小支流 36 条，河系上宽下窄。江西营以上为上游，分水岭海拔 3000 米左右，留坝以西在 2000 米以上，褒、湑之间在 2000 米以下，山势开阔，河谷宽浅、宽窄相间成串珠状，两岸谷坡较缓，耕地较多；江西营至石门谷口为中游，海拔 560～1500 米，过武关驿后，河道进入峡谷，山势陡峻，河谷深切，水流湍急，有如“滚滚飞涛雪作窝，势如天上泻银河”的景象，河中巨石累累，多传说典故，如击之有声的石鼓，光洁如玉可容五斗粮食的白玉盆，以及将军石、斩蟒石、蛤蟆石、鲤鱼石、五龙石等；河出谷后为下游的汉中盆地，河床多为砂卵石覆盖，河道由 200 米展宽至 800 米，河道冲淤变化显著，两岸发育漫滩阶地，农耕历史悠久。

四、旬河流出太极城

汉江左岸支流旬河，古称旬水，是汉江上游长度仅次于任河的一条大支流。旬河全长 218 千米，集水面积 6307 平方千米，流域覆盖陕西省商洛市西南部和安康市东北部。旬河有支流 42 条，以乾佑河最大。

旬河从秦岭中段沙沟岭南麓麦秸磊东南侧的甘沟脑流出，上源称沙沟河，西南入宁陕县江口，渐转东南流，始称旬河，经过黄金乡，在镇安西南左纳东川河，经黄家湾，右纳月河，过崇家沟，续纳小仁河、达仁河；进入旬阳市境后向东南行，在小河乡两河关左纳柞水、镇安两城南来的乾佑河，再南经赵湾，复东南经甘溪，到旬阳市西南转东北流，绕城西、北、东三面，在东南面注入汉江。

上游宁陕县境内，地势北高南低，西高东低。流向由西北向东南，上游陡急，下游平缓，多形成河谷地带。河流全程高差 2125 米，平均比降 11.65‰。

中游镇安县河流下切作用明显，干流或支流都形成典型的“V”形夹谷，最宽处 190 米，窄处 60 米，山高坡陡，河谷耕地零散，素有“八百里旬河不浇田”之说。

下游旬阳市入境处至两河关段，全长 30 千米，两岸山势比较平缓，河谷开阔，有较多的滩地，河道比降 1.5‰～1.8‰，枯水时河宽约 20 米,没有陡坝和跌水现象，水深 0.4～0.5 米，流速 1～1.5 米每秒，河床多由沙砾组成。该段仁河口以上曾于 1958—1959 年间进行过整修，可通航至镇安县柴坪。仁河口至两河关段1970年前可全年通航。

两河关至旬河口段全长64千米，河谷开阔，山岭平缓，河槽平直，比降0.8‰～1.2‰，枯水河面宽40～50米，水深0.7米。1970年前，该段可全年通航。

最大支流乾佑河，古名柞水，源出柞水县西北与宁陕东北交界的老村乡黄花岭北侧，东流汇太河（太峪河）南偏东流，过柞水城关渐转南流，南北纵贯柞水、镇安两县，在旬阳市西北的两河关汇入旬河，河长140千米，平均比降13.1‰，集水面积约占旬河的40%。河源北越终南山，与长安大峪、石砭峪相通，为西（西安）康（安康）铁路的孔道。该河又名运粮河，元代曾通航至柞水城以上。

旬阳市位于旬河入汉江处，曲水环流，形似太极，被誉为“天然太极城”。旬阳周围，八峰环立。亿万年来，旬河河床不断下切侵蚀、沉淀堆积，使河床形成“S”形图案绕城而过，“S”形的旬河水将县城天然分成阴、阳两鱼岛，与四周环立的八座山峰共同勾画出一幅形态逼真、惟妙惟肖的太极图。

阴鱼岛和阳鱼岛，首尾相逐，对称互抱，最为奇特的是阴阳鱼眼位置分别生长着一棵千年古柏，历经千年依然枝繁叶茂。大自然的鬼斧神工造就了神秘、神奇的天然太极城。早在清乾隆年间，就有诗句这样描述，“满城灯火列星案，一曲旬水绕太极”，证明太极城的称谓由来已久。自古以来，许多文人作诗描写太极城之美:“仞望俯瞰江河流，太极突现山城秀”，“南望汉江，北镇旬河，江河锁钥旬阳城；东倚灵崖，西依林园，秀丽妖媚太极城”。①

旬阳天然太极城是目前罕见的自然奇观，是不可再生的旅游资源。太极城内的主要景点有旬阳文庙，它是陕南较大的一座县级博物馆，建

① 耿峻平. 生命之根［M］. 西安：太白文艺出版社，2019：367.

筑风格独特，古色古香，馆藏文物以国宝级象牙算筹和北魏独孤信多面体煤精组印为最。还有灵崖寺省级森林公园，孟达墓、文星塔等人文景观，可在宋家岭观景台欣赏天然太极城。

第二节　各具特色河流奇

倒流、分流、减流、横流，这都是汉江支流的形态。在难以计数的支流中，倒流的任河，像一头不驯的吼狮，穿峡谷、过险滩，以顽强的生命力自东向西，成为秦川大地上一道亮丽独特的风景；从大洪山北麓起步的涢水，分流江汉，流经诗意小城安陆，李白曾在此酒隐十载，濡养了“匡君济时”之才；因洪水而成的东荆河，成为汉江下游重要的分流河道，并与长江相通；自然天成与人工伟力的结合，造就了渠网纵横的汉北河水系，它的存在又使我们见证了一段战天斗地的历史。

一、任河倒流

任河是汉江上游的较大支流，发源于重庆城口、巫溪和陕西镇坪三县交界处大燕山的三棵树，流经重庆、四川、陕西三省市，全长 211.4 千米，流域面积 4871 平方千米。河流分上、中、下段，上游名城口河，由九条支流汇成，故又名九江；中游名大竹河、北江；下游名任河、外权河。任河主要由海拔 2000 多米的西源老鸦铺七星洞和东源万顷池幽谷汇流而成，沿途接纳 25 条支流，在巴山北麓汇入汉江。

“一江春水向东流”，道出了中国河流受西高东低地势影响，大小河流自西向东流的常规，沧桑岁月改变的只是河的流量、流速与河道的曲直，亘古不变的是河流的流向。然而，在大巴山腹地流淌了数万年的任河，却反其道而流之，先由东向西，后击穿巴山山脊折而向北，从川入陕，在巴山北麓汇入汉江。延绵倒流百里，恰似一条长长的玉带在大巴山区蜿蜒逶迤，这道独特的亮丽风景线堪称天下一绝。或许是任河的"任"字带有任性之意，改写了"一江春水向东流"的自然法则，才使它成为大巴山一道奇特的自然景观。

任河自源头至汉江，无时不与峡谷滩险和峰岭奇峭的巴山为伍，险中藏奇，奇中蕴妙。登高览众小，任河流域都是一幅美丽的山水画卷，层叠对峙的山峰，让人目不暇接的瀑布，幽深莫测的大坑，宛如飞龙的地缝，诱人遐想的溶洞，奇幽狭险的峡谷，灵性十足的间歇泉，富庶美丽的田园等自然景观，令人叹为观止。任河中上游的城口、万源境内，有灰龙峡、青龙峡、平坝河峡等大峡谷，而川陕交界处三十里峡，又名木兰峡，为诸峡中最壮观者。

任河是一条战略要道，是从陕南安康出入四川的一条战略要道。

由于任河所处地理位置特殊，它形成了"上小中宽下窄"的体形，流域平均宽度 20～25 千米，在 4871 平方千米的流域面积里，河水温润如玉，加之任河中上游流经的巴山南麓为断层地质结构，在石灰岩层中裂缝众多，除雪融雨水从地面下渗汇成地下河外，任河水时常在上游渗漏下去，不时又在下游某处涌冒出来。地下河水温度变化小，适宜鱼类过冬。一到深秋，只待河水淹没河谷两侧的泉口，河中之鱼便成群结队入洞，次年又随地下水而出泉口，入河觅食、繁殖，由此形成的鱼泉不下 50 处，其中以任河上游的沆河鱼泉和中游的大竹河鱼泉为最大。早年因鱼多鱼大，在鱼泉被相互挤死或石缝卡死的鱼屡见不鲜。每当鱼群蜂拥而出之时，便可一睹河内鱼鳞光闪的风采，分外耀眼，是为一大奇观。

二、涢水分流

涢水位于湖北境内，是汉江下游一条较大的支流，发源于大别山麓的大洪山，流经随州、安陆、云梦，至应城与云梦交界的虾咀分流，西支经汉川北部至新沟注入汉江，东支由云梦到孝感纳支流澴河、沦河，至武汉黄陂纳滠水，于武汉谌家矶注入长江，主河道全长 277.6 千米。涢水两岸支流呈叶脉状分布，其中流量较大的有㵐水、漂水、溠水、均水、清水河、洑水、灈水、石河水、杨家河、郑家河、大富水、徐家河、五龙河、支水、浪水、漳水、漻水等，形成一个相对独立的水系，可称之为涢水流域。

北魏地理学家郦道元的《水经注》载："涢水出（蔡阳）县东南大洪山，山在随郡之西南，竟陵之东北，槃基所跨，广圆百余里……又南过江夏安陆县西……涢水又南，分为二水，东通滠水，西入于沔，谓之涢口也。"[1] 可知，南北朝时期人们就知道了涢水，也知道了涢水的发源地和入江地。《左传》记载，"吴从楚师，及清发。将击之"。西晋杜预注："清发，水名。"[2] 清初顾祖禹《读史方舆纪要》也载："涢水，亦名清发水。"

《清史稿》载："涢水亦曰府河，即清发水，〈左传〉'吴败楚于柏举，从之及于清发'是也。自随州应山流入，会洑水、灈水、石河水，至两河口，与杨家河合。南：高穹镇，有废巡司。西北：崇阳镇。有驿。云梦冲，难。府东南六十里。涢水自安陆来，东南流，入汉川界。北岸有涢河堤，康熙五年重筑，其支津由白河口南分流而东，为县河，会郑家

---

① 郦道元．水经注［M］．谭属春，陈爱平，校点．长沙：岳麓书社，1995：471-473.
② 陈戍国．春秋左传［M］．长沙：岳麓书社，2019：1125.

河，入孝感界，通河。东兴安、南隔蒲潭、北利塘三镇。兴安有废巡司。有驿。应城难。府南八十里。东南：高楼山。东临涢水。西北有西河，即富水也。富水自京山入，又南，左纳省港，至桂口，右歧为小河，注三台、五当，纳五龙河。又东南，金梁湖为金盆，入汉川。右潼水出县西北潼山，自县南又东，经安陆入涢，溾。东：长江埠巡司，自崎山镇移此。有驿。随州疲，难。府西北一百三十里。北：厉山，一名烈山。西南：大洪山，涢水出焉。西北：溠水，源出栲栳山，南流注之。又左受㵐水、溧水，右受支水、浪水，下流至夏口厅入汉。西南有章水，东南流，经安陆、应城县界入涢，亦曰杨家河。祝林镇，州同驻。唐县镇，州判驻。环潭，梅丘巡司驻。高城镇，总巡司驻。又有合河店巡司、唐县镇巡司，嘉庆十五年载。应山冲，繁。府北九十里。左：孔山。西：洞庭。东北：黄茅。西北：瞒箭山，澴水出，西南入随达涢。二水又东南缘界合徐家河，入安陆。”①

“涢水深，涢水宽，涢水两岸帆连帆”，这是20世纪60年代涢水河畔水上交通繁荣的真实写照。如今的涢水河畔，经过治理和修复，已是另一种景象。荒芜的沙滩被成片的树林遮盖得严严实实，清澈的河水，碧绿的水草，斑斓的波纹，自由自在的小鱼儿，河心安静的小岛，成群结队栖息的白鹭，这一切给美丽的涢水河畔增添了许多迷人的色彩。

作为楚文化发源地之一的古郧城安陆，既有碧山涢水的钟灵秀美，亦有诗仙尚书的博雅深厚。在历史长河中，它曾流传大诗人李白酒隐安陆的故事和具有“红杏尚书”美名的宋祁与其兄长宋庠“双状元”的千古佳话。如今，它正凭借丰饶而美丽的地理风物和深厚的人文涵养，敞开胸怀谱写更加绚烂的历史华章。

---

① 赵尔巽，等. 清史稿：卷59—卷104［M］. 许凯，等标点. 长春：吉林人民出版社，1998：1477.

悠悠涢水，自郁郁葱葱的大洪山北麓顺流而下，千回百转，滔滔不绝，流过千年的风霜，越过千年的繁华，滋养着两岸勤劳淳朴的涢水儿女。

三、东荆减流

东荆河位于江汉平原腹部，明朝时期称芦伏河，清称冲河，又名襄河、中襄河、南襄河，后以其流经地理位置居于荆北水系东侧，故称东荆河。1869 年，汉江大水，潜江泽口溃口，形成现在东荆河分流，分流量占汉江四到五成。东荆河流经潜江、监利、洪湖、仙桃，于武汉注入长江，全长约 344 千米，流域面积 4298 平方千米。东荆河是汉江唯一的天然分流河道，也是下游潜江、监利、仙桃、洪湖、武汉数百万亩农田的重要灌溉引水河道。

东荆河自汉江中部的泽口进入江汉平原南部腹地，自西向东，北面是潜江、仙桃，南面是监利、洪湖。东荆河是汉江水沙运动的产物，原为古云梦泽的一部分。古往今来，东荆河地域江河贯通，湖泊密布，水域辽阔，水源关系复杂。东荆河原本没有固定的河床，洪水灌入，即横冲直撞，危害肆虐。随着自然环境的演变，历代劳动人民为了开垦这块肥沃土地，年复一年地修筑了两道顺水长堤，才成了现在的东荆河河道。

五代后梁时，南平王高季兴为防御汉江洪水，沿汉江右岸筑堤百三十余里，时称高氏堤。随后又屡经增筑，防御汉江南侵。明代中叶，江汉平原垸田迅速发展，汉北穴口多被堵塞，汉南泄量增大，堤防溃决频繁。明万历元年（1573 年），夜汉口堤决，湖北巡抚赵贤疏请留决口，以杀水势，并沿夜汉河筑堤三千五百丈，中为一河，后于双雁口分岔泄流，西为西荆河，东为东荆河。

清同治四年（1865年），流经沔阳的东荆河主流，因监利杨林关堤溃，由原经后河、府场河、唐嘴河入邓老湖的故道改道北趋，冲破朱麻、通城、乾沱垸，冲断玉带河，至中革岭分支，一出官垱湖入唐嘴河，一由罗家湾出沙湖通顺河，分别从新滩口、沌口出长江。中革岭以下，支流交错，汉江汛涨，一片汪洋。同治八年（1869年）大溃，俗称吴滩改口或吴家改口，汉江水势自改口处直趋而下，汉南和四湖地区受到洪水的沉重压力，从而出现口门的“兴与废，疏与堵”之争。光绪四年（1878年），杨林关老河口堵塞。1932年，东荆河左岸分支杨树河在马口被堵塞，中革岭以上成为单一河道，以下仍与清末相似。

东荆河是汉江防洪体系的重要组成部分，可分泄汉江约四分之一的洪水，大大缓解汉江下游，尤其是武汉的洪水威胁，因此，它的存在、发展与汉江防洪紧密相连。

历史上，由于东荆河下游无统一堤防，南北两支分别与内荆河、通顺河互相贯通，每当汉江洪水暴发，河水便似脱缰的野马，奔腾咆哮，漫卷沃野，吞食茅屋，汉南和四湖下片区域一片汪洋，被称为东荆河泛区。上游虽有堤防可防，但堤身低矮单薄，千疮百孔，洪灾经常发生。据不完全统计，仅清顺治十五年（1658年）至1949年的292年间，共溃口98次，以1931年、1935年最为惨重。同时血吸虫病危害严重，以致东荆河沿岸潜江、监利境内，特别是下游人口稀少，居民体质虚弱。

中华人民共和国成立之初，东荆河上起潜江龙头拐，南流至老新口，转向东流至北口，在天星洲分为二流，汇合于施家港，至敖家洲以下，又复分为南北两大支流。北支经杨林尾、董家垱出火老沟，北至沙湖与通顺河汇合，再经响水港到汉阳曲口，东流至沌口出长江；南支经高潭口、濠口、南套沟至汉阳沟，南与内荆河汇合，再东流至宦子口，北流至新滩口出长江。1954 年，长江中下游遭受百年不遇的洪灾，水退之后，开始修筑堤防。中革岭以下先后修筑了洪湖隔堤和沔阳隔堤，堵截了南北入湖支流及原来入江的新滩口、沌口水道，1966 年在新滩口和水洪口之间的三合垸改道出江，形成湖河隔绝、洪水直泄长江的单一河道。1998 年和 1999 年洪水之后，东荆河大堤修了水泥板护坡，堤面修了水泥路，堤防设施条件得到巨大完善。

东荆河也是江汉平原的排灌河。干旱时，人们启开泽口闸引汉江水泽润江汉平原千里沃野，换取秋收金色稻浪漫天翻卷；上游大雨，洪水排泄不及时，东荆河则缓解汉江抗洪之急，行蓄洪泄洪之能。河堤上昔日的防险棚已改造成钢筋水泥驿站房，迎水坡水泥板护岸，河堤下垸内茂林修竹，大豆高粱，鱼池荷塘，俨然已形成棋盘式网格化布局。

今日已成单一河道的东荆河，贯穿潜江、监利、仙桃、洪湖和武汉市汉南区，自西向东将江汉平原腹部划分为汉南、四湖两大片。蓝蓝的天空下，东荆河的涛声不舍昼夜地喃喃自语，使人难忘。

四、汉北横流

说到汉北河，就离不开天门河。虽然该河有两个名字，实际上却是一条河的两段，天门河是上游的名字，汉北河是 1969—1970 年天门河下游改道后的新河，两河在天门万家台相接，共同组成汉北河水系。

这是一条东西横流的河。天门河源出大洪山脉的京山深赶冲，经京山、钟祥入天门。天门境内又称“县河”。天门河由西向东流经市内腹地，至净潭分南、中两支流，分别流入汉川新河口和吕家巷，注于汈汊湖中。出天门后，在垌琢七星垸进入孝感，自西向东经应城天鹅镇、汉川麻河镇、云梦肖李垮、汉川刘家隔镇和民乐镇至武汉新沟镇注入汉江。支流自民乐闸分流，经沦河出府河入长江。

汉北河干流全长242千米，流域面积6304平方千米。其中河源至天门万家台的上段天门河，长145千米，集水面积2536平方千米。下段自万家台至新沟闸长97千米，均为人工河道，河槽底宽30米。流域内水系较发育，上段有大小支流20余条，大多数分布在左岸。较大的有季河、司马河、上罗汉寺河、永隆河、西河、东河等。下段主要支流有溾水和大富水。大富水为汉北河最大支流，发源于随州大洪山的唤狗山（又名“换口山”）。

湖北素有“千湖之省”之名，星罗棋布的湖泊形成水乡泽国特有的风光。过去，水乡泽国水患连年。民间传言，“沙湖沔阳州，十年九不收。若是一年收，狗子都不吃糯米粥”。1949年以后，面对水患肆虐的现实，政府建设了一批水利工程，其中就有汉北河改道水利工程。

汉北河上起天门万家台处开口，与天门河接流，纳天门河上游来水，穿湖淌泽，蜿蜒而下，经汉川至武汉辛安渡分两支：一支从新沟闸入汉江；另一支从东山头闸入府河，注入长江。因它处于长江最大支流汉江的北边而得名，是汉江下游左岸的主要支流。

这条人工河集聚了几代人的智慧与汗水，对天门乃至湖北省的防洪灌溉起到了巨大作用。汉北河改道水利工程是对江汉平原汉江以北、汉宜公路以南的广大地区河流湖泊的全面治理，按照规划共分两期进行。第一期工程主要是开挖汉北河、建筑通水涵闸；第二期工程主要是兴建几处大型电排站，扩大工程受益面积，兴建船闸，发展航运事业。

汉北河通航里程142千米，船舶下行通过新沟，可出汉江，右侧经民乐船闸能进入汈汊湖，左侧通过肖李墩船闸与府河连通，交通四通八达。

荡一叶扁舟，顺流而下，赏两岸绿色，闻鲜草馨香，观鸟儿戏水，看鱼翔浅底，掬滑腻甘泉，饱览“长河落日”的瑰丽，领略“孤帆远影碧空尽，唯见长江天际流”的韵味。立于芳草如茵的大堤上，俯视滩外碧绿似陈酒的河水，兴许还会生出“逝者如斯夫，不舍昼夜”的些许惆怅。

第三节　玉带明珠醉星河

汉江上游规划了黄金峡、石泉、喜河、安康、旬阳、蜀河、白河等七级枢纽，中游规划了孤山、丹江口、王甫洲、新集、崔家营、雅口、碾盘山、丹江口等水利枢纽，加之汉江支流的石门、三里坪、寺坪、过渡湾、白水峪、龙潭嘴、陡岭子、鄂坪、龙背湾、松树岭、黄龙滩、小漩等大中型水电站，使得干支流上形成很多人工大湖。再加上排湖、五湖、陈湖、白湖、老观湖、龙赛湖、东西汊湖、汈汊湖、后官湖、莲花湖等天然湖汊散落在江汉平原上，犹如点点明星闪耀天空。

一、石门石泉安康丰

石门水库位于汉江支流褒河峡谷口段的七盘山麓，距汉中市区25千米，坝址以上控制流域面积3861平方千米，多年平均径流量13.8亿立方米。水库具有灌溉、发电、养殖、防洪等多种功能。枢纽工程由混凝土双曲拱坝、河床电站、东西干渠渠首和反调节池组成。拦河坝为变圆心变半径混凝土双曲拱坝，坝高88米，最大坝宽27.26米，总库容1.098亿立方米。东干渠渠首工程由进水塔、灌溉发电引水洞、电站厂房及灌溉输水建筑物组成。西干渠渠首引水量6立方米每秒。反调节池位于拱坝以下2千米处，利用原褒惠渠渠首改建而成，解决了电站运行集中放水与灌溉均匀放水的矛盾。

1960年7月，水利电力部西北水电勘测设计院（简称西北水勘院）陕南队对褒河流域进行调查，确定褒河一期开发为石门至老君崖河段，坝址选定在老君崖，1965年完成初步设计。1968年12月，水利部和陕西省革命委员会组织有关单位对老君崖水利枢纽初步设计进行现场审查，提出石门坝址方案，确定以石门坝址进行勘测设计和施工准备。1969年初，西北水勘院陕南队开始石门坝址勘测设计，水电部第三工程局做施工准备。同年8月，相关部门的有关领导主持讨论确定按重力坝和枢纽总体布置方案进行设计。1970年经水利部和陕西省水电局同意，确定改重力坝为拱坝，并制定了坝后厂房改造方案等。枢纽施工与设计变更同时进行，1972年3月蓄水，5月开始按低水位运行投入灌溉，1975年开始按正常高水位运行。河东渠首工程于1971年4月开工，1972年5月通水灌溉，1978年8月发电机组交付使用，同年9月水库工程全部建成。

石门水库是国家级水利风景区，大坝造型宏伟，建成后使褒谷锦上添花，形成17千米长湖面，湖水碧波荡漾，湖山风景秀丽，还有国家重点文物保护单位“褒斜道、石门及其摩崖石刻”遗址。褒谷石门是个天然博物馆，褒谷山势险峻，怪石峥嵘，翠峰耸立，清代文人王晚香在这里概括出“石门二十四景”。自春秋战国以来，这就是沟通中原、西北与西南交通的要冲，在“难于上青天”的蜀道上架设的栈道堪称古代交通的奇迹，而石门是栈道较险较奇之处。现在新建的仿古栈道飞架在陡壁悬崖上，追溯着历史的沧桑。东汉年间采用“火烧水激”的方法开凿的石门隧洞，是世界上较早的人工通车隧道。隧道内壁和石门南褒河两岸崖上，留下汉魏以来文人题留的摩崖石刻一百多处，较为著名的国之瑰宝“石门十三品”，在中外书法界和金石学界享有极高的声誉。其中，曹操的“衮雪”，张良的“玉盆”，郑子真的“石虎”苍劲浑朴，运笔流畅，《石门颂》《石门铭》自古便是中国书法艺术的楷模。因修建水库，这些石刻现多收藏于汉中市博物馆。

石泉水电站位于汉江上游陕西石泉县境内，是汉江上游建成的第一座水电站，控制流域面积 24000 平方千米，多年平均流量 372 立方米每秒，设计洪水流量 21500 立方米每秒。总库容 4.4 亿立方米，设计灌溉面积 0.4 万亩，装机容量 13.5 万千瓦。以发电为主，兼有灌溉、防洪、养殖等综合效益。工程于 1971 年动工，1973 年第一台机组发电，到 1975 年三台机组全部投产发电，设计年均发电量 6.5 亿千瓦·时。大坝为混凝土空腹重力坝，最大坝高 65 米，坝顶高程 416 米，坝顶全长 353 米，坝顶宽 16 米。电站厂房为坝后式，安装有 3 台 4.5 万千瓦混流式水轮发电机组，总装机容量 13.5 万千瓦；1998 年又在下游尾水左岸安装 2 台 4.5 万千瓦机组，为短洞引水岸边式厂房，1 洞 2 机，利用石泉大坝弃水发电，电站总装机容量达到 22.5 万千瓦。石泉水电站扩机工程属陕西省“九五”重点建设项目，“二十项兴陕项目”工程之一。1998 年 9 月 29 日主体工程全面开工，2000 年 8 月 23 日首台机组发电，2002 年 1 月通过工程竣工安全鉴定。

2003 年，装机 18 万千瓦的喜河水电站动工，2006 年建成。由此，石泉成为全国仅有的在河流干流建有两座电站的两个县之一。两座水电站形成了宽阔的湖面，一江两湖，石泉人将它们分别命名为烟波湖和莲花湖，湖面宽广，群山巍峨，山映水中，水映山色，形成一幅精美的山水画。居于秦巴山间、汉江之滨的石泉，河流纵横，峰峦叠嶂，洞奇峡幽，茂林修竹，形成了独具特色的自然景观和古朴淳厚的民风民俗。积淀深厚、内涵丰富的鬼谷子文化、汉江文化、移民文化、秦巴边缘交汇文化，构成了石泉有着鲜明地域特征的民俗民间文化。

安康水电站位于陕西安康火石岩，水库为带状峡谷形，上距石泉水电站 170 千米，下距丹江口水电站 260 千米，是一座以发电为主，兼有航运、防洪、养殖、旅游等综合效益的大型水利枢纽工程。电站于 1978 年正式开工，1989 年 12 月蓄水，1990 年 12 月 12 日第一台机组投产发电，1992 年 12 月 25 日机组全部投产，1995 年竣工。枢纽建筑物由混凝土折线重力坝、坝后式厂房、升压变电站、泄洪建筑物及过船设施等组成。最大坝高 128 米，坝长 541 米，坝顶高程 338 米。电站装有 4 台单机容量 20 万千瓦的机组，总装机容量为 85 万千瓦，水库总库容 25.8 亿立方米，年发电量 28.57 亿千瓦·时。安康水电站是汉江上游陕西境内七级梯级开发中的第四级，也是汉水流域梯级电站中调节能力较强、装机容量较大的水电站。由于安康水库的调节作用，下游旬阳、蜀河、夹河三个梯级水电站的发电量提高到 16 万千瓦·时。

安康水电站大坝有“陕西第一坝”的美称，筑坝形成的瀛湖是西北较大的淡水湖，总面积 102.8 平方千米，其中水域面积 77.8 平方千米，平均水深 100 余米。瀛湖是国家 AAAA 级旅游区，2014 年 1 月，安康瀛湖生态环境保护项目（瀛湖湿地保护区）列入全国首批 15 个湖泊生态环境保护重点项目之一。瀛湖多岛屿，多半岛，素有“陕西千岛湖”之称。湖中有形似金螺的金螺岛和青翠如屏的翠屏岛两岛，但见山湖相映，千峰竞秀，万石峥嵘，碧波万顷，帆影点点，白鹭行行，风光旖旎，美不胜收。瀛湖两岸群山叠嶂，连绵起伏，山水相映，妙不可言；翠若屏障，古树盘崖，高崖陡峻，绿树葱茏；被片片苍松翠竹一衬，灿若朝霞的花岗岩、石英砂砾石色越发夺目。再瞧那山峰的形状，被大自然的鬼斧神工造就得雄奇险峻，浪漫迷人。

二、丹江水库跨两省

汉江较长的支流丹江，古称丹水、均水、淅水、粉青江，亦称丹渊，因尧帝的长子丹朱死后葬于此而得名。丹江发源于陕西蓝田与商县之间分水岭西南侧，与渭水支流灞河同源而背流，东南经陕西商县、丹凤、山阳、商南4县，河南淅川、内乡2县境，于湖北丹江口注入汉江。干流全长390千米，流域面积1.73万平方千米。

丹江水系发育，支流众多。主要支流有武关河、淇河、淅河、滔河等。丹江流域在地貌上显著的特色为沿江峡谷与平地相间，从丹江口至秦岭依次为江口峡谷、李官桥盆地、关防滩峡谷、淅川荆紫关盆地、湘河街峡谷、竹林关普峪河宽谷、流岭峡谷、丹凤—商县盆地，最后为秦岭峡谷。这种地貌对于修建水库非常有利，峡谷两岸高而陡，可以建高坝，而盆地宽谷亦可拦蓄大量洪水。

发源于丹江口盐池河镇和房县分水岭的浪河，一源自白果树东，二源自跑马岭东，分为南北两流，北流入房县，南流为吴家河、盐池河、长滩河，出蛤蟆口流入消河。经浪河店西、小界山、道仙观与殷家河汇合，北流经花果园至浪河口入汉江，全长152千米，流域面积700平方千米。丹江口水库蓄水后，南流到浪河镇的戴家湾入丹江口水库，全长62.45千米。

在丹江河口下游800米处，矗立着著名的丹江口水利枢纽，它是汉水流域较大的水利枢纽工程，也是中国南水北调中线工程的重点工程。于1958年兴建，拦河大坝由河床混凝土坝和两岸土石坝组成，混凝土坝全长1141米，初期工程坝顶高程162米，最大坝高97米，正常蓄水位157米，水库库容209.7亿立方米。坝型为宽缝重力坝和重力坝。右岸土石坝全长130米，最大坝高32米，左岸土石坝长1223米，最大坝高56米。电站装机容量90万千瓦，多年平均发电量38.3亿千瓦·时。自1968年投入运行以来，产生了巨大的综合效益，周恩来总理称赞它是防洪、发电、航运、灌溉供水、水产养殖"五利俱全"的工程。

中国地域辽阔，水资源分布呈现北少南多的局面，为改善华北平原和黄淮平原缺水的现状，中国决定建设南水北调工程，并于2003年正式启动。在南水北调系统工程中，丹江口水库厥功至伟。为保证南水北调中线工程可调水量，大坝进行了二期加固，加固后坝顶高程提高到176.6米，正常蓄水位提高到170米，水库总库容增至339.1亿立方米。丹江口大坝加高工程是南水北调中线工程的关键性、控制性、标志性工程，也是国内水电工程加高续建项目中规模和难度较大的工程。丹江口大坝建成于20世纪，要在40多年前的混凝土老坝上浇注多达125万立方米的新混凝土，再加高14.6米，达到176.6米高程。这一高度仅次于三峡大坝，业内称之为"穿衣戴帽"。加高续建工程于2005年9月开工，于2011年基本完成。丹江口水库横跨鄂豫两省，库区主要分布于河南淅川和湖北丹江口境内。丹江口水库以供水、防洪、发电为主，兼具灌溉、航运、养殖等功能，属多年调节型大型人工水库。

南水北调中线工程从丹江口水库陶岔渠首闸引水，经长江流域与淮河流域的分水岭方城垭口，沿唐白河流域和黄淮海平原西部边缘开挖渠道，在河南郑州附近通过隧道穿过黄河，沿京广铁路西侧北上，可基本自流到北京、天津，输水干线全长1431.9千米。其中，总干渠1276.4千米，天津输水干线155.5千米。丹江口大坝加高工程的完成，使丹江口水库与北京团城湖形成98.8米落差，丹江口水库的水可以一路北上，经过河南、河北，全程自流到达终点站——北京颐和园的团城湖。2014年底，丹江口水库陶岔渠首闸门开启，甘甜的汉江水涌流而出，沿全长

1431.9 千米的干渠一路北上——举世瞩目的南水北调中线一期工程正式通水，京、津、冀、豫 4 省市约 6000 万人直接喝上汉江水，近 1 亿人口间接受益。附《丹江口水库赋》：

丹江口水库，横截三千里汉江之灵秀，汇聚五千年华夏之神韵，襟携江汉黄淮千里平原，远衔鄂豫秦巴十万大山，群峰迤逦，秀水蔓延，实属中国最应命名之大千岛湖，更乃亚洲最大之人工淡水湖资源。

丹江口水库以清丽空灵著称。远望蓝天一色，碧波千顷；近观水如罗绮，波光如梦；仰则千鸥竞翔，鹰击长空；俯则群鱼戏水，锦鳞游泳；至若夹江两岸，则青山滴翠，百花放歌，赤橙红黄，五色斑斓；更有奇山异石、珍禽芳草、红鱼银鲌映衬其间，不独异彩纷呈，间或别开生面。云岭、大自、雁口“小三峡”追名长江大三峡，太极湖、沧浪海、小太平洋盛名飙升近苏杭。游艇渔舟荡漾在绿波之上，人绕水转，山随人移，人如画中行，山似水上漂，远看烟波浩渺，近闻渔歌悠扬，令人心旷神怡，恍若置身仙境。

丹江口水库，足称人类之摇篮，文明之渊源。6500 万年前，恐龙漫山遍野而来，留下青龙山世界最大之恐龙蛋化石群；100 万年前，人类从汉江之滨顽强站立，成就了震撼考古学界之“郧县人”；尧子丹朱新生自立于丹水，大禹治水变法图新于三澨；庸国、麇国、彭国、罗国、绞国，创一代方国文物之盛；筚路蓝缕、奋发图强，楚国崛起于丹阳；沧浪因孔子驻足听歌而驰名，汉鸥为屈原江北悲吟而噤声；伍家沟民间故事风行古今寰宇，吕家河民歌扛鼎汉族民歌第一村……源远流长，博大精深，斯乃物华天宝，人杰地灵。

身当国家重点项目南水北调大型工程之源头、之核心，防洪、发电、灌溉、航运、养殖、旅游，一身兼有百用；备战、备荒、保障华北、保障首都，百变备于一体；不独一江清水送北京，更兼铁肩道义、任重情深。①

三、南都湖美唐白河

唐白河是唐河与白河的合称，由源出河南方城县伏牛山的唐河和源出河南嵩县的白河，流至湖北襄阳市双沟镇汇合而成，是汉江水系流域面积较大的支流。干流长 352 千米，多年平均流量 182 立方米每秒，年径流量 49.2 亿立方米，流域面积 2.46 万平方千米。整个水系略呈扇面状，干支流在山地的长度很短，白河自黑山头以上仅 90 余千米，唐河自金店以上仅 30 余千米，河流大部分在平原上。干支流进入平原后，河曲发育，并有局部改道现象，如新野以东有老白河，为东汉以前白河正流，从老白河沿河集镇残碑断碣推测，过去曾通航。南阳瓦店区东湾原来在白河以西，现已位于河东。唐白河下游从前纳清河以后在现在的清河口流入汉江，后因改道淤塞，始改道南流至张家湾入汉江，而清河则单独入汉江。唐河的河槽相对来说比较稳定，类似的变化较少。

唐白河干支流大部分流经河南南阳。南阳是东汉光武帝刘秀的家乡和龙兴之地，东汉时属于陪都，有“南都”之称。汉代张衡写下了讴歌南阳的《南都赋》，唐代李白游南阳写下了《南都行》。自古以来，这里就是中国农业比较发达的地区。战国时期，楚人沈诸梁为叶县尹，利用陂池进行蓄水灌溉，这种方式在两汉进一步弘扬光大，一直沿袭到明

① 此赋作者为潘世东。

清，历时约两千年。明代开始，数十万流民聚集于荆襄山区，清代则大规模向山区发展，严重破坏当地自然生态平衡，加速了水土流失和土壤沙化进程。明清以后，土壤沙化问题屡见记载。唐白河干支流中充满沙砾，尤以白河为甚，河槽几乎全被沙砾沉积，以至当地有“白河沙多，唐河湾多”的民谚。

鸭河口水库位于唐白河水系白河上游，伏牛山山脊玉皇顶东南侧，在伏牛山及其支脉五朵山环抱的丘陵之中。大坝坝址在河南省南阳市鸭河工区皇路店镇鸭河入白河的交汇口处，故称鸭河口水库，距南阳市城区以北 40 千米。水库效益范围北起伏牛山东端南麓，南至豫鄂交界处，水库控制流域面积 3030 平方千米，总库容 13.2 亿立方米，库区水面面积约 120 平方千米，是一座以防洪、灌溉为主，兼顾发电、养殖、城市供水及旅游等综合功能的大型水利枢纽。

鸭河口水库灌区于 1966 年开工，1970 年开灌，是河南省最大的自然流灌区，全国十大灌区之一，南北长约 100 千米，东西宽约 30 千米，总面积约 2400 平方千米，灌溉三十多个乡镇。鸭河口灌区也是河南省重要的商品粮棉生产基地。

大坝工程始建于 1958 年，1959 年大坝合拢，1960 年拦洪蓄水，1964—1967 年建成左岸电站，1981 年又建成右岸电站，并于 1988—1992 年进行除险加固。鸭河口水库总装机容量 1.32 万千瓦，多年平均发电量 3500 万千瓦·时。

2012 年 6 月 13 日，经南阳市鸭河工区管委会和鸭河口水库管理局批准，鸭河口水库改名为南都湖。鸭河口水库所处地区为伏牛山向南阳盆地过渡的丘陵地带，伏牛山余脉的九里山、青山、五朵山等山峰耸峙于西北一线，临库或乘船在库中观光均可领略群峰叠错的无限风光。两岸亘连的丘陵尚有少量原始森林，不时隆起一座座蘑菇状的坡头，片片簇簇的林木倒映于碧波万顷的湖水之中，俨然世外桃源。晶莹澄澈的满湖碧波，被蓝天白云和飞掠的鸟影衬托，使得水光浮翠，两岸增彩。库区里有鱼类水族20余种，水鸟10余种，鱼儿游弋，鸟儿低掠，颇有妙趣。水库里多有库汊、草场、半岛或小岛，环境优美。水库大坝颇像巨龙横跨湖面之上，极有气势。坝顶的古典式亭廊又给人提供了登坝远望的好场所，使得满湖美景尽收眼底。坝围松柏成林，绿烟霭霭，与碧绿的湖库相映成趣。掩映在绿丝中的泄洪闸、发电站、纪念亭等建筑耐人观赏。水库下面就是旷野百里的南阳盆地，附近的人工鱼塘，横跨白河的铁路和公路大桥、莲花池温泉等也给水库增色不少。

四、堵河不堵黄龙滩

堵河又名武陵水，亦名庸水、陡河，为汉江第三大支流，也是水量最大的支流之一。堵河有西、南两源。西源发源于陕西镇坪县云盘山，南流称平溪河，过镇平县称南江，进入湖北竹溪后称汇湾河。南源发源于湖北神农架九湖坪，北流称官渡河。两源在湖北竹山两河口汇合后始称堵河。干流经湖北竹山、房县，至郧阳区入汉江。西源为正源，堵河干流全长约354千米，流域面积约12430平方千米，年径流量约61.9亿立方米。主要支流有潭口河、泉河、官渡河、北星河、霍河等。

堵河下游的黄龙滩水电站，距十堰市区约30千米，控制流域面积11140平方千米，多年平均流量194立方米每秒，设计洪水流量13300立方米每秒，水库总库容11.7亿立方米，设计灌溉面积0.5万亩。

大坝为混凝土重力坝，坝顶高程252米，最大坝高107米，坝顶长371米，坝顶宽20米。坝基岩石为片岩，坝体工程量98万立方米。主要泄洪方式为坝顶溢流。溢流段堰顶高程227米，装有6扇12米×10米平板闸门，最大泄量11200立方米每秒。大坝右部设1孔非常溢洪道，堰顶高程238米，净宽10米，最大泄量1030立方米每秒。大坝左部设泄洪底孔1孔，孔口尺寸5米×6米，进口底部高程197米，最大泄量830立方米每秒。左岸岸边引水式厂房，用2条直径6.5米的压力钢管引水。厂房内装有2台单机容量7.5万千瓦的水轮机，总装机容量15万千瓦，年平均发电量7.59亿千瓦·时。工程于1969年4月开工，1976年底全部竣工。1992年、1993年分别对两台机组进行增容改造，装机容量达17万千瓦。2002年6月，黄龙滩水电站扩建工程开工，2005年6月和8月，扩建工程两台机组先后并网发电，装机容量由17万千瓦增至51万千瓦。

如今，黄龙滩电厂已是一座以黄龙滩水力发电厂为主体的工业旅游示范点，总体分为园林园艺区和工业生产区。这里既有人工建造的水电站，也有珍贵的树木花草和形态各异的苗木盆景。春来樱花烂漫，夏日杨梅爽口，秋天红枫尽染，寒冬蜡梅傲雪。园林园艺区内，大面积引种红枫树及美国四季青草坪，点植樱花、杨梅、女贞、桂花、茶花、含笑、紫薇等观赏树种，形成了多树种、多色彩、多层次的园林绿化体系。

黄龙滩水电站筑坝后形成了黄龙滩水库，库区碧波荡漾，静影沉碧，港湾交错，风光如画，景色极为壮观。堵河故道形成的20多千米的水上画廊，水体洁净，属天然优质饮用水，达到国家二级标准。景区内还建有高山滑索、激光塔、观瀑台、光电广场、水电科普基地等娱乐项目及场所。从库区极目远眺，但见山水相连，万顷碧波倒映着蓝天白云，神奇豪放，深沉豁达，令人心胸开阔、流连忘返。俯视库面，碧波荡漾、银光点点，美如仙境。

若是乘游船从黄龙大坝启程，逆水南行，风景新奇别致，犹如一幅水彩画。从大坝航行12千米，就到了河边的一座被两条峡谷溪流簇拥着的圆乎乎小岛，此处景致取名“二龙戏珠”，岛上林木茂密，倒映水中，形如宝珠，四周的山脊宛如游龙俯首，此地也因此而得名。乘船约 30 分钟，渐入山谷深处。下船沿溪上行，通过仅容一人的龙门，至一片开阔的天然浴场，再前行饱览九瀑、十潭之美景，龙门、仙门、天门“三关”之奇景后，沿山上行，可攀上海拔 1057 米的白马山主峰。

堵河汇入汉江处，汉江中有韩家洲“堵”于河口，汉江南泓在此产生回流，堵河因此而得名。堵河在这里静静注入汉江，江心突然耸起一座自然小岛，形似一尾鲤卧波，迎着两河激水嬉戏。小岛面朝堵河河口，有传言道因其在堵河和汉江汇流的北面，古人遂为之取名“堵阳”，又因堵河在此注入汉江后，西流一段再折向东流，因而此地又被人唤作“西流”。韩家洲上居民大多为韩姓，洲上人民尊崇韩信。汉江两岸至今流传着“韩信埋母”的故事，韩母坟茔扼居洲首，引来八方游客到此瞻仰。韩家洲上的辽瓦店出土的旧石器与梅铺发现的猿人洞遗址、青曲出土的猿化石遥相呼应，为考证汉江是人类文明的发祥地提供了有力的证明。

韩家洲扼两水要害，虽说只是个不足一平方千米的弹丸之地，却是历史上著名的战场。这个小岛之所以成为兵家必争之地，是因其独特的地理位置。相传刘邦、项羽争霸时曾在此征战，河里至今还能挖掘到古时的箭镞、刀戈。

位于竹山县南部的堵河源地质公园，包括堵河源自然保护区及其周边地区，面积约 1500 平方千米。公园内有以山岳地貌、河流地貌和岩溶地貌为主的地质地貌景观，以元古代的武当岩群为代表的地质剖面，以更新世古人类遗址、第三纪孑遗动植物活化石为特色的古生物景观，还有各具特色的流泉飞瀑，星罗棋布的暗河、洞穴，陡峻的峡谷、巍峨的山峰等景观资源。堵河源物种繁多，蕴藏丰富，有保存完好的原始森林景观，集完整的上前寒武系、典型的断裂构造、高山溶蚀谷地，以及无处不在的峡谷、河流、瀑布、暗河、泉水、石林、溶洞等于一体，是一座天然的地质博物馆。

五、幽湖点点映江汉

提到莫愁湖，很多人就会想到南京的莫愁湖。确实，那是一座有着1500多年悠久历史和丰富人文资源的江南古典名园，为六朝胜迹。而在汉水流域中游的钟祥，也有着一个与之同名的莫愁湖。

莫愁湖古称沧浪湖，位于钟祥城北，包括莫愁湖和镜月湖两大湖泊，现有水域面积2平方千米，一年四季风光无限，气候宜人，是游览观光、休闲度假胜地。历代大诗人在此地留下了许多脍炙人口的诗句佳篇。古汉江曾与湖紧紧相连，故有诗云："汉江紧贴石城流，石城高压汉江楼；石城湖上美人居，桃花片片诵莫愁。"[①] 汉江因围湖造田而改道西行，与湖分离。清乾隆六十年（1795年），钟祥人杜光德续修县志时，莫愁湖之名被正式写入《钟祥县志》。从此，钟祥莫愁湖之名才逐渐被人们所认识。2016年，国家林业局（2018年改为国家林业和草原局）正式命名钟祥莫愁湖（含莫愁湖和镜月湖）为"湖北莫愁湖国家湿地公园"。

要说莫愁湖，必先说莫愁女。相传莫愁女为战国时郢中民间歌女，后入楚王宫。莫愁女出生时啼哭不止，其父卢公抱着她说："莫哭、莫哭，莫悲、莫悲，莫愁、莫愁！"听到"莫愁"二字，她马上停止了啼哭，于是就得名为莫愁。明人张宁有《莫愁乐》诗云："金雀玉搔头，生来唤莫愁。自从欢去后，不出石城游。"这写的就是莫愁取名这件事。

---

① 冯道信. 论楚歌［M］. 武汉：武汉出版社，1999：102.

两千多年来，围绕莫愁女和风景名胜莫愁村、莫愁湖、莫愁渡以及《阳春白雪》和阳春台、白雪楼等，在古郢荆楚传颂着许多美丽动人的故事。人们为了纪念她，把她的出生地桃花村改名为莫愁村，把沧浪湖改名为莫愁湖，把她系艇登岩的白雪楼下的矶头渡称为莫愁渡。

乘着莫愁的情愫，我们来到汉江下游的汈汊湖，去看看这个内陆封闭式湖泊的水乡胜景。汈汊湖位于江汉平原东部的汉江之滨，湖北汉川境内，面积近 90 平方千米，是全国最大的内陆封闭式湖泊之一，素有“江汉明珠”之称，有着迷人的传说和诱人的风景。汈汊湖是湖北省五大湖泊之一，湖区烟波浩渺，杨柳婆娑，芦苇荡漾，荷莲接天，鸥鸣鸭逐，鱼翔浅底，好一派水乡风光。

汈汊湖原本是一个泛洪区，所谓“水来一片汪洋，水退一片凄凉”。20 世纪 70 年代，经整治改造，形成一方 16 千米长、5 千米宽的水面，汈汊湖于 1989 年被确定为中国唯一的淡水水域渔业经济体制改革试验区，1997 年又被列为全国水产品产业化示范区。汈汊湖现已成为著名的旅游区，行走于此，郁郁葱葱，一望无际，湖畔伟岸挺拔的水杉、依依多情的垂柳、四季常青的苍翠松柏，还有棕榈、香樟、花卉等，这样的湖泊，这样的水面，中国不多，世界少见。

继续往下游走，再去看看风光旖旎的后官湖。“水舞莲花花弄影，人居仙境后官湖”，碧波浩渺、风景宜人的后官湖，位于武汉市蔡甸区境内，这里已经离长江很近了。后官湖面积广大，湖汊纵横，分为高湖、白莲湖、南湖、皮泗湖、天鹅湖等多个子湖，水面面积 34 平方千米。

后官湖自然生态环境保持较好，这里修建了 110 千米的环湖绿道和后官湖湿地公园。漫步于此，眼见山水相融、田园相映、林城相依，细心品味动感田园风光、雅韵知音故事、静谧莲花水乡，不由得赞叹生态资源保护和知音文化传承的有机融合。后官湖绿道掩映在垂柳与野花间，沿湖蜿蜒迤逦，形成环湖亲水的观光休闲长廊。2012 年以来，连续两届环中国国际公路自行车赛武汉赛段，都将终点设在后官湖绿道。

后官湖原名候官湖。相传当时天下大旱，姜子牙因背母寻找水源而到此定居。一天，有位老头乞讨到了他家，并请他帮忙送老伴去治病。姜子牙背着老婆婆，按照老头说的望着北极星向北翻过三座山，看到一座宫殿，这时，那位乞讨的老人从宫殿里走出来。老人举荐姜子牙到朝廷做了官。后来，姜子牙弃官辅佐周王建立周朝，并受封为齐侯。人们为纪念他，将他出仕前生活过的那片大湖叫作候官湖。凡蔡甸地区学子进京赶考，必得从候官湖走水路去汉口。而京城放榜的喜讯，从京城传到汉口，也再沿水路传到蔡甸。那些一心想走仕途的学子们，常常会在京城放榜之日，站在候官湖畔等待喜讯。后来口口相传，逐渐演变成后官湖。

第三章
水利苍生

逶迤汉江水，莽莽群山围。古老的汉江静静流淌，从远古到今时，从秦巴山地到江汉平原，刻画出流域的秀丽山川、众多名胜。密布的群山、纵横的河溪在养育流域人民的同时，也时常带来洪涝灾害。兴水利、除水害，治理江河、畅通航道、强塘固库，让汉江的一江好水充分为人民所利用，成为自古以来的大事、要事。

汉江是上天慷慨的赐予，汉江水的利用则蕴含着人间无尽的智慧。有史可查的中国较早的一些水利工程，就出现在汉水流域。孙叔敖主持修建的云梦通渠比著名的都江堰要早约 350 年，同样修建于春秋战国时期的白起渠至今仍在发挥作用。到现代，汉水流域分洪工程、南水北调、水利梯级枢纽、引江济汉、引汉济渭、鄂北调水等大型水利工程相继建设，正在逐步实现汉江水资源的综合开发与利用。当优越的自然条件与人类利用自然的伟大创造力相遇并形成合力之后，深埋于这片土地之下的极大潜力被逐渐激发。汉江这条济世沃流，不仅是国家的命脉，也是我们每个人的骄傲。

古老汉江奔流不息。在现代交通工具出现之前的漫长岁月，凭借这条黄金水道的舟楫之利，连通着黄河流域与长江流域，紧紧勾连着中国南北。汉江通江达海，是中国西北与东部沿海地区联系的主要纽带，在历史上各个时期都发挥了重要作用。汉江干支流航线广布于陕西、河南、湖北三省，为这一区域几千年来的经济文化交流做出了巨大贡献。经年累月，大小船只往返穿梭，繁荣的商贸活动使得沿河地带形成了很多繁华城埠。航运衰落以后，这些古镇作为航运遗迹残存着一些老铺商号和船帮会馆，无言承受着兴衰命运的流转。

第一节　共话利害

汉水流域降水丰富，水量充盈。进入下游后，同长江之间河港纵横交错，汛期洪水常和长江洪峰相遇，宣泄不畅，易成涝灾。从古到今，人们在汉水流域内修建了很多水利工程，以尽量减轻水患的影响。古老的云梦通渠，奠定了楚国争霸的物质基础；百里长渠的兴衰，是世事变幻的沧桑；防洪工程的建设，守护着汉水流域的一方人。

一、云梦通渠行沃野

公元前613年，楚庄王继位，不久，任孙叔敖为令尹。孙叔敖是一位杰出的政治家。孙叔敖治楚期间，特别重视水利，他主张“宣导川谷，陂障源泉……收九泽之利”[1]。

当年郢都（位于今湖北江陵）以东有云梦之绕，云泽、梦泽等遍布江汉地区，这片地区为长江、汉江泛滥冲积而成。孙叔敖当政时，曾进行大规模治理，其中最重要的一项工程，就是引沮漳河水贯通江汉地区的大泽，使之通往汉江，这项工程即云梦通渠。《史记·循吏列传》中裴骃引《皇览》曰：“孙叔敖激沮水作云梦大泽之池也。”说的是孙叔敖引发源于湖北荆山之南、流入长江的沮水（今沮漳河上游），与发源于郢都附近北流入汉江的杨水相接，使两者得以沟通。因流经古云梦泽，故称云梦通渠。又因楚昭王（公元前515—前489年）时，伍子胥率吴

① 湖北省水利志编纂委员会．湖北水利志［M］．北京：中国水利水电出版社，2000：487.

师伐楚，曾疏浚此河，所以又称子胥渎。《汉书·地理志》载:“《禹贡》南条荆山在东北，漳水所出，东至江陵入阳水，阳水入沔，行六百里。”①《水经注》亦载:“沔水又东南与扬口合，水上承江陵县赤湖。江陵西北有纪南城，楚文王自丹阳徙此……城西南有赤坂冈，冈下有渎水，东北流入城，名曰子胥渎，盖吴师入郢所开也……”②

关于云梦通渠开凿的时间和线路，史书上并无明确记载，但依《史记·河渠书》等古籍记载，结合谭其骧在《黄河与运河的变迁》中的观点，即西方一渠当为杨水，是沟通长江与汉江的一条人工运河。工程的关键是在楚郢都附近，拦截沮水与漳水作大泽，泽水南通大江，东北循杨水达汉江，所经过的地方正是当时所谓云梦泽，约在今荆州沙市到荆门沙洋一带，这条运河是公元前6世纪初在楚相孙叔敖的主持下由广大劳动人民开凿的。可知运河开凿于公元前601年前后，其目的是弥补通江达汉杨水河的不足。此渠不仅沟通了长江与汉江之间的航运，还可灌溉两岸农田，促进楚国农业发展，为楚庄王争霸中原奠定了物质基础。

值得一提的是，云梦通渠是在充分利用自然河流原有故道，疏浚拓宽的基础上由人工开挖而成的，且人工开凿的河段可能不会太长。至于云梦通渠究竟哪里是起点、哪里是终点，由于史书记载不详，学界至今也未能确定，仅作如下推测，起点大致在今荆州市荆州区菱角洲，终点有二：一种说法认为在今潜江市泽口镇东荆河口。《中国历史地名辞典》载，杨口“在今湖北潜江县西北，即古杨水入沔水之口”③。另一种说法认为在沙洋县附近，但不能考证位于何处。公元前278年，秦将白起拔

① 班固. 汉书［M］. 颜师古，注. 北京：中华书局，1999：1261.

② 郦道元. 水经注［M］. 谭属春，陈爱平，校点. 长沙：岳麓书社，1995：430.

③ 复旦大学历史地理研究所《中国历史地名辞典》编委会. 中国历史地名辞典［M］. 南昌：江西教育出版社，1986：385.

郢。纪南城失去了作为楚国都城的地位，云梦通渠也随之衰落；加之受到汉江泥沙淤积的影响，有的河段甚至湮塞了。

这种状况直到西晋才有所改观。晋武帝太康元年（280 年），大将军杜预率师灭吴后，还镇襄阳，鉴于旧水道淤塞难行，“乃开杨口，起夏水达巴陵（今湖南省岳阳市岳阳县）千余里，内泻长江之险，外通零（陵）桂（阳）之漕”①。杜预疏挖入长江之口的夏口和入汉江之口的杨口，利用杨水、夏水水道进一步改善长江、汉江间的水运，并新开挖了运河到长江的河道（今石首市调弦河），史称杨夏运河。此外，杨夏水道（“杨”又作“扬”，同下文杨水运河）还有修凿的记载。一次在西晋建兴三年（315 年），荆州刺史王敦在杜预工程的基础上，对杨水运河进行了疏导；另一次是“（南北朝）宋元嘉中，通路白湖下注扬水，以广运漕”②，表明杨夏水道直至南北朝时期仍是荆州重要的水上通道。

北宋时期曾两次疏通长江与汉江江道。第一次是在宋端拱元年（988 年），第二次是在宋天禧年间（1017—1021 年），这两次疏浚都是为了漕运。当时线路的走向是从沙洋，经砖桥、高桥、李家市、邓家洲、潜江荆河镇、积玉口、苏家港、蝴蝶嘴，至江陵城。

宋末，为抵御处族入侵，孟珙将沮漳河入江之口堵住，将水通过太湖港引入上海、中海、下海等三海，于是杨水运河发生了很大的变化，一部分运河水道被大水淹没，变成了湖，及至明代形成了长湖。

杨水运河的起讫点就是沙洋和沙市，因此称为两沙运河，可视为目前江汉运河的前身。其东段从沙洋到高桥，经彭冢湖、借粮湖入长湖，长 53 千米；西段从沙市经便河至草市接麻河，经关咀口入长湖，长 12

① 房玄龄，等. 晋书（卷一～卷三六）［M］. 曹文柱，等标点. 长春：吉林人民出版社，1995：591.

② 郦道元. 水经注［M］. 谭属春，陈爱平，校点. 长沙：岳麓书社，1995：431.

千米；中段长湖 22 千米，总长 87 千米，可自沙洋码头直航沙市。明嘉靖二十六年（1547 年），沙洋关庙堤溃，灾及五县，波及荆州、沙市，形成了沙市、沙洋间的船舶捷径水道，直到二十年后的隆庆元年（1567 年）秋才实施堵口，沙市、沙洋间的水道航运复又衰落。清末，沙洋堤溃，沙洋至鄢家闸约 4 千米河道尽淤，两沙运河从此中断，仅剩长湖至沙市 34 千米通航。直至 1955 年，两沙运河仍在发挥作用。但随着公路运输的兴起和四湖治理工程的实施，部分河段被新开河渠切断，其功能逐渐丧失。如今，作为南水北调中线工程配套工程的江汉运河工程早已完工并大放异彩，足以弥补此中的遗憾。

二、兴兴废废白起渠

白起渠，又名长渠，位于湖北南漳和宜城之间，是战国时期的军事水利工程。秦昭襄王二十八年（公元前 279 年），秦将白起率兵攻楚，拦蛮河水，引水破鄢（今宜城郑集镇楚皇城遗址）。战后，当地农民利用此渠引水灌田，本是屠戮生灵的一条战渠，最终却演变成了造福一方的灌渠。

白起渠严格来讲不属于运河。它是水渠，把大大小小的堰塘像葡萄一样串起来，天旱的时候，堰塘里面的水可流到渠道里面去，如果天降暴雨，水渠里面的水可通过堰塘来储存。今长渠西起南漳武安镇西 3.5 千米之谢家台，东至宜城郑集镇赤湖村附近岛口入汉江，蜿蜒 49 千米，因渠首拦截蛮河，长近百里，故称百里长渠。长渠有支渠 38 条，渠身建筑物 126 处，以及 10 座中小型水库、2671 口堰塘等“结瓜”工程。百里长渠灌区包括宜城、南漳 6 个乡镇及 4 个农场，面积达 978 平方千米。

长渠之名，最早见于中唐时期的《元和郡县图志》，载长渠在县南二十六里。宋曾巩《襄州宜城县长渠记》载，秦昭襄王二十八年（公元前 279 年），遣白起攻楚鄢郢。白起率兵进逼鄢城后，遇楚国重兵把守，久攻不下之时，即利用鄢城及周围地理面貌、地势条件，于距鄢城百里之遥的武安镇旁汉江支流夷水（今蛮河）河段上垒石筑坝，开沟挖渠，以水代兵，引水破鄢。秦楚鄢城之战，是历史上最激烈、最残酷的战事之一。《水经注》中记载了当时的战况："水溃城东北角，百姓随水流死于城东者，数十万……"[①] 战事结束后，鄢归入秦，秦以鄢为县。之后，秦王封白起为武安君，武安镇由此得名。战后，百姓用此渠灌田，"战渠"由此变"灌渠"，人称白起渠。渠首在鄢城外百里许的夷水上建坝，渠道下连土门陂、新陂、熨斗陂、臭陂、朱湖陂等，可蓄水灌田。朱湖陂以下入木里沟。木里沟在宜城东，上口离城三里，为楚国早年修建的引蛮水的木渠工程。汉代南郡太守王宠又开凿，灌田七百顷。故《水经注》记载，白起渠灌田三千顷，木里沟灌田七百顷。《读史方舆纪要》也有相同的记载："长渠，县西四十里。亦曰罗川，亦曰鄢水，亦曰白起渠，即蛮水也。……秦昭王二十八年使白起攻楚，去鄢百里，立堨壅是水为渠，以灌鄢。鄢入秦而起所为渠不废，引鄢水以灌田，今长渠是也。"[②]

白起渠时开时废。据统计，渠首曾先后经过十次维修、护建和改建，包括现在的白起碑阁亭，亭内保存了大量的碑记及一些文化名人的题字。其中唐宋元各朝曾对白起渠进行过五次大的修复，分别为唐大历四年（769 年）、北宋咸平二年（999 年）、北宋至和二年（1055 年）、南宋隆兴元年（1163 年）、元大德九年（1305 年），使之发挥了很好的

---

① 郦道元. 水经注［M］. 谭属春，陈爱平，校点. 长沙：岳麓书社，1995：429.

② 顾祖禹. 读史方舆纪要［M］. 贺次君，施和金，点校. 北京：中华书局，2005：3715.

灌溉效益。至明代，长渠逐年湮塞，渐致完全湮废。清代人口剧增，修治长渠一事被提到官府议事日程中。清嘉庆十二年（1807 年）、咸丰九年（1859 年）、光绪三十一年（1905 年），宜城县令及士民曾几次请修，然因地域间的利害冲突，议不能决，未果。

中华人民共和国成立后，古长渠终于迎来了春天。1949 年 10 月 26 日，湖北省水利厅召开全省第一次水利会议，会后通过修复长渠的建议。1953 年 4 月 15 日，渠首工程、渠道工程、渠系建筑物全部完工。同年 5 月 1 日长渠举行通水庆典，使长渠和木渠连成一片，增修小型水库 10 座，支渠 17 条，蓄水塘堰增加到 2100 多座，长 250 千米，形成引、蓄、提相结合的灌区，可灌溉良田 29 万余亩。1965 年，三道河水库工程竣工后，长渠水源有了保障，可灌溉良田 26 万亩，历尽沧桑的古长渠得以复兴。遗憾的是，目前整个长渠约有三分之一的地方已常年无水，主要原因是宜城郑集以下渠底沙化，加之上游的灌溉面积扩大。2008 年，三道河长渠被列为第五批省级文物保护单位。

三、分洪减灾卫家园

汉江襄阳以上两岸皆山，下游地势平衍，特别是湖北钟祥以下河道，迎流弯曲，多属险段。古代泄洪，上有大泽口分杀其势，下有沔湖通畅其流。据史料记载，宋至明清以来的汉江，由于河道久未疏浚，支流尽塞，湖潴淤为平陆，经常是“大水入城”“襄河堤溃”“水淹 72 垸”“六县受灾”……时至清末，汉江河身沙淤升高，加上沔阳湖地淤筑成垸，去流壅滞，逢夏秋水涨，汛期常与长江洪峰相遇，襄水陡高三丈，奔流直泻，横溢下游。

1915 年、1919 年、1921 年、1931 年、1934 年、1935 年、1937 年、

1938 年、1941 年、1949 年，均是襄堤溃口之年，造成 72 垸及 6 县受灾。1822—1955 年的 134 年中，干流堤防发生溃决的有 73 年，决口 134 处，平均约 2 年溃口 1 次，其中 1931—1955 年的 25 年中有 15 年溃口，约达 3 年 2 溃。查《襄堤成案》中府、县奏章文告和《水利资料》等，汉江自 1643 年至 1954 年的 312 年当中，有 99 个溃口年。钟祥、荆门、潜江、天门、沔阳（今湖北仙桃）五地共计溃口 161 处。襄北若溃，则如顶灌足，横溢钟祥、京山，直冲天门、汉川，复溢云梦、应城、黄陂、孝感、汉口，一并浸淹；溃在襄南，则势若瓶泻，荆门、江陵、潜江、沔阳、汉阳俱受其害。

清后期到现代是洪水发生频率较高的时期。尤其是 1911—1960 年，50 年间发生了 23 次洪水，平均每 2 年就发生 1 次。1960 年以后，洪水的发生频率略有下降，1961—2008 年的 48 年中，发生了 18 次洪水，但洪水的强度并未降低，这期间发生了 1983 年水淹安康城的特大洪水和 2005 年的大洪水。

明万历十一年（1583 年），汉水流域发生了大面积、长历时的暴雨，雨区笼罩上游汉中至白河的广大秦巴山地区，并由西向东移动，主雨区集中在安康以上的汉江南岸。汉江干流洪水与任河、月河、黄洋河几大支流的洪水相遇，淹没金州（今陕西安康汉滨区）。据调查推算，洪峰流量达到 34300 立方米每秒。

1935 年 7 月暴雨洪灾，则为近百年来最严重的一次，从白河到碾盘山汉江右岸的全部地区和左岸部分地区，降雨量都在 300 ～ 600 毫米，干支流洪水遭遇，造成峰高量大的特大洪水。此次洪水在钟祥三四弓处堤防溃决，口门达 7000 余米，洪水横扫汉北，直达汉口张公堤，造成汉江中下游地区一片汪洋，田舍为墟，人畜湮没，灾情之严重，较之 1931 年长江全流域大水有过之而无不及，湖北经济社会亦因此而再遭重创。

湖北省受灾面积56762平方千米，比1931年还多1万余平方千米。直到15年后，钟祥以下汉江沿岸，依旧是一片荒寞惨淡、人烟罕见的景象。

1983年7月27日起，汉江上游地区以南郑红寺坝为中心，普降大到暴雨，安康西部地区出现暴雨、大暴雨，安康以上各河流暴涨。7月31日上午8时，汉江安康站洪水流量为13500立方米每秒。20时30分，安康城堤6处决口，汉江洪水从西、北、东三面漫过安康城墙，淹没老城，低洼处水深13米以上，水位超过北城墙3米，全城一片汪洋。8月1日凌晨1时30分，洪峰流量达31000立方米每秒，使安康城遭灭顶之灾，洪水位高出安康汉江大桥桥面数米。10月，汉江又发生全流域大暴雨。下游杜家台闸开闸分洪，邓家湖在槐路口炸堤分洪，小江湖在黄堤坝炸堤分洪。1983年10月洪水，在丹江口水库调蓄及杜家台分洪的情况下，又利用沙洋县邓家湖、小江湖两个民垸分洪。

为解决汉江水患，政府建设了汉江防洪系统工程，包括汉江干支流堤防、丹江口水利枢纽、杜家台分洪工程及中游民垸，研究确定以防1935年同样的大洪水（约百年一遇）为汉江中下游防洪治理标准。汉江防洪系统工程改变了汉江堤防5年3溃成灾的局面，保证了汉江两岸地区的安全。1983年，除杜家台分洪工程分洪外，仅邓家湖、小江湖两民垸分洪，估计减少洪灾损失10余亿元。

杜家台分蓄洪区位于武汉西南方，跨蔡甸、仙桃两市（区），由杜家台进洪闸、分洪道、蓄洪区、黄陵矶闸等组成，主要用以分泄汉江下游河段超额洪水，也可蓄纳长江部分洪水。杜家台分洪工程对保护汉江下游两岸农田及城镇的防洪安全有着重要作用，并有利于减小武汉面临的洪水威胁。

杜家台分洪闸位于仙桃市下游6千米处，1956年4月建成。闸身为钢筋混凝土结构，分洪闸前缘总长度412米，分30孔，每孔净宽12.1

米，设钢质弧形闸门，门高 4 米。闸门启闭机为 150 吨手摇及电动两用式。闸室底板之上为空心过水堰，堰顶高程 29 米，闸室胸墙底部高程 33 米，闸顶高程 36.2 米。闸前水位达到 35.2 米时，具备分洪条件。

分洪闸下游接分洪道，由两道平行堤形成，堤距宽 822 米，经昌家湾、廖台，在周邦附近进入蓄洪区，全长 21 千米，左右岸堤防总长 42.1 千米。

蓄洪区历史上为东荆河下游与通顺河下游交汇处的低洼地带，是长江和汉江的洪泛区，每逢汛期，上承东荆河来水和汉南地区经通顺河下排的渍水，下有长江倒灌洪水。杜家台分洪工程始建时，只是将汉江洪水经分洪道泄入泛区。1964 年冬，根据汉南地区防洪排渍规划，堵塞了东荆河北支，使东荆河改道在小洪口附近入长江。1966 年在蓄洪区黄陵矶建闸，泄水出长江，使原蓄洪区与长江隔绝，形成有分洪、泄洪闸控制的蓄洪区，面积 450 平方千米。分蓄洪区内现有大小民垸 21 处，总面积 614 平方千米。

黄陵矶闸位于蓄洪区出口肖家湾处，下距沌口镇约 5 千米，为泄洪、排渍两用闸。黄陵矶闸于 1966 年开工，1970 年建成，为钢筋混凝土开敞式结构，分 9 孔，每孔净宽 7 米，设钢质平板闸门，高 10 米，泄洪能力 2700 立方米每秒。

杜家台分洪工程启用后，可分蓄 16 亿立方米的洪水，大大缓解了汉江防汛压力。杜家台分蓄洪区系统工程自 1956 年建成至 2005 年，共使用 20 次，分洪总量 194 亿立方米，工程效益显著，为保障汉江下游的防洪安全发挥了巨大作用。杜家台分洪闸由于独特的地理位置和产生的巨大社会效益，1991 年被国务院确立为长江中游 12 个重点分蓄洪区之一。

四、梯级开发惠四方

“汉之广矣，不可泳思；江之永矣，不可方思。”《诗经·周南·汉广》里的这段名句已成为历史上江汉合流的标注。汉江从秦巴峡谷蜿蜒流淌，承载着悠悠岁月，流域内水利工程兴修历史悠久，春秋时期就已进行农业生产。五代时，兴修高氏堤成为南平政权的一项重要工程。明清时期，作为中国重要粮食产地的江汉平原，水利工程成为其必不可少的重要部分。20 世纪 50 年代以来，汉水流域兴修水利工程千余座。特别是南水北调工程，汉江水利建设将在其西线、中线发挥重要作用，为世人所瞩目。

汉江全程总落差约 1964 米，水能资源丰富。汉江中上游河流湍急，水能储量较大，是中国重要的水力发电地区。汉江上游在陕西境内干流长 657 千米，流域面积达 62263 平方千米，其水能理论蕴藏量达 616. 61 万千瓦，可开发的水力资源装机容量达 361. 9 万千瓦，其中干流达 198 万千瓦，年发电量可达 69. 59 亿千瓦·时，将为经济社会发展提供源源不断的动力。水能是最洁净的能源之一，是可再生能源、绿色能源，其利用成本较低，对环境的危害较小，是现代能源中的理想资源。

汉江水能资源丰富，从上游黄金峡到下游兴隆共计 1000 多千米的江段上建坝 15 座，不足百公里就有一座大坝。最密集的湖北襄阳境内汉江有 195 千米，不足 50 千米就将建有一座坝。陕西省在汉江上游干流建有七级梯坝，分别是黄金峡、石泉、喜河、安康、旬阳、蜀河、白河。湖北则在汉江中下游干流上兴建八级梯坝，分别是孤山、丹江口、王甫洲、新集、崔家营、雅口、碾盘山、兴隆。加上汉江支流的三里坪、寺坪、过渡湾、白水峪、龙潭嘴、陡岭子、鄂坪、周家垸、龙背湾、松树岭、小漩、黄龙滩等大中型水电站，汉水流域形成了较为完整的汉江大坝体系。

20 世纪 80 年代以来，汉江水能的利用不断加速，各江段相继建成了许多水电站。就湖北省境内的汉江干流及支流而言，就有 500 千瓦以上的电站 100 多座，装机容量 200 多万千瓦，年发电量 70 多亿千瓦 · 时。受地理条件影响，汉江梯级开发的水电站都是低水头的，也就是靠水流来发电，而不是靠落差。水电站装机容量不大，但有巨大的灌溉、通航、生态等综合效益。各枢纽的回水相互衔接，同时，丹江口以下电站都同步设计有 1000 吨级船闸，丹江口及以上的枢纽也都同步设计不同等级的船闸或升船机，这些枢纽建成后，整个汉江的通航条件都会得到大幅改善，千吨级船舶可由武汉直达丹江口，五百吨级船舶可直达陕西安康，届时汉江将成为一条真正通江达海的大江。

第二节　好水广流

汉江一江好水，是流域人民的生命之源、文明之根、发展之基。一汪清水泽润北方，是对“湖广熟，天下足”新的阐释。汉江、渭河的牵手，展示着流域沟通的真诚。鄂北调水工程的实施，又将为汉江水的伟大添上浓墨重彩的一笔。

一、漫说南水北调中线

有关单位经过近 60 年持续勘查、规划和研究，共提出 50 多种调水方案，最后形成东、中、西三条调水线路，构成中国中部地区水资源

“四横三纵、南北调配、东西互济”的总体格局。

南水北调中线工程由引汉工程和引江工程组成，供水目标以北京、天津、河北、河南城市生活和工业用水为主，兼顾农业和生态环境用水。

引汉工程水源地是已建汉江丹江口水库，可基本自流到北京、天津。总干渠全长1267千米，天津干渠长154千米，年调水量95亿立方米，后期调水量增至130亿立方米。远期因调水量已远远超过汉江的承受能力，要以另外的工程引长江水注入汉江，引江补汉主要有大宁河、神龙溪等方案。即从巫山凿通隧洞，引三峡水库水到鄂西北的堵河，再由堵河流入汉江，进而补充丹江口水库蓄水量。

南水北调中线工程重点解决北京、天津、石家庄、郑州等沿线20多座大中城市的缺水问题，并兼顾沿线生态环境和农业用水。工程分两期实施，第一期工程建设主要目标是丹江口大坝加高后，从丹江口水库自流引水，通过明渠输水到河南、河北、北京、天津四省市。同时为减少中线从丹江口水库调水后对汉江中下游的影响，修建湖北引江济汉等四项生态建设工程。

中线一期主体工程由水源区工程、输水工程和汉江中下游治理工程三大部分组成。水源区工程为丹江口水利枢纽后期续建，输水工程即引汉总干渠和天津干渠。黄河以南总干渠线路受已建渠首位置、江淮分水岭的方城垭口和穿越黄河的范围限制，走向明确。黄河以北从保证水质和全线自流两方面考虑，选择新开渠道的高线方案。总干渠沟通长江、淮河、黄河、海河四大流域，穿过黄河干流及其他集流面积10平方千米以上的河流219条，跨越铁路44处，需建跨总干渠的公路桥571座，此外还有节制闸、分水闸、退水建筑物和隧洞、暗渠等，总干渠上各类建筑物共936座，其中最大的是穿黄河工程。史无前例的穿黄工程总长度

19.3千米，类似修地铁，在黄河下边挖“水道”，通过明渠、退水洞、主河槽隧洞等建筑物，将汉江水“隔空穿越”黄河。天津干渠穿越大小河流48条，有建筑物119座。

中线工程的前期研究工作始于20世纪50年代初，70多年来，水利部长江水利委员会与省、市相关部门进行了大量的勘测、规划、设计和科研工作。

汉江水是如何克服重重困难，千里迢迢流向北京的呢？来看看一滴水的旅行吧。从丹江口水库出发，通过河南淅川陶岔渠首闸，进入总干渠，经唐白河流域西侧，过长江流域与淮河流域的分水岭方城垭口，然后沿黄淮海平原西部边缘，在郑州以西孤柏嘴处穿过黄河，再继续沿京广铁路西侧北上，最终到达北京的团城湖。这是一趟历时15天左右的旅程，途经河南、河北、天津等省市的20多座城市，南阳、漯河、周口、许昌、郑州、新乡、濮阳、安阳、邯郸、邢台、石家庄、沧州……每到一处，都有全新的体验，“交通工具”也各不相同，渠道、隧洞、暗涵、渡槽……三千里干渠，掘山穿河，一路向北，在河北保定西黑山一分为二，一股继续北上京城；另一股调头东进，滋润干渴的天津。

南水北调中线工程自1952年肇始、1958年丹江口水利枢纽动工，历经世纪风雨，这项浩大的水利工程终得渠成水到成为人类智慧的又一伟大结晶。“永结无情游，相期邈云汉”，中国南北于此水乳相融。

二、又看关中引汉济渭

引汉济渭可以称为陕西的南水北调工程，是陕西有史以来最大的调水工程之一。工程地跨黄河、长江两大流域，穿越秦岭屏障，分为调水、配水两大部分，主要由黄金峡水库、三河口水库、输水隧洞及关中供水管网四大部分组成。工程规划在汉江干流黄金峡、支流子午河分别修建水源工程黄金峡水利枢纽、三河口水利枢纽蓄水。从子午河自流调水5亿立方米，黄金峡水库引水10亿立方米，经秦岭隧洞至关中。工程完成后，汉江穿过秦岭，补给黄河最大支流渭河。2014年2月，三河口水利枢纽开工建设，引汉济渭工程进入全面建设阶段。

黄金峡水利枢纽是引汉济渭工程的两个水源之一，也是汉江上游梯级开发规划的第一级。坝址位于汉江干流黄金峡锅滩下游2千米处，控制流域面积1.71万平方千米，多年平均径流量76.17亿立方米。拦河坝为混凝土重力坝，最大坝高68米，总库容2.29亿立方米。坝后泵站总装机功率12.95万千瓦，设计扬程117米。电站装机容量13.5万千瓦，多年平均发电量3.63亿千瓦·时。

秦岭输水隧洞全长98.3千米，设计流量70立方米每秒，分黄三段和越岭段。黄三段进口位于黄金峡水利枢纽坝后左岸，出口位于三河口水利枢纽坝后约300米处控制闸，全长16.52千米。越岭段进水口位于三河口水利枢纽坝后右岸控制闸，出口位于渭河一级支流黑河右侧支沟黄池沟内，全长81.779千米。

三河口水利枢纽为引汉济渭工程的两个水源之一。枢纽建筑物主要由拦河坝，泄洪及放空建筑物，抽水、发电及生态放水设施等组成，是整个调水工程的调蓄水龙头。坝址位于佛坪县与宁陕县交界的子午河峡谷段，在椒溪河、蒲河、汶水河交汇口下游2千米处，坝址断面多年平均径流量8.7亿立方米，总库容7.1亿立方米，坝后泵站总装机功率2.7万千瓦,设计扬程97.7米，电站总装机容量4.5万千瓦，多年平均发电量1.02亿千瓦·时。

陕西是一个水资源短缺且时空分布不均的省份，缺水是制约全省经济社会发展的瓶颈因素。尤其是关中和陕北地区，水资源紧缺已成为当前乃至今后一个时期经济社会发展和生态环境改善的首要问题。引汉济渭工程是解决陕西省水资源短缺问题的战略性水资源配置工程。工程建成后，可满足西安、咸阳、渭南、杨凌 4 个市（区）及渭河沿岸 11 个县城、6 个工业园区，总计 2300 多万人的生活及工业用水，将对缓解关中缺水、置换陕北黄河用水指标、带动陕南发展发挥重要作用。还将归还原被大量挤占的农业用水，使失灌的 300 万～500 万亩耕地有水可灌。此外，可以有效改变关中超采地下水、挤占生态水的状况，实现地下水采补平衡，防止城市环境地质灾害。每年增加渭河干流水量 7 亿～8 亿立方米，从而有效提高渭河纳污能力，实现人水和谐，为关中-天水经济区发展提供水源支撑。

打通巍巍秦岭，让汉江一路流向关中，无论从工程量还是技术难度上，都是陕西省水利史上里程碑式的工程。第一次从底部横穿世界十大主要山脉之一的秦岭；隧洞最大埋深 2000 米，为世界第二，比已建成的西康铁路隧道埋深增加约 500 米；隧洞长度 98.3 千米，为世界第二。黄金峡泵站装机容量 12.95 万千瓦，以每秒 70 立方米的抽水量抽高 117 米送入秦岭输水隧洞，这将是国内第一高扬程大流量泵站；三河口水库碾轧混凝土拱坝最大坝高 145 米，为国内第二。所有这些技术参数表明，引汉济渭是一项世界级的宏伟工程，其综合难度相当大。

三、再望鄂北调水工程

湖北省是水资源大省，长江横穿东西，汉江斜贯北部，在江汉的滋润之下，素有“湖广熟，天下足”之誉。但是，湖北省也有远近闻名的“旱包子”——鄂北地区，这里没有大江大河经过，人民世代饱受缺水之苦。2014 年 12 月 28 日，酝酿已久的鄂北水资源配置工程生产性试验项目在襄阳市襄州区拉开序幕。鄂北水资源配置工程就是一个弥补大自然缺憾的工程。

鄂北地区涉及襄阳市的老河口市、樊城区、襄州区、枣阳市，随州市的随县、曾都区、广水市和孝感市的大悟县，这一地区的缺水由来已久。早在1949年以前，广水市就因闹旱灾，有些村落整村人迁移到安徽省。至今，移民的后代过年还要回广水祭祖。20世纪50年代以来，鄂北地区共发生十几次特大干旱、大旱，平均两年半一次，小旱经常发生，甚至一年多次，而且呈逐年加剧趋势，受社会各界高度关注。自2007年后，地处鄂北的枣阳大量水田干旱，居民饮水靠唐白河。因为缺水，大悟县城区居民饮水要靠县境之外的孝昌县芳畈水库，甚至河南的界牌水库。2010—2014年，鄂北地区遭遇连续5年大旱，河流断流，塘堰干涸，水库水位低于死水位，人民群众正常的生产生活受到严重影响。

中华人民共和国成立以来，为解决鄂北地区干旱缺水问题，先后在鄂北修建蓄水工程70979座，其中大型水库7座，中型水库36座，小型水库632座，塘堰70304座。可以说，当地能修蓄水工程的地方都修了，已无潜力可挖。

鄂北调水工程是从根本上解决鄂北地区干旱缺水问题的重大战略民生工程，是中华人民共和国成立以来湖北省省级投资规模最大、覆盖流域最广、受惠人口最多的大型水利惠民工程之一。

第三节 水运承载

从《禹贡》可以知道，三千多年前的汉江就已是今湖北、湖南、四川和陕南向中原运输贡赋的要道。而在陇海铁路通车宝鸡以前，陕南和部分陇南的货物都要顺汉江运到汉口。此前，由于多方面原因，汉江航运有所衰落，但在汉水流域主要干支流上，却时不时可以见到一些关于航运的遗存，如船帮会馆和杨泗庙等。所幸，随着国家对内河航运的重视，汉江梯级开发逐步加快，江汉运河建成，汉江航运正在焕发新的生机。

一、舳舻相望史话长

汉江干支流一直是汉水流域交通网的骨干之一。七千多年前，长江流域的先民就“刳木为舟”，开启了原始的航程。“南船北马”说的是中国古代南方的交通运输方式以船为主，北方以马为主。南方气候湿润，降水丰富，地表河网密布，船舶运输便应运而生。汉江自古以来就是中国著名的通航河流，与长江和湘江构成贯通南北的水运网。

三千多年前，汉江是古代荆州（今湖北、湖南等地）、梁州（今四川、陕西等地）向中原运输贡赋的要道，陇南与豫西的部分货物也经汉江运到汉口。《尚书·禹贡》记载，荆州贡赋路线是“浮于江、沱、潜、汉，逾于洛，至于南河”①，即从长江、汉江北上河洛，进入黄河。梁州贡赋可利用嘉陵江、汉江，转褒水，再经一段陆运，又利用斜水转入渭河、黄河，达于夏朝的都城。西周初期，汉江的航运已相当发达。《竹书纪年》上有周昭王南征楚荆，丧六师于汉的记载。《史记》记述苏秦的弟弟苏代在劝阻燕王不要应邀前往秦国时，曾举秦王威胁楚王的话说，秦国蜀地的军队，在夏天水涨时，从汶水、岷江乘船顺长江而下，五天可以到达楚国的都城郢；汉中的军队，在夏天水涨时乘船顺汉江而下，四天可以到达五渚（约在距郢都不远的汉江下游）；而秦国屯驻在

① 冀昀. 尚书［M］. 北京：线装书局，2007：39.

南阳一带的大军，则可随时向东南下，攻随迫楚，迅速置楚国于死地，使楚军措手不及。这段记载说明，远在战国时期，从汉中沿汉江东下长江，船只可通行无阻。湖北云梦睡虎地秦墓出土的竹简中的《日书》记载，当时汉江可以行船。

宋代以前，王朝京城大都在关中、河南一带，水上运输动脉以黄河、渭河、运河为主。《史记·河渠书》和《汉书·沟洫志》记载，汉武帝在位时，由于从首都长安通向关中的黄河水道有三门砥柱之险，通往蜀汉的故道又多山坡，路线迂回曲折，因而有人建议整修褒斜道，通过汉江及其支流褒水和渭河及其支流斜水（今石头河），水陆联运，把关东、巴蜀的粮食和物资运往长安。这个方案是以南阳、襄阳、汉中、褒城等地的汉江干支流可以通行船舶为基础的。用当时的话说，就是“褒水通沔（汉江古称沔水），斜水通渭，皆可以行船漕”，整修好褒斜谷中的水陆两途，则“汉中之谷可致，山东从沔无限，便于砥柱之漕”。[①] 虽限于当时技术条件而未成功，但也说明古人对利用汉江水运的认识。

唐建都长安，所需的数量巨大的粮食和各种物资，均依靠渭河、汉江、汴水、江北运河、江南运河这些水道运到关中长安。每当中原发生战事，运河被阻之时，就不得不由长江西上，然后由汉江转入其支流丹水，由商州境起旱，沿蓝田武关道越秦岭入关中。而当长安失陷或发生变乱，政治中心西移，或襄阳以北、商州以东的南阳一带出现战乱，形势不稳，东南地区的粮食和物资运到襄阳后，只有再溯汉江西上，经安康到汉中，然后转由陆路运往关中了。

宋代汉江航运仍然畅通。北宋时，欧阳修在《通进司上书》中提出

---

① 司马迁．史记［M］．裴骃，集解；司马贞，索隐；张守节，正义．北京：中华书局，1999：1199.

“便宜三事”，其中第一事便是通漕运，言及汉江沿流的梁州、洋州、金州、均州等地的财物，“皆可漕而顿之南阳”①，然后利用武关道或丹水运往长安。《读史方舆纪要》记载，南宋初年，宰相张浚为减轻金朝的军事威胁，准备以汉中为基地，北据关陇，东出潼关以争中原，因而高度评价汉中的地理位置和地理形势，说它可以“前控六路之师，后据两川之粟，左通荆、襄之财，右出秦、陇之马”②。

由于战乱等因素的影响，特别是明初实行荆襄禁山政策，汉江航运在元末明初曾一度阻滞。到明代中后期，汉江航行复又畅通无阻。《商贾便览》记载：由江汉一带运“往四川货物，秋冬由荆州雇川船，装往各府去卖。春夏防川河（长江）水大难行，由樊城雇小船至沔县起旱，雇骡脚二百二十里至阳平关，骡脚运货至此，下船转装，往各府去卖”③。当时樊城至沔县（今陕西勉县）一段汉江是可通行商船的。

明清以前的商业运输比较落后，主要是官办的军运和漕运，汉江水运在军事建设和稳定政权方面发挥了重要作用。明清以后，汉江水运商业作用凸显。

清代汉江水运多为单向性的木船运输，即上游商品以木船运往下游，然后多以空船返回，甚至卖船而返。究其原因在于：第一，清中叶长江中下游的手工业产品尚没有足够力量冲击汉江中上游及西北地区的农村经济；第二，汉江行舟亦非易事。陕南、鄂西一带水运船只，依河道水文情况而各不相同。自汉中至湖北均州（今湖北丹江口），汉江曲折蜿蜒逾两千里，其间险滩 137 处，行船之难有“春涝夏净，断绝使命”之说。商贾携货顺水行舟尚无大碍，但逆水而上则运输费用大大增

① 张春林. 欧阳修全集［M］. 北京：中国文史出版社，1999：537.

② 顾祖禹. 读史方舆纪要［M］. 贺次君，施和金，点校. 北京：中华书局，2005：2662.

③ 吴中孚. 商贾便览［M］. 杨正泰，点校. 南京：南京出版社，2019：219.

加，所以，清代汉江水运地位虽日趋重要，但下运之货多于上运之货。清后期，汉江水运转向衰退。

1937年前后，是汉江航运的鼎盛时期。当时往返于汉江上的木帆船，经常保持在2000余艘。安康港是汉江上游物资集散的中转港口，往返于汉口、襄阳、老河口、安康、汉中之间的船只中，陕西省籍的有上千艘。载重量多者达60余吨，少者7～8吨。货物输出比输入多。有些货物系毛板船装运，至老河口、襄阳或汉口后，将货物和船只一齐出售。1939年，武汉三镇沦陷，安康和汉口之间的商贸关系断绝，汉江中下游船只止于老河口或襄阳，航程缩短，汉江航运开始衰退。

历史上，汉江航运主要是利用天然水道通行木帆船，江汉之间众多分流通过湖泊互相联系，只有连通江汉的云梦通渠、杨水运河、荆南漕河是部分人工航道。清末，轮船运输开始出现。1897—1898年，汉江开始有商营汉口至蔡甸、仙桃的小轮航线。此后，汉江小轮渐增，高水期小轮上溯至岳口、沙洋、襄阳和老河口。几千年来，汉江航运对流域经济社会发展做出了不可磨灭的贡献。

汉江虽然大体呈东西流向，但南折北流的弯曲处甚多。洋县、石泉县间的黄金峡的险恶，使石泉以上汉江航道的利用大受影响。汉江的黄金航道是安康、老河口、襄阳、汉口等航段。20世纪60年代以后，汉江航运，特别是陕西境内的上游，航运明显衰退，主要原因是陆进水退和闸坝断航。

陆进水退即公路、铁路的不断发展，分流了水路货源，使水路运输步步退缩。历史上的陆进水退，在汉水流域的丹江表现得尤为明显。京汉、陇海铁路未修建前，丹江是沟通西北至汉口的交通大动脉，受到历代重视和利用。秦陇商人多利用丹江水路向汉口输出西北的土特产品，由汉口运回布匹、煤油及日用杂货，在龙驹寨起陆，驮运至甘肃、陕西、山西一带销售，使得丹江舟楫往返不断，龙驹寨港帆樯如林，成为一个繁荣的商埠。尔后京汉铁路通车、陇海铁路延伸至西安，秦陇商人立即改变运输渠道，利用方便、快捷的火车贩运商货，丹江航运顿然冷落。

20 世纪 60 年代，丹江口枢纽工程修建后，汉中至汉口间的航线被一分为二。上游船队不能直航汉口，也将船只一分为二，一部分留在汉江下游甚至长江中游营运，一部分在丹江口以上航段航行。上游的石泉水电站，大坝无过船设施，使汉中、安康间不能直航。20 世纪 80 年代修建的安康水电站，设计有 50 吨级垂直升船机，实际未建成过船设施。这样，汉中、安康间的汉江航线，被截为三段，紫阳、石泉的船只，手足均被束缚。汉江上游的枢纽港口——安康港，由于三处闸坝断航，也沦为一般港口。汉江这条黄金水道便因闸坝断航而黯然失色了。

从航运的兴衰，可以发现文明的轨迹，交通这一有形设施将会产生影响深远的无形资产。今天建设的公路、航道，不仅促进了今天政治、经济、文化的沟通，也必将影响子子孙孙的未来。2015 年 4 月 27 日，历时 4 年多的筹备，中国汉江航运博物馆在陕西旬阳开馆。博物馆总面积 1600 平方米，展厅 300 平方米，展厅由汉水汉韵、利涉大川、文武辉映、扬帆未来四大部分组成，共搜集到上千件航运实物、影像和文献资料，生动展示了汉江悠久的航运文明和厚重的历史故事。如今，随着国家对内河水运的重视，汉江航运发展迎来了黄金机遇期，不远的将来，历史上舳舻相望的景象必然又将在汉江重现。

二、引江济汉黄金道

引江济汉工程是南水北调中线工程的组成部分，从长江中游湖北荆州河段附近调水，经人工渠道于潜江兴隆注入汉江。其主要任务是利用引江济汉引水干渠，向汉江兴隆以下河段补充因南水北调中线一期工程调水而减少的水量，改善汉江兴隆以下河段的生态、灌溉和航运用水条件。工程进口位于荆州龙洲垸，途经沙洋，在潜江高石碑镇汇入汉江，全长 67.23 千米。

引江济汉工程的设想由来已久。早在 20 世纪 50 年代中期，水利部就通过了在四湖地区兴建沙市闸、引长江水灌溉的方案。交通部（2008 年改为交通运输部）规划全国水运网时，也拟建两沙运河，作为京广运河的江汉连接段。1978 年，中国大旱，汉江中下游受灾面积较大。水利部又开始研究规划引江济汉工程。1980 年，湖北省水利水电勘测设计院编制《江汉引水工程规划报告》，充分论述了引江济汉工程灌溉引水结合航运兴建的必要性，并从高线和低线两条线路论证比较。20 世纪 90 年代，又经过多次调查和规划，直至 2001 年南水北调中线工程规划审查通过后，引江济汉等工程才开始进入实施阶段。2002 年 6 月，湖北省水利水电勘测设计院正式开展可行性研究工作。2005 年 12 月，设计院编制完成《南水北调中线一期引江济汉工程可行性调查报告》。

2009 年 11 月，引江济汉通航控制性工程正式开工。2010 年 3 月 26 日,古城荆州再次成为全国关注的焦点，中国现代最大的人工运河在此地正式动工。

2014 年 9 月 26 日，历经四年半的风雨兼程，引江济汉工程正式通水通航，工程将全面发挥效能，泽被江汉平原。江水汤汤，千里奔腾，润泽万物，沟通经济。引江济汉工程 67 千米黄金航道，最大 500 立方米每秒的流量，已然使其成为中国现代最大的人工运河之一。2014 年 10 月 16 日，江汉运河迎来了通航以来首艘满载千吨级货船。

湖渠相连，水色绮丽，看长虹卧波，品鱼米之乡。引江济汉工程如一条玉带，蜿蜒深入江汉平原腹地。形态各异的桥梁，如繁星点缀其上，将这条黄金水道装扮成湖北省继三峡、丹江口之后的第三个秀美瑰丽的水利景点。引江济汉工程不仅有利于改善江汉平原水资源的配置，还能在湖北形成一个黄金航道圈，并为江汉平原增添一道新的风景。如今，长江水从李埠镇江段分流，横穿荆江大堤，向北穿越江汉平原，在高石碑镇注入汉江，连起中部地区两条巨龙。

引江济汉通航工程作为中华人民共和国第一个运河工程，科学利用水资源，致力于发展现代航运，在保证引江济汉调水的情况下，满足航运要求，沟通长江和汉江航运，形成一条新的长江中游和汉江中游间的千吨级航道，不仅可缩短船舶绕道武汉的水运里程，而且成功打造了一个环绕江汉平原、内连武汉城市圈的 810 千米千吨级高等级航道圈。与渠顶公路配套，工程水陆并行，有效连通长江、汉江工业走廊，必将有力促进长江经济带建设和汉水流域开发，人水相依、美丽富饶的江汉平原将更加清新、美丽。

三、船帮会馆有遗存

汉江沿线会馆多为客籍商人组织，而船帮会馆由船民所建，带有地域性，也有强烈的行业性。其中，华屋高构者如丹凤船帮会馆，风雨飘摇者如樊城楸子会馆。但随着时间的推移，那些凝聚船工喜怒哀乐、浸透船工汗水辛酸的会馆大多已被历史淹没。

1. 樊城楸子会馆和独桅子会馆

古时唐白河一年四季通航，20 吨以下船舶可直达南阳或赊店，10 吨小木船可达南召白土岗。清咸丰年间，白河航运的船只约 3000 只，唐河约2000只，丹江1200只，每年4至10月利行舟楫，唐白河上帆船往来络绎不绝。西北山货和河南的土特产由此南运，南方的木材、瓷器、茶、粮、布匹、食盐等杂货经宛北运输，所谓“水陆云集之所，南舟北车，从此分歧”。于是，就在樊城产生了独桅子会馆和楸子会馆。

独桅子会馆位于樊城解放路南侧，建立年代和具体位置不详，是以船型命名的，由河南唐河、白河沿线船工所建，1949年以前已经消失。

楸子会馆又名寨河明王会馆，位于樊城老官庙巷，由河南淅川船帮所建，建于清光绪元年（1875年）。楸子会馆原大殿为四柱三开间式，中檐柱东、西面南各阴刻行书楹联一副，汪洋恣肆，豪气干云：

> 继大禹以立功千百年江河奠定，原不须武帝射蛟文公驯鳄；
> 后元夷而享祀亿万里俎豆馨香，又岂止庙灵吴水宫峙湘湖。

楸子会馆正殿次间也有楹联一副：

> 威慑鲲溟百道波澜平静渚，
> 恩流鹢舰千龛香火篆祥云。

楸子会馆为何称寨河明王会馆？楸子船，又称楸子，在襄阳境内又细化为堰河楸子、谷城楸子、河南楸子、山河楸子、歪尾巴楸子等。丹江水运上溯可达商南龙驹寨，下航可达汉口等江汉沿河大埠。丹江航道由陕西龙驹寨（今丹凤）至河南省淅川县荆紫关167千米，俗称寨河。明王指平水明王杨从仪，民间称为杨泗、杨泗将军，是保护水上平安的行业神。清中期后，随着陕南商品经济的勃兴，汉江航运的发达，在陕南汉江、丹江流域尊奉杨泗为平水明王，即知晓江河航运的水神。寨河明王会馆就是丹江寨河段淅川船帮们的书面用语，而楸子会馆则为船工口语。

2. 丹凤船帮会馆

丹江发源于秦岭南麓，流经陕西商州、丹凤、商南，河南淅川，湖北丹江口，木船航程为293千米。丹江自源头到棣花，一般不涨大水，不能通航。由于大峪沟、老君河等水注入，丹江到龙驹寨后水势剧增，河面突开，中华人民共和国成立前龙驹寨一直是著名码头。丹江航道，自春秋战国始即为“贡道”，在周、秦、汉、唐时期是京都长安连接和控制东南诸省的重要航线，同时也是沿岸人民对外经贸交流的运输干线。清乾隆《商南县志》载，自寨（龙驹寨）至豫（河南）淅川，重滩叠漱，暗礁密布，水势湍急，险峻多石，每为舟楫患，然关中籴楚豫，由此运劳费甚省，是以秦利赖之大者也。同书又载，襄阳至龙驹寨，水滩甚多，其险而有名者，一百三十有六，境内自梳洗楼至雷家洞共六十有八，最险者二十有四。①

襄阳文史资料记载，明清以后，汉江是运送漕粮贡赋的重要渠道。清康熙三十二年（1693年），关中饥荒，清政府将襄阳仓米20万石，由汉江经河南淅川丹水至陕西丹凤境内龙驹寨转运西安，康熙五十九年（1720年），又将湖广荆襄仓米10万石，历程2600里水运至龙驹寨转西安。清雍正九年（1731年）自荆襄运仓米10万石至龙驹寨转西安。

龙驹寨地理位置与淅川荆紫关相似，也是“北通秦晋，南接吴楚”的交通要冲、水旱码头。在陇海铁路未通之前，东路的货物沿长江入汉江，逆丹江而上至龙驹寨，然后向西分散至西安、兰州，向北经洛阳转

①《商南县志》编纂委员会. 商南县志［M］. 北京：作家出版社，1993：259.

运至潼关、太原等地，因此久有水旱码头的盛誉。明清时期，丹江水域舟楫如织，百艇相连，千人拉船，万人装卸；陆路骡马蚁聚，驼铃频传，俨然一幅龙驹古寨版的清明上河图。龙驹寨江岸作为水陆换载大码头，明清时商贾云集，帮会众多，其中船帮依靠丹江水运，势力较大，却无会馆。为不受其他帮会歧视，维护行业利益，艄公、搬运工千余人决定集资建馆，他们每运一件货物提取三个铜钱，积少成多，在清嘉庆二十年（1815 年）建成会馆。

丹凤船帮会馆位于县城西南隅，又名平浪宫、明王宫、花庙，是汉江沿岸至今保存最完好的船帮会馆之一。现馆名由籍贯丹凤县的作家贾平凹手书。会馆面临丹江，北靠凤冠山，会馆建筑雄伟，高 27 米，巍峨壮观。现保留戏楼和大殿各一座，呈南北对峙状。戏楼是会馆的主要建筑，集南北建筑之精华，既有北方建筑庄重大方的格调，又有南方建筑华丽细腻的特点。乐楼正面木雕精品荟萃，有大禹耕田、文王访贤、囊萤映雪、赤壁怀古等数十幅典故画面，数百位人物形象栩栩如生。尤其是戏楼匾额“和声鸣盛”两边八组浮雕人物组成一幅画联，迄今尚无人能够破译，留下了耐人寻味的百年之谜。

四、祈愿安宁杨泗庙

通常认为，杨泗亦称杨泗将军，斩龙杨泗将军最初源于湖南民间的道教水神，广泛信仰于长江中下游地区。明清时期的“湖广填四川”使该信仰随着人口迁徙运动逐步向周边传播，包括四川、云南、广东、甘肃和陕西南部地区，因其能斩除蛟龙，平定水患，故而受到民众广泛信仰。杨泗为何成为水运保护神？汉水流域到底有多少杨泗庙？

关于杨泗，民间有三种传说。

第一种传说：两湖地区老百姓崇信杨泗将军的习俗相当普遍，尤其是在洞庭湖周边，渔民们开船起航前都要拜祭杨泗将军。一般佛寺道观都有供奉。有学者认为，杨泗将军就是南宋时的农民起义英雄杨幺，杨幺在起义军中排行老四，所以叫杨四。洞庭湖起义失败以后，老百姓立祠供奉他，但为了避免统治者的禁止和降罪，隐其名，称杨泗将军。

第二种传说：杨泗乃宋代湖南长沙人氏，传说七岁成神。每年春天在水口把关检查，如果是兴云作雨的正龙，杨泗便放他过去；如果是害人的孽龙，便用宝剑将它斩为几段。正是因为他斩龙有功，被封为将军。后世许多临水的地方都修有杨泗庙，流传有各种不同版本的斩龙传说和故事。

第三种传说：杨泗将军为南宋抗金名将杨从仪。杨从仪（1092—1169 年），陕西凤翔天兴人，壮年时值金兵入侵，徽宗被掳，国难深重，他毅然应募军中，在历次抗金战斗中屡立战功，晋升为郢州防御使。南宋绍兴五年（1135 年），调任洋州（今陕西洋县）知州兼管内安抚司公事。洋州原有杨填等八堰，久废不治，杨主持修复，溉田五千余亩，复税租五千余石；又增营田四十四屯，民为其建立生祠，称杨泗将军庙。杨从仪死后葬于杨泗将军庙之侧，即今城固县宝山乡丁家村。该传说流传于湖北北部和陕西南部，作为区域性神祇的杨泗将军信仰，在清代中期由两湖移民带入陕南地区之后，得到广泛传播，又整合了宋代以来陕南原有地方性神祇杨从仪，不仅完成了其本土化的进程，同时也使得本为庇佑地方农业生产的水利神杨从仪崇拜发生转型，成为区域性信仰的组成部分。

以上第三种传说较接近本地实际，陕西南部和湖北北部同为汉水流域，一为秦巴腹地，二为秦巴余脉。常年行走水路的船民，在自然条件恶劣的年代，行走汉江，风险莫测，为了一帆风顺，客货平安，信仰杨泗就自然而然，约定俗成。

杨泗在汉水流域受到人们的广泛信仰，大大小小的杨泗庙数不胜数，以下选取其中几个进行介绍。

第一，郧西天河口杨泗庙。湖北郧西天河口，现为观音镇管辖，因为航运发达和牛郎织女传说而成为当地人的骄傲。20 世纪 70 年代以前，进出县城的货物多在此中转，物资、粮食、供销等部门均在此设立办事机构。天河口码头仍在，一条 500 米长的逼仄街道的北端就是杨泗庙。从格局看，有戏楼、过殿、后殿、天井，但现在只留下后殿三间，梁架为抬梁式和穿斗式相结合结构。檐廊有精美木雕，殿内正墙上有壁画三幅。中间是黑白腾飞的龙，辅以牡丹、卷云，显示出吞云吐雾的神力。左边是护麟图，旁有“厨室生香”四字，是通向厨房的小门。

第二，郧阳区冻青沟杨泗庙。从天河口向汉江上游走，在一个叫冻青沟的地方，过一个渡口，杨泗庙就在汉江对面的一个山顶上。据说由当地财主出钱修建，后遭毁坏。杨泗庙坐东朝西，面向汉江。杨泗庙是典型的“一颗印”布置，三开间，一天井。大门门框用条石做成，极为规整，整个建筑青砖布瓦，朴素大方，保存相对完好。拜台上有三个牌位，中间是东岳天齐仁圣大帝，左边是上清真乙黑虎王赵公元帅，右边是斩龙将军杨泗将军之神位。

第三，旬阳蜀河杨泗庙。蜀河的杨泗庙可以说是汉江上最漂亮的建筑之一，位于古镇后坡南端。坐西向东，背依山坡，南临汉江。现存建筑有门楼、戏楼、拜殿、正殿、厢房等。拜殿的墙体为砖石，硬山顶，梁架为抬梁和穿斗相结合结构，三开间，开间 11.1 米，进深 8.3 米。杨泗庙门楼有牌楼装饰，正门两侧嵌贴青瓷对联一副，上联是“福德庇洵州，看庙宇巍峨，云飞雨卷岿屹立”，下联为“威灵昭汉水，喜梯航顺利，浪静波平任遨游”，对联生动地描述了当年汉江航运的盛况。

门楼之上是戏楼。戏楼又名“明德楼”。每年六月初六，举办杨泗庙会，院内搭台唱戏，上演汉剧等各种地方戏剧，热闹非凡，同时又是当地群众物资交流的场所。

正殿居中原供有杨泗爷神像一尊，身高丈余，煞是威严。殿内有石碑，为清光绪八年（1882 年）旬阳知县严禁埠头讹索船户告示碑，由“公议船行”王德义及“值年首人”朱贵等人镌刻的旬阳知县王敬铸“批令”照准的水手遇难善后准则，从内容上也可明显看出杨泗庙的历史作用及当时蜀河水运、贸易之繁华。

戏楼右侧有二洞，是在崖壁上开凿出来的，大洞内供奉西方三圣、观音，小洞中仅供奉着杨泗的牌位。洞壁上有石碑两通，一通为同治年间的重修朝阳古洞志碑。

第四，保康青滩杨泗庙。此庙位于汉江支流南河上。旧时南河流域的货物大多依靠船运，下游从襄阳、谷城往上，直到上游的马桥、神农架。南河是一条典型的峡谷型河流，河流比降大，河道狭窄，险滩礁石密布。青滩杨泗庙位于过渡湾镇青滩村。民间传说，古时南河百舸争流，一日，天气晴朗，青滩附近的南河河道出现几块巨大的石头，河流被生生截断，船只不能上下，持续多日。船老大和当地老百姓焦急万分，而官府又无所适从。为了活命，他们纷纷许愿，在青滩的南河边建庙祭祀水神杨泗。

青滩杨泗庙坐西朝东，西靠山梁，东临南河，与南河对岸连绵群山遥遥相望。杨泗庙所在地原为古渡口，有百步梯从渡口直达庙大门前，现因兴修过渡湾电站，蓄水后水位上涨，渡口和通向河滩的百步梯已不存在。庙为四合院式布局，经风雨侵蚀，建筑也仅存零落的半间正殿和残垣断壁，满目凋零。

汉江上“万垒云峰趋广汉，千帆秋水下襄樊”的景象已成历史。风流云散，那些青砖黑瓦的斑驳印迹，殿堂戏楼的华美雕刻，一地颓败的断垣残壁，勒石为记的石刻碑帖，似乎还可以为那些帆樯如林、商贾云集的辉煌岁月作证。那些仅存的会馆和杨泗庙还多少保留和延续着昔日的记忆、风韵和血脉，给人慰藉。

第四章
文明纽带

河流是人类文明的基流，没有河流就没有人类的智慧与文明。4.3亿年前的海百合，6500万年前的恐龙化石，100万年前的郧县人，75万年前的梅铺猿人，炎黄二帝的征战杀伐，《诗经》《楚辞》的明月春风，两汉王朝的英雄崛起，唐诗宋词的千年绝响……汉江孕育了古老东方的万象与生机。沧海桑田，万古如斯，奔涌的汉江维系了华夏大地早期的文明交流。

数千年前逐鹿中原、席卷神州的部落征伐，早已隐退在历史的天幕之中，留给后人的只有代代相传的故事和一个共同的名字——炎黄子孙。三千里汉江，四百年大汉，崛起于这片龙兴之地的帝王，创造了中国历史的辉煌篇章。汉中盆地小江南，刘邦经褒斜道越秦岭、出关中，建立了威震天下的大汉王朝。草庐中谋划天下，白帝城一诺千金，诸葛亮在中华数千年的滚滚红尘中，以近乎完人的形象站上了历史巅峰，并把一份深深的遗憾和一个完满的人格留存在了汉江之畔。

汉水流域处于巴蜀、荆楚、秦陇和中原的接壤处，特殊的地理位置在赋予汉江文化独特个性的同时，又使汉江文化更富有多元性和包容性。它与巴蜀文化结盟，与秦陇文化交流，与中原文化汇集，与荆楚文化相承，在兼容、吸收与发展中，展示出其鲜活旺盛的生命力。在战国秦楚之争、秦末楚汉之争和汉朝的历史中，汉江文化彰显风骨；在三国大舞台中，汉江文化更是魅力无穷。地处中国内陆腹地的古老汉江，不仅诞生文明、传递文明，它更像一条神奇的纽带，将中华文明融汇在一起。

第一节　多元一体共交融

放眼全球文明的诞生繁育，汉江得尽天时地利、江山之助。在地球的版图上，许多古老的文明都是沿着神秘的北纬 30°线，开始了自己的文明旅程。汉江，正好处在这条黄金般的北纬 30°文明线附近。秦陇文化、巴蜀文化、荆楚文化、中原文化在汉水流域碰撞交融。

一、敦厚雄健的秦陇文化

秦陇地域是中国古代文化的摇篮与文明的发祥地之一。在按中国地域区分的文化类型里，秦陇文化是典型的农耕与游牧文化交融区，是农业文明与畜牧生活的交汇整合，是两者结合的典范。其代表性文化主要有陇东文化、关中文化、老官台文化、李家村文化、大地湾文化等。

在历史上“秦陇”并称，“秦”作为地名，最早来源于秦人祖先非子受封的都邑——秦城、秦亭，其地在陇东高原（主要包括今甘肃天水、平凉、庆阳三地）、渭河谷地。关于秦人的起源，目前学术界有各种观点，但嬴姓部落正式称为秦人，则是在周天子允许他们“邑之秦”之后。秦从此成为地名，并衍生出秦岭、秦川、秦中、秦凤、秦州等地，泛指今陕西和甘肃汉江、渭河、泾河流域的山脉及平原地带，后西方各国通称东方的中国为“秦”。秦陇文化中的“陇”指陇山以西地区，古代以西为右，又称“陇右”，泛指今甘肃六盘山以西和黄河以东地带，隋唐时期“陇右”的范围又扩大到青海湖以东和新疆东部，辖区远逾今日的甘肃省。在古人眼里，陇山不仅高峻险要，而且是西北农牧的分界线。

秦陇文化作为一种地域性文化，相比齐鲁、中原、荆楚、巴蜀、吴越、岭南、闽台等地方文化，不仅有渔舟唱晚与金戈铁马的南北之差，也有大漠雄风与古雅正声的东西之别，即使在秦汉、隋唐大一统中华文化整体结构中，也有同一共性与独特个性的区别。一部秦陇文明发展史，实际上就是以半农半牧或农牧互补为典型特点的地域文化发展史。从根系或源流上考察，秦陇的黄土文化与滨海文化、江湖文化、草原文化、山地文化、戈壁文化等都不相同，不同的地理环境养育着不同区域的人类。

由于起源早、根系大、脉络清、生命强、延续长等因素，秦陇文化曾长期成为中华多元文化中的主体文化，其领先地位、中心传播、表现形态也曾不断对全国各个地域文化的发展产生重大影响，直到宋代以后才渐趋衰落，但秦陇文化的地域特征、历史地位仍是联结炎黄子孙的精神纽带。

秦陇文化的形成，与秦陇地区的地理环境息息相关。秦陇地区广袤的黄土高原前后左右连接着河西戈壁莽川、内蒙古大漠草原、晋豫丘陵沟壑、巴蜀秦岭高山，黄河呈“凸”字形两度贯穿秦陇地区。秦陇地区既有千里沃野的平川，地势高坦的塬峁，也有峰高谷深的群山，连绵起伏的峻岭。河西走廊曾是通往西域的狭长大动脉，中亚、西亚的商贸文化来往赖此通行。关中“左据函谷二崤之阻，表以太华终南之山。右界褒斜陇首之险，带以洪河泾渭之川”（班固《西都赋》）。从酒泉、张掖、武威、兰州到天水、西安，皆位于地理要冲，在这种特殊空间条件下形成的秦陇文化，非常有利于中国文化的输出。

秦陇有着典型的农牧混杂特征。在中国古代大地上，北方草原文化、中原农业文化和南方“水”文化都非常清楚，而秦陇地域既有

“农”文化的特点，又有“牧”文化的特征，粟、麦、彩陶与马牛羊皮共存，在新石器时代半坡、姜寨、马家窑、齐家坪等有代表性的文化遗址中，皆发现许多农耕与畜牧并举的实物，这是一种边缘文明与混合文化的典型反映。直到近代，布帛与皮货、粮食与肉干的商贸交易仍是秦陇经济的一种特色。秦岭作为横贯南部的天然屏障，把南北方文化区分开来，而流延陕甘的黄河则没有阻碍西北和游牧文化的冲突与融汇，在古代以陆路交通为主要运输渠道的前提下，秦陇的农牧互补经济对文化的影响是多方面的。

秦陇文化作为中华文化的重要组成部分，源远流长，历经百代沧桑变迁。在秦陇地区发祥产生的典章制度、思想学术、文献典籍、文学艺术等内容，既是地域文化，也是全国文化。尤其是在周、秦、汉、唐时期，秦陇地区常是国都与关内所在地，这使得其文化内涵中全国性的兼容并包相对大于或重于地方特色。

与文质彬彬的中原齐鲁文化和秀丽婉约的江南楚越文化相比，秦陇文化有着雄健磊落、慷慨激昂的独特格调。广阔的黄土农耕环境和严酷的草地游牧生活，造就了各民族杂居交融的秦陇人民，他们具有质朴豪爽、粗犷悍厉的民族气质，洋溢着积极向上、开拓进取的乐观精神。只是宋代以后这种气质和精神才内敛为敦厚沉吟、倔强固执的文化心理。

如果说齐鲁文化的特质表现为重礼仪、重宗法等级和人之道德完善的伦理主义，楚越文化的特征表现为重想象、重抒发情感和人之内在审美的浪漫主义，那么秦陇文化的特色则突出表现为重实效、重结果功利和人之切身利益的现实主义，这就决定了其文化具有与众不同的特征。

在古代交通运输以陆路为基本条件的情况下，秦陇地域依靠丝绸之路促进着东西方文化交流，其中心长安的开放程度超过了其他一些地区，成为周边民族地区和东亚、东南亚、中亚、西亚等地仰慕与学习的对象。因此，秦陇文化的历史地位极高，其在一定历史时期内代表着整个中华文化的水平。

二、神秘灿烂的巴蜀文化

巴蜀文化绵长久远、神秘而灿烂，与中国其他地域文化，如中原文化、吴越文化、荆楚文化一样，是中华文化的重要组成部分。其源头可追溯到新石器时代晚期文明起源之时，从起源到鼎盛，从变革到发展，取得过多方面成就。

巴文化以重庆为中心，巴人在夷城（今湖北宜都）建立了巴国第一个首都。后活动于重庆全境、湖北西部、四川东部、陕西南部及贵州北部地区。蜀则由三个古族融合而成，后成为西周封国，传有“蜀与夏同源”及“禹兴于西羌”等说法，含川西、陕南、滇北一带。战国之后，巴蜀交融。商至西周，蜀人与黄河流域民族已有文化交流。出土的商代后期陶器如深腹豆形器、高柄豆、小平底钵等，虽具地方特色，但铜镞、铜戈、铜矛却为黄河流域常见器型。出土的西周至春秋的玉石礼器与中原所出者一致。

地处成都平原的古蜀国，在古文献记载中一直给人以扑朔迷离之感。三星堆黄金面罩、青铜人头像及种类繁多的青铜器、玉石器的重见天日，揭开了三千多年前古蜀国神秘的面纱，形象生动地展现了一个湮没的内陆农业文明的辉煌。

早在远古时期，古蜀国就拥有了相当发达的文明。考古证明，古蜀国很早就与外界文明有了联系，那些至今仍残留在悬崖绝壁间的栈道孔洞就是例证。

寻觅先人的足迹：沿着蜀道，从陕西眉县开始，穿秦岭到汉中，然后翻越米仓山，从阳平关或者七盘关进入四川；从汉江沿江而上来到上庸城（位于今湖北省竹山县西南），然后往西进入米仓山区，从汉江源头的宁强过七盘关进入巴蜀。

人们普遍认为公元前 16 世纪到公元前 11 世纪期间，中华文明主要在黄河流域，长江流域还处在蛮荒时代。三星堆精美的青铜器和玉器的出土，让人们意识到相当于商周时期的蜀文化已进入文明时期。

早期蜀文化进入文明时期是其本身生产力发展的结果，从发现的文化遗迹、遗物看，蜀文化曾受到过商周文明的强烈影响。现在的四川人，已经习惯把三星堆时期的巴蜀人视为自己的祖先，而且还会生出一种自豪感。现在的四川人若认真追寻自己的祖先，就会惊异地发现，历史的血脉屡次被割断，今日的“四川人”概念是至清朝以后才形成的。

四川在远古的土著民族是鄚姓、僰人、果氏之类的小部落。巴蜀人不是四川的土著，他们始于汉水流域，沿着汉江进入湖北，后来受到楚人的压迫，才由鄂西或湘西进入川东建国。这个迁徙民族在进军的过程中，在吸收大量土著民族文化的同时，也丰富了自己的文化。

商周时期，以蜀族和巴族为主建立的两个王国，与中原的商周王朝有着密切联系。巴国的地域大致在陕南的汉江上游，南及大巴山北缘，东至襄阳，春秋时期有所扩展。秦举巴蜀以后，巴国和蜀国被正式纳入秦国的版图。经过秦代到西汉早期，巴族和蜀族及其他族群已逐渐融合于汉族之中。

考古学上夏商时代的“三星堆文化”或“古蜀文化”“早期蜀文化”，是自 20 世纪 80 年代成都平原广汉三星堆遗址的城址与祭祀坑的发掘后，才被认可的。学术界认为，巴文化、蜀文化、楚文化三者并驾齐驱，但又互相影响和渗透，故有“巴楚文化”与“巴蜀文化”之称。巴文化在商代晚期和西周时期，主要以汉江上游为基本地域依托；春秋时代，巴国文化有所扩展，南及大巴山北缘，东至汉江中游的襄阳；战国初，巴国举国南迁至长江干流，先后在清江、川峡之间至川东立国。这些地方，都留下了巴国文化的大量遗迹。

史载，禹治理大江的洪水，是从江源（岷江）和汉江开始的。《尚书·禹贡》载："华阳、黑水惟梁州，岷、嶓既艺，沱、潜既道，蔡、蒙旅平，和夷厎绩。"[①] 夏禹的历史伟绩在治水，他在古人的眼里是一条会治水的龙。神话传说本是古代历史折射的影子，"夏禹是龙"的传说有它的历史合理性，后人把祖先异化为神物，并不是抹黑，而是顶礼膜拜。

中国古代典籍记载较古老的音乐创作产生于巴蜀，来源于商末巴师伐纣时的"前歌后舞"。汉初，巴蜀舞被刘邦引入宫中，成为宫廷乐舞，既供宫中观赏，也成为接待各国使节贵宾的乐舞。根据考古发掘，巴蜀文化十分丰富，包含巴蜀人诗作、巴蜀国符号文字和青铜文化等内容。

巴、蜀、楚的文化交融，主要导源于巴、蜀、楚之间的人群往来、族群迁徙以及频繁持久的和战关系。三星堆文化时期，古蜀王国中可能还有一定数量的人员从事渔猎活动。二号坑出土的青铜戈，可用于军事作战，也可作为打猎使用的武器。根据文化演变的一般规律来看，20世纪70年代，襄阳汉江边山湾东周墓葬出土的柳叶形剑、内上阴刻虎纹的戈、隆脊带血槽的柳叶形矛，以及荆门出土的战国兵辟太岁戈等，均属典型的巴蜀式器物。这是文化交流的必然结果。从巴蜀式器物的分布范围及其年代早晚关系，不难看出巴蜀文化从汉中之东南迁三峡地区的历史陈迹，以及回流汉江中游的历史过程。

长江中游的江汉地区和三峡地区，有大溪文化、屈家岭文化、龙山

---

① 冀昀. 尚书［M］. 北京：线装书局，2007：41.

文化三种新石器时代遗存。此外，在鄂西北和豫西南的汉水流域，存在着具有较浓厚地域性元素的仰韶文化遗址。三种文化相互交流、相互影响，同时又有着继承发展的关系。夏与蜀、巴与蜀、蜀与楚，既文化同源，又各自独立发展，在发展中又不断交往交流。当然，文化交流常是双向的，尤其是在实力相当时，文化传播的辐射力也会旗鼓相当。

三、浪漫瑰丽的荆楚文化

荆楚文化是周代至春秋战国时期在汉水流域兴起的一种地域文化。通俗地讲，荆楚文化是指以当今湖北地区为主要辐射地的古代荆楚历史文化，古代的“荆楚”概念，其地域范围大致以今湖北省行政区划为主。荆楚文化源远流长，博大精深，继承了许多商周文化特点，有鲜明的地域特色，是华夏民族文化的重要组成部分。“书楚语，作楚声，纪楚地，名楚物”（《东观馀论》）的《楚辞》被视为中国浪漫主义文学的源头，与其他楚文化精华一起，构筑起瑰丽奇异的楚地文明。

荆楚文化是中国古代文明史上的一朵奇葩。青铜冶炼、丝织刺绣、漆器美术、编钟乐舞、屈骚宋赋、老庄哲学构成了荆楚文化最富魅力的五彩画卷。荆楚文化是在漫长的历史岁月中，不断发展壮大的。按不同时期的特点，可分为滥觞期、勃兴期、鼎盛期和转变期四个阶段。

楚人建国丹阳至周平王三十一年（公元前740年）是楚文化的滥觞期。商周时期，中原民族把长江中游的南方民族称为荆蛮、楚蛮或荆楚，荆楚民族在商代已相当强大，《诗经》曾提到，“挞彼殷武，奋伐荆楚”。周成王分封荆楚民族一支的首领熊绎“居丹阳”，标志着楚国历史的开始。起初楚国在诸侯国中等级较低，控制地域也非常小。西周后期，楚国逐渐强大，通过不断争战，逐渐控制了长江中游地区，成为

“春秋五霸”之一。这一时期，楚国完成了由原始社会向奴隶社会的转变，在兼采华夏文化和蛮夷文化之长的基础上，开始创造自己的特色文化。此时的楚文化与华夏文化尚没有明显而重大的区别，尤其是陶器、青铜器等物质文化方面，但楚文化又显示出了一些自己的特性。崇火崇风好巫、开拓进取、不拘礼法、爱标新立异等特点为后来楚文化的发展奠定了基础。

春秋时期是楚文化的勃兴期。这一时期，楚文化开始呈现出自己鲜明的特点。考古工作者在荆楚地区发现了大量具有鲜明特色的遗址、墓葬等春秋时期的文化遗存，说明最迟到春秋时期，以荆楚民族为主体、以楚国为中心的楚文化体系已经形成。在民族政策上，楚人把自己定位于夷夏之间，实行抚夷属夏的国策。对于所灭之国，楚人的做法是迁其公室，存其宗庙，限其疆土，抚其臣民，用其贤能，而不以俘掠奴隶为好。从官制上看，楚官多称尹，从中央到地方，少有例外。在行政建制上，楚国首创县制，后为各国效仿。在兵制上，称谓、建制也与中原多异。这些大的文化背景已经充分昭示了楚文化的个性与气魄，楚文化也由此成熟起来。

楚民族风俗独树一帜。楚人尚赤，建筑、服饰、器物均以赤为贵。各地楚墓出土的黑底朱彩漆器就是例证。楚人尚东，生之坐向、死之墓向均以东为荣，与周人的面南背北、头北脚南迥然不同。楚人尚左，也与周俗尚右不同。楚人念祖、爱国、忠君比之周人更为突出，他们习惯于用原有地名命名新地，如楚国都城数次迁移却从楚文王“始都郢”后沿用“郢都”的名称就是为了缅怀先祖。楚人历尽艰辛而建国称霸，因而民族自豪感和民族自尊心异常强烈。钟仪南冠面晋，南音不改；屈原成为第一位伟大的爱国主义诗人。这些都是典型的例子。

楚国的物质文化在这一时期开始显示出自己的独特风格。乐器中楚人爱钟，并视之为国家权力的象征。楚钟不仅音色绝佳，而且造型独到，甬钟、钮钟等都有从大到小不可颠倒的组合关系，因而称为编钟。众所周知，编钟是楚国音乐艺术的杰出代表。台榭建筑也有楚人的独创，楚人筑台追求高峻，以纵目远望，楚人修榭追求空灵，而且在建造中还有层台累榭的特点，这一点为后来的南方园林所继承。此外，楚国修城不建池也有别于北方而显示出自己的个性。

战国时期是楚文化的鼎盛期。至战国时代，楚国继续扩张，占有长江中下游的大部分地区，并控制了今河南、四川、贵州的部分地域，成为“战国七雄”中疆土最广阔的国家。随着楚国和荆楚民族由弱小走向强大，楚文化经历了一个产生、发展、传播以及与新征服地域文化交流融合的过程。此时，铜器生产登峰造极，铁器普遍推广，丝织刺绣兴旺发达，漆器木器应运而生，城市建设欣欣向荣，物质文化可算是达到了顶点。与勃兴期明显不同的是，鼎盛期的楚国精神文化大放异彩，给予后世极大的启迪，从哲学到文学，从字画到乐舞，无不独领风骚，彪炳千秋，更为重要的是，楚人的政治社会体制、民族文化心理、日常生活方式等趋于成熟定型。

秦汉之际为楚文化的转变期。秦国灭掉了楚国，并排斥楚文化，使楚文化遭受重大打击。但楚文化的精神因素方面远比物质因素方面根深蒂固，因此楚文化被打而不倒。秦末，楚人刘邦、项羽大兴楚文化，使楚文化有复苏之势，但离开了物质文化根基的楚文化终究是不可能沿着自己的道路发展下去了。汉武帝独尊儒术后，自成体系的楚文化不复存在，但楚文化的某些因子却与传统中原文化一样，成为新的汉文化的组成部分。至此，南北文化相互交融，彼此促进，共同创造着中华民族的灿烂文明。

在中华文化中，荆楚文化自春秋战国时期起，便放射出璀璨夺目的光芒。从主张“天生烝民，有物有则”（《诗经·大雅·烝民》）的尹吉甫，到主张“先成民而后致力于神”（《左传·桓公六年》）的季梁；从帮助越王勾践“施民所善，去民所恶”（《国语·吴语》）的文种，到“上下而求索”（《离骚》）的屈原；从张扬“南方之强”（《礼记·中庸》）的老庄，到两度作楚兰陵令而晚年退居兰陵从事著述的荀况……一代代哲人的深沉睿智，使荆楚文化之树获得丰厚的滋养。荆楚文化所表现的致思方式，在中华文化中，也具有独特的性格魅力。

四、多元一体的郧阳文化

在汉水流域各具特色的区域性文化中，郧阳文化独树一帜，她不仅丰富多彩、历史悠久、底蕴深厚，而且承东启西、勾连南北，辐射辽阔。郧阳文化的本土文化是由“两山一水”的秦巴文化与汉江文化构成的复合体，这是它自身的文化本质，同时它又融合了黄河文化与长江文化两大文化体系的仰韶文化、二里头文化、龙山文化、屈家岭文化、石家河文化等文化成分。

郧阳地区地处中国版图中心，独特的地理区位是郧阳文化多元性形成的重要先决条件。北边有秦岭，南边有大巴山，汉江从中流过，自古以来都是重要的经济、文化、军事枢纽，西通巴蜀、西域、云贵，北连甘陕，东接江淮和辽阔的中原大地，南控长江中下游沿线以及江南的广大区间，触角一直延伸到海外。独特的地理区位使郧阳地区天然地成为勾连南北、承东启西的国家地理中心，成为东西南北文化的交汇处。以黄河流域为中心的中原文化和以长江为中心、以楚文化为代表的南方文化在这里形成交锋的锋面，同时，巴蜀文化、秦陇文化、河洛文化也在这里交融汇集。而且，岭南文化、闽浙文化、江淮文化等，都在这里有典型的碰撞、沉淀和遗存。层次的深厚累积和来源的广泛复杂，形成了多种文化板块冲击郧阳文化的现实，使郧阳文化具有极其广泛的代表性和包容性。

郧阳文化的形成与发展，还得益于四条文化走廊，即汉江走廊、堵河走廊、丹江走廊和随枣走廊。

第一，汉江走廊。汉江流经古郧县地域百余千米，流经郧阳府地域约 200 千米，而在郧阳抚治的 204 年里，几乎整条汉江都在郧阳境内，只差仙桃至汉口的大约 80 千米河段。汉江是秦巴谷地和江汉平原的主要航道。上接汉中、下连武汉，有史以来，直到 20 世纪下半叶，一直是航运的主河道。而且汉江是汉民族的母亲河之一，是汉民族的发祥地之一。它不仅是郧阳文化形成和发展的走廊，也直接滋养着郧阳文化发育。从汉江文化层面上讲，郧阳文化是汉江文化的一个组成部分。

第二，堵河走廊。堵河自古就是连接秦国与楚国、麇国与庸国、中原与巴蜀的水上通道。山里的木材、毛皮和药材等山货，山外的粮食、布匹和器具等生产生活必需品，经堵河进出。由于古庸国与古巴国接壤之地的重庆巫溪县大宁厂产盐，而且是秦巴山区和武陵山区最大的盐场之一，因此堵河除了运送山货外，还成为盐业运输的主要河流。在近 3000 年的岁月里，大宁厂的盐由一代又一代的盐客挑过堵河和大宁厂之间的大山，在堵河源头一个叫作老码头的地方装船，之后顺水而下。盐船进入汉江后，向上运往郧西、白河直至汉中一带，向下运往荆襄和汉口一带。由于堵河地位的重要性，三国时期以堵河进入汉江的河口区域为中心设立堵阳县。

第三，丹江走廊。丹江是连接陕、豫、鄂的主要航运水道。丹江早在春秋战国时期就已经通航，秦国与晋国联合伐都国、秦楚丹阳大战，都发生在丹江流域。从关中到秦巴谷地的货物交流、贸易往来，除仅有的几条官道之外，大多是通过丹江水路完成的。历史上几次流民潮，不少北方流民正是通过丹江进入荆襄山区。历朝历代都有许多秦人在郧阳开商号酒肆，其中大多数人也是通过丹江经均州到郧阳。时至明清，这条水道发展到了鼎盛时期，沿江诸码头都是帆樯如林，鄂、豫、陕三省交界处的淅川县荆紫关码头，常常出现泊船百只的繁荣景象。

第四，随枣走廊。随枣走廊指的是大洪山和桐柏山之间随州至枣阳的平川，呈东南—西北走向，东南起自安陆，西北止于唐白河，是长江文化和黄河文化、江汉文化和中原文化联结的纽带与沟通的桥梁。还在人类的采集时期，中原人就通过随枣走廊进入巴山东端的神农架、大洪山及江汉平原，这在江汉地区和鄂西北地区史前考古的文化序列里可以得到印证。夏商时期，黄河文化对汉水流域的影响不断增强，在陶器的制作技艺上表现得尤为突出。在西周以来的相当长时期里，中国政治中心一直处在西安和洛阳之间的关中和伊洛地区，南北交流主要依赖汉江和随枣走廊。目前在随枣走廊上发现的文化遗址有 700 多处，从发掘情况看，时代序列清楚，充分证明随枣走廊历代都是文化大通道。秦统一中国后，从汉唐到明清，随枣走廊始终是连接中原和湖广的交通要道。

除上述四大走廊外，还有许多驿道、官道、盐道和神道。驿道主要有向东通往均州、向北通往淅川、向南通往房陵的三大驿道体系，如今的梅家铺、界山铺等地名都是当年的驿站名。明朝在郧阳抚治期间又开辟了通往汉中、西安、南阳和夔州等地的四条官道。盐道主要在神农架西北坡和巴山东端余脉的大山中。在郧阳境内的神道，主要是在修建武当山古建筑时期形成的自古均州至淅川的北神道，刁家店青塘建有烧制修建武当山道教宫殿所用琉璃瓦的窑群。这些驿道、官道、盐道和神道，促进了郧阳文化的发展，也促进了汉江文化的交融。

第二节　色彩斑斓存奇葩

汉江，守护着风和日丽的净土，吐故纳新，接纳四方来客。世界之大无奇不有，汉江之浩渺亦然。在汉水流域色彩斑斓的文化传承中，摘取几枝璀璨的花朵，让我们一起来想想茶马古道的艰辛，看看民间皮影的瑰丽，遥望牛郎织女的浪漫，踏寻万里茶路的足迹，叩问久远方国的余音，聆听创世神话的传奇吧！

一、茶马古道穿陕南

茶马古道是中国特有的交换经济即茶马交易的产物，茶马古道起源于唐宋时期的“茶马互市”，至清代止，历经岁月沧桑近千年。海拔 4 千米以上的康藏属高寒地区，当地的人们需要摄入含热量高的脂肪，一般以糌粑、奶类、酥油、牛羊肉等为主食，但没有蔬菜，过多的脂肪在体内不易分解，而茶叶既能够分解脂肪，又能防止燥热。藏区产良马而不产茶，内地很多地方民间役使和军队征战都需要大量骡马，但这些地方不产良马，明代就有“骁腾可用者不逾陕西”（《明史・食货志》）的说法。于是，具有互补性的茶和马的交易即“茶马互市”便应运而生。

从宋代以来就实行的用陕西茶换取边外少数民族战马的“茶马交易”政策，到明代更上升为国家安边的基本政策，受到中央政府的高度重视。明代文学家汤显祖在《茶马》诗中这样写道:“黑茶一何美，羌马一何殊。”为运送陕西茶到边疆，遂形成紫阳—汉阴—石泉—西乡—城固—汉中—略阳—凤翔—河州（今甘肃省临夏回族自治州）—兰州的中国历史上第一条茶马古道，它对于促进西部经济发展，保证边疆安全和民族团结起了极为重要的作用。

陕南从汉唐以来就形成以金州（今陕西省安康市）为中心的紫阳茶区，包括紫阳、汉阴、石泉、西乡、城固、汉中以及四川保宁府（位于今四川省东北部）的部分产茶区县。紫阳已成为中国著名的茶叶产区之一，所产“宦姑紫茶”已是覆盖西部、名震全国的名牌产品。

陕西是全国饮茶和植茶最早的地区之一，迄至秦汉，秦并巴蜀，使饮茶开始在民间风行。顾炎武在《日知录》中说:“自秦人取蜀而后，始有茗饮之事。”隋唐时代，饮茶更是以陕西为中心遍及全国。唐朝在陕西汉水流域设金州，其境内“西城、安康二县山谷”为唐代陕南茶区的一部分。宋代，包括今紫阳茶区在内的利州路和成都府路 11 州的茶产占全国 60% 以上。

陕西植茶在明清两代得到大发展。明承宋制实行“茶马法”。由于地理位置和茶叶品质方面的原因，朝廷十分重视陕川之茶。《明史・茶法》除末尾一段提到其他茶区以外，几乎全部篇幅都记载了陕、川茶叶的史实。“中茶易马，惟汉中、保宁，而湖南产茶，其直贱”①，文中所称“汉中”，当指汉江中上游的大片地域，而非仅限于今汉中地区。至清代，陕南唯紫阳茶有名。

紫阳茶的销售，历史上以陕西、甘肃、宁夏、青海、新疆和楚豫地区为主。紫阳茶行销甘、宁、青、新，县境内有水旱两条路线。出县后分别在西乡、汉中、十八里铺（今铺镇）会合，再继续向西。

旱路自紫阳至西乡，沿途山路崎岖，人力负担重，甚为辛苦。但因路程不甚远，十日以内可达；又较少风险，不似水运，茶叶常因受潮而

① 张廷玉，等. 明史（全二十八册）［M］. 北京：中华书局，1974：1953.

遭受损失。故虽有汉江航道，而人力背运者仍很多。特别是春季，茶叶初上市时，船运途中费时费日，商人为抢高价，常常购数十公斤茶叶即背负前往西乡。任河流域的茶商走亮垭子，经镇巴观音堂、魏家滩、兴隆场、大河坝、平安场、两河口进入西乡县境，又经洋溪河、马家湾、堰口到达西乡县城。也有一些商人至观音堂后转而向东北经大市川、五里坝、木竹坝到达西乡县城。而任河流域八庙、白鹤一带的茶商，则走田坝河、巴庙、西河、五里坝到西乡。

任河流域自瓦房店以下及汉江沿岸茶商多走水路。自紫阳境内溯江而上，经石泉、洋县、城固而至十八里铺及汉中，或至西乡境后改装小船转沿牧马河抵西乡县城。水路运茶叶所需时间较长，时间短则一个月左右，长则三个月之久。汉江上游沿途险滩甚多，稍有不慎，便有翻船之险，茶叶也常常因受潮而变质发霉，但水路运费低廉。以 1938 年为例：自紫阳至南郑，每百公斤茶陆运费用二十六元，而水运仅十四元左右。同时，水路运茶受季节影响。春、冬汉江水枯时，船只上行只能到达十八里铺，十八里铺以上无法通航，只有涨水时才能到达汉中。故每逢枯水季节，凡运茶船都将茶叶卸在十八里铺，这便是十八里铺成为紫阳茶叶重要集散地的原因之一。

茶叶自紫阳境内经水、陆两路进入西乡、十八里铺、汉中三处重要转运地后，又经西北茶商之手，经两条路线进入大西北地区。一条沿褒斜道经留坝、凤县、两当到达天水，到天水后又分两路：经清水到达庄浪等地和经甘谷、武山、陇西、临洮到达临夏。另一条经勉县、略阳、徽县、成县、西和、岷县到达临潭一带，茶叶到达临夏、临潭等地后，大部分就地销售，另有一部分转销至河西走廊、塔里木盆地乃至更远的地区。

陕南茶马古道途经之处，人文景观内涵丰富，数千年历史文化的积淀造就了众多名胜古迹，如安康道教石窟香溪洞、旬阳千佛洞、汉阴明城墙、白河石长城遗址等，尤其是两汉三国的一些重要文化遗迹，保存完好。茶马古道是陕南自然与人文旅游的一条重要线路，自然界奇观、人类文化遗产、古代民族风俗痕迹似星辰一般流散在茶马古道上。它是历史的积淀，蕴藏着人们千百年来探索世界的活动痕迹和对美好生活的执着向往。

二、民间瑰宝灯影戏

灯影戏又称影子戏、皮影戏、土影戏、皮囡头戏，是一种借助灯光把皮制或纸制的人物剪影形象投射在半透明的幕布上供观众欣赏的，集造型艺术、表演艺术、音响艺术于一体，以声带画、声画统一的综合艺术。中国皮影戏的发源地为陕西，自周、秦、西汉以至隋唐，以当地为最盛。中国皮影戏从元代起，随着军事远征和海陆交往，相继传入其他国家。从世界范围看，从 18 世纪的歌德到后来的卓别林等世界名人，对中国的皮影戏艺术都曾给予了高度评价。2011 年 11 月，中国皮影戏被列入《人类非物质文化遗产代表作名录》。

在进行皮影戏表演时，艺人们在白色幕布后面，一边操纵戏曲人物，一边用当地流行的曲调唱述故事，同时配以打击乐器和弦乐，有浓厚的乡土气息，正所谓“一口叙说千古事，双手对舞百万兵”。皮影戏是中国民间工艺美术与戏曲巧妙结合而成的独特艺术品种，是中华民族艺术殿堂里不可或缺的一颗精巧明珠。

两千多年前，汉武帝爱妃李夫人染疾故去，武帝因思念心切而神情恍惚，终日不理朝政。大臣李少翁一日出门，遇孩童手拿布娃娃玩耍，影子倒映于地栩栩如生。李少翁心中一动，用棉帛裁成李夫人影像，涂上色彩，并在手脚处装上木杆。入夜围方帷，张灯烛，恭请皇帝端坐帐中观看。武帝看罢龙颜大悦，就此爱不释手。这个载入班固《汉书》的故事，被认为是皮影戏的渊源。这也足见皮影戏至汉代已有了一定的发展。

唐代佛教盛行，陕西各地佛教寺院常用“变文”和纸剪影人进行佛经的“俗讲”，于是在民间便出现了以通俗化佛经故事为内容的影戏形式。宋耐得翁《都城纪胜·瓦舍众伎》云：“凡影戏……初以素纸雕镞，后用彩色装皮为之，其话本与讲史书者颇同，大抵真假相半。”明清时期，陕西皮影戏箱的规模之大，皮影制作工艺之精，皮影戏班社及剧目之多，音乐唱腔之美，均超过前代。当时，陕西的五十多个剧种中，以皮影戏形式演出的就占了一半，其中阿宫腔、碗碗腔、弦板腔、老腔、关中道情、陕南道情等，均专唱皮影戏。各剧种皮影戏剧本和剧作大量涌现，仅阿宫腔流传的脚本就有百多个，渭南著名剧作家李鹏（李十三）创作的皮影戏“十大本”（珮、配、庙、钗、钿、宫、莲、媒、驹、庵），在陕西广为流传，后形成了专门撰写皮影戏的一股力量——渭北派。清光绪年间，以弦板腔演出的职业皮影戏班在关中盛行，相继出现了“西府四大班”，即礼泉县杨五班、兴平县（今兴平市）天训子班、咸阳市刘子和班、兴平县换印子班，以及后来名冠西北的礼泉县王天德皮影戏班。后来，秦腔皮影、灯盏头腔皮影、碗碗腔皮影发展到鼎盛时期，千阳、眉县、韩城、兴平、商县等地有皮影戏班百余个，演职人员近千人，常演剧目200多本，出现了一大批著名皮影戏艺人。从20世纪40年代开始，陕西皮影戏逐渐衰落，大部分皮影班社解体，艺人星散。中华人民共和国成立后，在“百花齐放，推陈出新”文艺方针的指引下，皮影艺术迅速恢复，陕西各地职业皮影社和民间皮影班社纷纷建立，并招生授徒，重回舞台，这一古老艺术又绽放出鲜艳花朵。

陕西皮影制作年代久远。历史上不仅有专业制作人员，也有专业作坊。长期以来，形成东、西不同路的制作风格和特色。东路以华县（今陕西省渭南市华州区）为代表，工艺精细、俏丽、纤美、优雅。西路制作工艺的特点是皮影体形高大、雄伟壮丽、造型美观、色彩鲜艳。如今，皮影雕刻已成为陕西独具特色的艺术品和工艺纪念品。

汉水流域中下游的湖北，皮影戏也很有特色。湖北皮影戏主要分“门神谱”（大皮影）和“魏谱”（小皮影）两大类。“门神谱”主要集中在江汉平原的沔阳（今湖北仙桃）、云梦、应城等地，以及黄陂、孝感、汉川等地的部分地区。“魏谱”分布在鄂北和鄂西北的竹溪、竹山、谷城、保康、远安、南漳、襄阳、随州一带，其形制、风格与陕豫皮影相似，是陕、豫、鄂三地民间文化交流融合的结果。

身高七八十厘米的江汉平原“门神谱”是湖北皮影的主流，它比四川、陕西皮影高四寸，高大的尺幅使其在视觉上更清晰。江汉平原地处荆楚腹地，北依汉江，南贯长江，是荆楚文化的发源地，楚文化底蕴丰厚，古代的青铜、竹木硬雕和皮革、沔阳雕花剪纸等软雕工艺为皮影的诞生提供了良好的前提条件。2012 年 7 月，中央电视台《远方的家》栏目《北纬 30°·中国行》摄制组走进仙桃，专题拍摄了沔阳皮影戏纪录片，并向海内外播出，极大地提升了沔阳皮影戏的知名度。现在仙桃市共有皮影艺术团 20 多个，皮影艺人近 300 人，常年活跃在街头、乡里，往日的“五里三台唱花鼓，村村垸垸演皮影”的盛景，又在仙桃大地重现。而据说早在明成化年间，鄂西北的竹溪丰坝乡和中峰镇就有了皮影戏班。鄂西北一带有“西革”“汉革”两种影戏班。“西革”影偶小巧，唱山二黄腔，属陕西影系；“汉革”影偶较大，唱本地高腔，属江汉平原影系。

三、牛郎织女七夕美

“维天有汉，监亦有光。跂彼织女，终日七襄。虽则七襄，不成报章。睆彼牵牛，不以服箱”①，这是《诗经》中的诗句，描写的是家喻户晓的牛郎织女的爱情故事，同时也表达了古人对于天上银河的浪漫想象。在先辈眼中，银河是与大地相连的，连接它的是一条地上河流，这条河流就在中国，这条河流就是汉江。

数千年来，汉江一直流淌在秦岭荆楚一带，如诗如画的江水里面，始终涌动着先秦文化、荆楚文化、中原文化、三国文化、七夕文化的倩影，这里不仅留下了《诗经》里“关关雎鸠，在河之洲；窈窕淑女，君子好逑”的情人相恋的足迹，还显现着汉江神女靓丽的尊容，更蕴含着汉江七夕文化之谜。

行走在江汉地区，可以发现湖北云梦出土的战国末年至秦初的竹简上刻有“戊申、己酉，牵牛以取（娶）织女，不果，三弃”② 的字样，成为七夕文化的文物记载；可以发现自汉代流传入世以来，历代的文人吟咏的七夕诗词歌赋多达3000余篇。

汉江中上游的郧西县便与七夕文化有着深刻的联结。郧西县境内有一条河流名天河，该河不仅在河名上与牛郎织女故事中的天河吻合，而且这里流传着许多关于牛郎织女、“天河”的神话传说。在汉水流域很多地方，七夕节就是女儿节，一些怀春的少女每到七夕常常相约对月暗许美好的愿望，希望能够找到意中之人。

---

① 缪天绶. 诗经［M］. 张喆，校订. 北京：商务印书馆，2018：40-41.

② 陈伟，彭浩，刘乐贤，等. 秦简牍合集：释文注释修订本（第1、2辑）［M］. 武汉：武汉大学出版社，2016：399.

"迢迢牵牛星，皎皎河汉女。纤纤擢素手，札札弄机杼。终日不成章，泣涕零如雨。河汉清且浅，相去复几许？盈盈一水间，脉脉不得语。"（《迢迢牵牛星》）

四、万里茶道大连通

很多人知道中国古代有丝绸之路，却不一定知道，从18世纪中叶到20世纪初，在中国北方草原有一条纵深通向蒙古高原和西伯利亚腹地的驼道——万里茶道。这条贯通亚欧大陆的茶叶之路，是继丝绸之路之后又一条国际商路，虽然其开辟时间比丝绸之路晚了一千多年，但是其经济意义及巨大的商品负载量，可以与丝绸之路比拟。

这条繁荣了近200年的国际商道，源头在汉江与长江交汇处的汉口，它在清代是江南大宗茶叶外输的加工与集散地。中国茶叶主要的产区如福建、浙江、云南、贵州、湖南、湖北等，都在汉江之南，茶叶北运过程中，水路成为最佳选择之一。

从汉口出发的主要商路有两条。一条经汉江运至襄阳和河南唐河、社旗，再由骡马驮运北上，经洛阳，过黄河，越晋城、长治、太原、大同、张家口和归化（位于今呼和浩特市），再改用驼队穿越荒原沙漠，最后抵达边境口岸恰克图交易。俄商再贩运至伊尔库茨克、乌拉尔、秋明，直至遥远的圣彼得堡和莫斯科。另一条从汉口顺长江而下至上海，转运天津，再由陆路运至恰克图转输西伯利亚。京汉铁路通车后，汉口的茶叶输出又增加了一条更为便捷的途径，即通过铁路运至华北，再由驼队运往蒙古和西伯利亚，并由此形成了一条由南到北经西伯利亚直达欧洲腹地的国际性茶叶商路。

当年万里茶道的经营者是晋商。晋商每年深入江南产茶省区收购茶叶，并在当地投资设厂。起初，晋商主要采买福建武夷山的茶叶，茶市设在福建崇安的下梅镇，水陆转运至汉口集中再北运。清咸丰年间，受太平天国兵火影响，茶路一度中断数年，晋商遂改为采运两湖茶，以湖南省安化县、临湘市聂家镇和湖北省赤壁市羊楼洞、崇阳县、咸宁市的茶，就地加工成茶砖，由水陆两路运至汉口集中。

数据显示，1871—1890 年，每年从汉口港出口的茶叶均在 200 万石以上。这一时期，中国出口的茶叶垄断了世界茶叶市场的 86%，而由汉口输出的茶叶则占国内茶叶出口总量的 60%。茶叶成为近代汉口市场第一大输出商品。汉口也因之成为中国茶叶最大的集散地之一，最大的国际茶叶交易市场之一。

中俄茶叶贸易，在历史的风风雨雨中持续了近 200 年，为推动中俄经济贸易关系以及对中国内地的种茶业、茶叶加工业和运输业的发展作出了积极贡献，有力促进了中国中原地区与俄国西伯利亚地区经济社会的发展，加深了中华文化与俄罗斯文化的交流。这条曾繁荣一时的文化与商贸之道，虽然在 20 世纪初淡出历史舞台，但是它是沟通中国中原文明与欧洲文明的一条重要的交通线。

2012 年 7 月，国家文物局在湖北赤壁召开了万里茶路沿线福建、江西、湖北、湖南、河南、山西、河北、内蒙古八省区的文物局局长会议，专题研究将中俄茶叶之路定名为“万里茶路”，将它沿线的文化遗存定名为“万里茶路文化线”，要求各个省区对沿线的物质与非物质文化遗存严加保护，争取申报世界文化遗产。这是国家有关部门对这条古老的商道进行保护和开发采取的第一次重大举措。2013 年 9 月 10 日，第二届“万里茶道”与城市发展中蒙俄市长峰会在内蒙古二连浩特市落幕。茶叶之路沿线 31 个城市的代表（市长）共同签署了《万里茶道沿线城市旅游合作协议》《万里茶道共同申遗倡议书》。

五、民族史诗《黑暗传》

每个古老伟大的民族几乎都拥有自己的史诗。古希腊有《荷马史诗》，中国藏族有《格萨尔》，蒙古族有《江格尔》，柯尔克孜族有《玛纳斯》。20世纪50年代以来，中国南方许多民族地区，也发掘出一系列神话史诗，如苗族的《金银歌》《古枫歌》《洪水滔天》，瑶族的《密洛陀》，彝族的《梅葛》，彝族阿细人的《阿细先基》，纳西族的《创世纪》，白族的《开天辟地》，壮族的《布洛陀》，拉祜族的《牡帕密帕》，阿昌族的《遮帕麻和遮咪麻》等。但唯独汉民族没有发现自己的神话史诗。

20世纪80年代，神农架发现的手抄本《黑暗传》终于改变了这种局面。《黑暗传》先后计有20余种文本被发现，计3万多行。《黑暗传》的问世，曾轰动一时，至今仍是史诗学界研究中国史诗的极其重要的文献资料，它被公认为是古老史诗中一块罕见的璞玉，是汉民族最早的血脉和记忆。

内容古朴庄重的《黑暗传》，实为歌中之王，只有资格老、才学高的大歌师才能演唱，抢先唱《黑暗传》被视为“巴大”，遭人看不起。正因为如此，民间才把《黑暗传》歌本精心传抄，并当作传家宝般世代珍藏，秘不示人。

从天地起源、盘古开天，到大洪水和再造人类，以及三皇五帝的出现，全文以七字一句的歌谣体形式叙述了史前至明代的重大历史事件，生动形象地描绘了盘古开天辟地结束混沌黑暗、人类起源及社会发展的历程，覆盖中华文明代表性符号原型与主题，比现存史书记载更生动翔实，是研究中华文明发轫及创世的活化石。

《黑暗传》故事上起宇宙起源，下迄大禹治水，是一部史前社会的神话史诗，创造了一个系统、完整的创世体系。中国各地区、各民族大都有自己的创世神话，但流传下来的却多是一些片段，不成体系，《黑暗传》则将创世历程依序分为“先天”“后天”“泡天”“治世”四大阶段，每个阶段都有具体的人物和完整的情节。

“先天”以黑暗、混沌、玄黄三位始祖的更替为主线，演绎了地球形成前的宇宙渐变情景；“后天”以盘古故事为主线，演绎了天地形成、日月升空、光明现世的艰辛过程；“泡天”以洪水故事为主，演绎了人类社会形成以前所遭受的几番劫难；“治世”则以三皇五帝故事为主，演绎了原始文明的创造历程。

《黑暗传》之所以被称为汉民族的创世史诗，是因为它符合创世史诗的主要特征。从形式上讲，它是通过歌手演唱的长篇诗歌；从内容上讲，它反映的是整个民族的创世历史。整个唱本内容包括了宇宙和地球的形成、人类的起源、社会的进化、三皇五帝的来历，以及此后各个历史时期的人物和事件，其如同一部唱词版的中国通史。“开了歌头莫住声，要唱古往与来今。或唱天文与地理，或唱日月并五星。或唱昆仑与五岳，或唱开天辟地人。或唱稀奇并古怪，或唱黑暗与混沌”①，一部《黑暗传》，以通俗的民歌形式，唱出了盘古、女娲、伏羲、炎帝、黄帝等众多英雄人物在原始洪荒时代艰难创世的一系列神话传说，对于研究中国古代神话、历史、文艺、宗教、民俗等都具有重要价值。2011 年，《黑暗传》被列入中国第三批国家级非物质文化遗产名录。

---

① 胡崇峻. 黑暗传［M］. 武汉：长江文艺出版社，2002：16.

《黑暗传》的发现与出版，对于中国文学史贡献殊多。第一，《黑暗传》集上古神话故事之大成。从黑暗老祖到三皇五帝，计有上百个神话人物、数百个神话故事，其绝大多数都不见经传。古代典籍上有记载的也都是零零散散、残缺不全，可在《黑暗传》里它们都被组合起来，形成了一个整体。这些整体不仅有血有肉、形神兼具，而且还补充了中国传统神话故事情节和细节的不足。如在《黑暗传》第四部分“人祖创世”中，唱女娲的诗多达 500 余行。第二，《黑暗传》填补了我国汉民族英雄史诗的空白。《黑暗传》后半部关于三皇五帝等历史传说人物的记载，就可以视为中华民族的英雄史诗，是中华民族著名治世英雄生平业绩的民歌专章，诸如对女娲、伏羲、神农、轩辕黄帝等民族始祖的讲述都尽纳了史籍记载和民间传说的精华，补足了一般神话记载的缺漏和不足，甚至补充了不少闻所未闻的情节和事件，塑造了丰满的人物形象，展开了完整的故事情节。第三，《黑暗传》极大地丰富和补充了我国汉民族创世神话的宝库。第四，《黑暗传》能启迪我们对宇宙和人类社会起源问题的思考。第五，《黑暗传》为我们研究史前社会的历史提供了宝贵资料。

此外，《黑暗传》具有广泛深远的历史文化和思想哲学影响，其价值主要体现如下：一是追根溯源、探索究竟，寻找并定位民族历史和灵魂较早、较远的根须；二是慎终追远、报本反始，引导民族探究历史并感念天地苍生，孕育并强化民族古老的、本能的感恩心；三是昭示并强化一种与世推移、因时顺变的文化自觉，一种顺应自然、回归自然的文化理想，一种服膺天地自然律令的高境界的文化原则。

第三节 群雄逐鹿在天元

位居中国版图天元位置的汉江，自古以来就是各种政治力量征伐角力的舞台。汉江丹淅之间的河流谷地成为春秋战国时期楚国的摇篮，楚文化滥觞于斯。巍巍大汉，把汉族、汉字、汉语这些令汉民族骄傲的文化贯穿神州大地。面对悠悠之水，仿佛能看到河边浣纱的少女，依稀可听到金戈铁马的将士踏水而来。

一、结联盟而成炎黄

相传在上古时代，神州大地上居住着许多分散的人群。他们按照亲属关系组成了氏族，很多氏族又联合起来组成了部落。黄帝、炎帝、蚩尤就是三大部落的首领。

炎帝，姜姓，号神农氏，传说由于懂得用火而得到王位，所以称为炎帝，是中华农耕文化的创始者。炎帝亲尝百草，教人用草药治病；他创造了多种耕作农具，教民垦荒，种植粮食作物；还领导部落人民制造出了饮食用的陶器和炊具。黄帝，本姓公孙，后改姬姓，称姬轩辕，他“生而神灵，弱而能言，幼而徇齐，长而敦敏，成而聪明”[①]，有多项创造发明。

《史记·五帝本纪》载：“轩辕之时，神农氏世衰。诸侯相侵伐，暴虐百姓，而神农氏弗能征。于是轩辕乃习用干戈，以征不享，诸侯咸来

① 司马迁．史记［M］．裴骃，集解；司马贞，索隐；张守节，正义．北京：中华书局，1959：1.

宾从。而蚩尤最为暴，莫能伐。”① 为了对付残暴的蚩尤部落，黄帝和炎帝结成联盟，在涿鹿与蚩尤展开决战。蚩尤部落武器精良又勇猛善战，一度占上风，但炎黄二帝凭借高超的智慧最终斩杀蚩尤。虽然史书中关于战争过程的记载掺杂了后人许多想象的成分，但总体上看，涿鹿之战是真实存在的，且对华夏族的形成和石器时代先民由野蛮时代向文明时代的过渡起到了至关重要的作用，炎帝和黄帝被共同尊奉为中华民族的“人文初祖”。

上古时期的汉水流域应该是炎帝部落活动的区域。因为直到今天，这里仍遗留有许多关于炎帝的传说。如汉江上游的神农架传说是炎帝搭架采药、编写药书、为民治病的地方，汉江中游的谷城据说是因炎帝在此尝植五谷而得名，下游的随州人民坚信自己的家乡就是炎帝的故里。

近代以来，许多历史学家认为炎帝不是一个人的名字，而是一个存在数世纪的炎帝部落的统称。若果真如此，中华大地上出现多个炎帝故里就不足为奇了，大家都希望炎帝是自己的祖先，正说明炎帝坚韧不拔的开拓精神、百折不挠的创新精神、自强不息的进取精神、大公无私的奉献精神已经深深植根于中华民族的精神基因中，成为中华民族长盛不衰的力量源泉。

二、历楚国以看兴衰

楚人以汉江上游的丹阳为起点，取威定霸于春秋战国，开疆拓土，先后统一了 50 多个小国，全盛时领域北至黄河、南至湖南、东至海滨、

① 司马迁. 史记［M］. 裴骃，集解；司马贞，索隐；张守节，正义. 北京：中华书局，1959：3.

西至云南，不仅为中华民族的统一建功立业，而且确立了其文化的历史地位，为同时代的中原许多区域文化所不及，在世界范围内也是独具奇秀、无与伦比的。汉江下游江陵一带有20代楚王建都。楚纪南故城，为当时南方第一大都会，被誉为“南国之壁”、千丈之城、万家之邑。楚国在此带甲百万，车千乘，骑万匹，人口500万众，一座城的人口就占东周列国总人口的六分之一。

在春秋五霸中，有一个另类的霸主——楚庄王，战国七雄中，楚国的国力仅次于秦国，其他诸侯不得不在两个大国的博弈中选择站队，留下“朝秦暮楚”的历史典故。自西周以来的800年中，这个兴起于丹淅之会的小方国以筚路蓝缕的开拓精神开疆拓土，以一鸣惊人的英雄气概称霸神州，为统一的多民族国家的形成作出了巨大贡献。

周平王元年（公元前770年），周平王迁都洛阳，历史进入春秋战国时代，平王三十一年（公元前740年），熊通为楚地之王，继续了熊渠开疆拓土的历程。周桓王十四年（公元前706年），楚国攻打姬姓诸侯国随，并逼周天子晋升其爵位。遭拒绝后，熊通亲率大军再次征讨随国，大获全胜后，熊通自称楚武王，成为天下诸侯中第一个敢于称王的国君。楚成王时，楚国在令尹子文的治理下更显强盛，楚国的大国声威真正建立起来了。周襄王二十年（公元前632年），楚国在城濮之战中失败，北进受阻，便掉头向淮河流域发展。穆王时势力到达安徽中部。楚庄王励精图治，终成霸业。

楚庄王曾率领楚军，浩浩荡荡开赴伊水与洛水之间，对周天子耀武扬威。庄王“三年不鸣，一鸣惊人”，选拔孙叔敖实行文治，革故鼎新，安内攘外，楚国出现了经济繁荣、文化灿烂的鼎盛局面。即位后的第三年，便联合秦、巴消灭了西北劲敌庸、麇，占领今陕西安康一带及大巴山脉西北大片土地。之后，一边向东拓展，把楚界推至今安徽东部与吴越相邻；一边推进北伐，先伐陈败宋，于周定王元年（公元前606年）进兵中原，“遂至洛，观兵于周郊”①，迫使周天子派大臣王孙满前来慰劳。楚庄王竟毫无顾虑地询问象征周王朝权力的九鼎之大小轻重。这便是“问鼎中原”之典故出处。楚庄王又与晋大战于今河南荥阳东北，争得中原霸主地位。

在此基础上，楚国开始向长江下游拓展。其间虽有吴军反击并一度占领郢都之险，但历经共王至昭王，及至楚惠王时期，楚国已得到长足发展。在春秋近300年间，楚国先后兼并了数十个国家。

进入战国时期后，楚国的发展达到顶峰。周安王二年（公元前400年），韩、赵、魏合兵数次攻楚，向楚国提出了严峻挑战。楚悼王谋求富国强兵之道，任用吴起开始变法，并取得了成效，一时间，楚国兵强马壮，横扫中原，初露称雄之势。周显王三十五年（公元前334年），楚威王攻越，杀死越王无疆，原越国所属以江浙为中心的广大地区纳入楚国版图。威王后期，楚国成了七雄中唯一能与秦国抗衡的大国，“筚路蓝缕，以启山林”的楚国至此进入了鼎盛时期。

战国中期，楚国疆域扩张最大时，东临大海，西抵巴蜀，南达两广，北至陕南，拥有今川、鄂、湘、赣、皖、苏、浙、豫、陕、鲁等省的全部或部分，势力扩展到贵州、云南和两广。辽阔的汉水流域、江淮流域、太湖流域、沅湘流域等南方地区100多万平方千米的土地、500万以上的人口统归于楚国。楚国拥兵百万之众，储粮可用十载，昂首屹立于世界的东方。

秦王政元年（公元前246年），秦王政即位，随即开始统一全国的进程。在攻灭韩、赵、魏后，于秦王政二十三年（公元前224年）大举

---

① 司马迁. 史记［M］. 裴骃，集解；司马贞，索隐；张守节，正义. 北京：中华书局，1959：1394.

伐楚，楚国只有招架之功，而无反击之力。秦王政二十四年（公元前223年），秦军席卷淮北淮南，攻陷寿郢，俘获负刍，绵延800年的楚国就此灭亡。

楚国的800年历史，为世人留下许多宝贵的文化财富。曾侯乙墓出土的大量青铜器、玉器、漆器，艺术门类丰富，器物造型完整，工艺奇绝，美轮美奂。其中，以失蜡法铸造的青铜尊盘堪称春秋战国时期最复杂、最精美的青铜器件之一。楚人在广泛吸收和综合利用南北农业文化精华的基础上，创造了筑陂灌田的水利工程，为中国农业发展作出了重大贡献。以《离骚》为代表的楚辞被称为中国浪漫主义文学的源头，对其后产生的汉赋更有直接的影响。除了物质文化遗产，楚国800年历史更为荆楚文化精神的形成奠定了基础。今人将楚文化的特质概括为五种精神：一是筚路蓝缕，即艰苦创业、自强不息的进取精神。二是追新逐奇，即锐意进取、不断开拓的创新精神。三是兼收并蓄，即融汇南北、海纳百川的开放精神。四是崇武爱国，即崇尚武装、热爱祖国的爱国主义精神。五是和谐诚信，即追求和谐、重视承诺的守信精神。瑰丽奇异的荆楚文明，永远是荆楚儿女敢为人先、追求卓越的精神动力。

三、退汉中乃定天下

汉朝与汉江水乳交融，息息相关。汉王元年（公元前206年），刘邦被封为汉王，“王巴、蜀、汉中，都南郑”（《史记·高祖本纪》）。刘邦正是以汉中为基地，筑坛拜将，明修栈道，暗度陈仓，击败项羽，建立汉朝。西汉末年，刘秀兄弟以南阳为基地起兵反对王莽，逐鹿中原，于建武元年（25年）建立东汉。可以说，汉江流淌的是汉朝和汉文化的血液与精魂。

汉楚相争时，刘邦被改封到汉中后，初不欲就国，谋攻项羽，有人进言曰：“汉江上应天汉。汉中，据有形胜，进可攻退可守，秦以之有天下。”[①] 刘邦采纳这条建议，屈就汉王封号，招贤纳士以图天下，同时确定了收用巴、蜀，还定三秦，东向以争天下的方略。刘邦去汉中途中烧毁所过栈道，既防止诸侯军偷袭，又借此表示无东向之意，以麻痹项羽。项羽亦于同时班师彭城。

至汉中后，项羽帐下的执戟郎中韩信因不受重用而弃楚归汉，后经萧何举荐被刘邦任命为大将军。刘邦积极为回师关中做准备。垓下之战，汉军适时发起战略追击，积极调集援兵，多路围攻，以绝对优势兵力全歼楚军，创造了中国古代大规模追击战的成功战例。

四、展忠义名垂青史

提起东汉末年的三国，便使人想到汉江；说到汉江，又使人想起三国。三国时期遍地英雄，汉水流域正是这些英雄一一登场的大舞台，也正是汉江这条神奇的河流，滋润养育了这些时代英雄，丰满其筋骨，孕育其智慧，增长其才干。三国时期的许多著名人物，或生于斯，或活动于斯，或长眠于斯，这条河流更是培育了蜀汉丞相——被誉为中华民族智慧化身的诸葛亮。

诸葛亮龙腾于襄阳，鞠躬尽瘁于汉中。他隐居襄阳十年，作《隆中对》，规划三分天下蓝图；为辅佐刘备复汉，在汉中屯兵八年，六出祁山，北伐曹魏，鞠躬尽瘁，最终归葬于汉中勉县定军山下。

诸葛亮本为徐州琅琊郡阳都（今山东省临沂市沂南县）人，幼年父母双亡，14 岁时随叔父诸葛玄投奔荆州刘表。从定居荆州到走出茅庐，

---

① 江奇涛，求实. 汉武大帝 · 对白剧本［M］. 北京：中央编译出版社，2005：79.

诸葛亮“躬耕南阳”十余年，到27岁刘备三顾茅庐，诚请其出山辅佐，才结束隐居生涯，登上政治舞台。从此义无反顾，一心辅佐刘备及后主，投入兴复汉室的事业，直至亡故。在这片土地上，诸葛亮度过了人生中最为关键的童年和青年时光，他之所以能够成为旷世奇才，与南阳郡（包括今湖北襄阳和河南南阳）独特的地理位置和文化氛围是分不开的。

南阳郡位于当时天下的中心位置，与首都洛阳靠近，又是光武起兵的龙兴之地，自然会受到天下人的重视。东汉末年，刘表任荆州牧，他远交袁绍，近结张绣，内纳刘备，据地数千里，带甲十余万，称雄一方，虽无大志，但保境安民的政绩颇佳。更为重要的是，刘表爱民养士，王粲等不堪战乱的中原饱学之士纷纷慕名来投。对这些不远万里投奔自己的士人，刘表统统给予资助。他还在荆州办学校，兴儒学，荆州宛如战乱中的世外桃源。在这种文化氛围中，诸葛亮一面熟读经史，一面与襄阳名士司马徽、庞德公、黄承彦、徐庶等往来切磋，逐渐成长为胸怀天下的战略家。可以说是南阳郡这块土地滋养并成就了诸葛亮。

诸葛亮躬身垄亩，胸怀大志，自比管仲、乐毅，有安邦定国之才，期待有朝一日施展抱负。建安十二年（207年）冬，刘备三顾茅庐，终见诸葛亮。一见面，诸葛亮就为刘备分析天下形势，分析发展空间，制定战略步骤。诸葛亮对天下形势了如指掌，分析议论高屋建瓴，入木三分，运筹如神。诸葛亮的战略部署，基本上都在汉水流域展开。首先占有汉江中下游的荆州，然后占领益州，最后再以汉江为纽带跨有荆益。如果没有对汉水流域的深刻认识，是不可能做出这样的战略部署的。

诸葛亮一出山，就在三国荆州之争的较量中显示出他不凡的才能。建安十三年（208年）秋，曹操大举进攻荆州，刘备南撤，最后辗转到了夏口，处于十分危急的关头。此时，诸葛亮向刘备请命派他去东吴，说服孙权与刘备一起抵抗曹操。当时若不是诸葛亮说服孙权，很可能就不会有赤壁之战，没有赤壁之战，也就不会有三国鼎立局面的形成。赤壁之战后，诸葛亮全力辅佐刘备在荆州建立自己的基地，先是协助刘备攻取荆州的江南四郡，继而与刘备谋划借荆州对付周瑜的算计，这些显示出他过人的睿智。可以说，刘备能在危急关头转危为安，能在荆州站稳脚跟，都离不开诸葛亮的功劳。

基于对理想的追求与事业的忠诚，诸葛亮同刘备之间，形成了一种肝胆相照、同心相印、相互信任的君臣关系。一个鞠躬尽瘁，一个如鱼得水，成为封建时代少见的君臣相得的典范。诸葛亮献身于兴复汉室的统一大业，为之矢志不移地奋斗终身，鞠躬尽瘁，死而后已，从不放弃自己的理想和事业，体现出具有历史进步意义和民族传统美德的人生价值取向，这是诸葛亮在政治思想上令人尊敬之处。

诸葛亮的一生，与汉水流域有着说不尽的联系。他的事业起步于汉江中游的南阳郡，他的生命终结在汉江上游的汉中。他被封为“武乡侯”，封地也在汉中勉县。汉水流域的乡亲们没有忘记这位重要的人物，如今勉县有诸葛亮墓，汉中、襄阳、南阳都有武侯祠。

第五章
流域览胜

在中国人的心里，山水始终是相关联的，山水连在一起才显其灵性。山依偎着水，水环绕着山，山能理解水的沉思，水能读懂山的无言。水流千里都带着山的气息，山峰护着水的流动，山和水就这样永远相连。

打开卫星地图，从广阔的视角来看汉水流域，可以发现汉江流经之处，除了上游的汉中，中游的南阳、襄阳外，其他地方河流两岸基本上都被或高或低的山系所包围。汉水流域上游南北分列着广袤的大巴山脉和秦岭，中下游的外围，则分列伏牛山脉、桐柏山脉、大洪山脉等。其中秦岭东西一横，山南山北的景观骤然一变，南北两侧大地的构造、气候、土壤、植被等均有很大差异，是中国地理南北分界山脉。

汉水流域有众多奇特的名胜古迹和秀丽的山水风景，山川秀美、物华天宝。丰盈的河水，闪烁着七彩光斑；温暖明亮的阳光，见证了河流、河滩物种和华夏记忆的生长。两岸土地的光辉，成就了流域大地的肤色与面容，编织出华夏精神的脉络与骨架。汉江的水有南方的秀美柔情，汉江边的山有北方的巍峨雄峻。优良的自然地理条件使宗教文化在汉水流域大地得以兴盛繁荣，流域大地上寺庙宫观、庵堂殿宇随处可见。此消彼长的晨钟暮鼓，不但坚毅沉稳地传递着千年历史的厚重恢宏，也日复一日地激荡着多元信仰的和谐共生。汉江山水，得天地之灵气，山川之造化，孕育着流域大地上的那山、那城、那镇，相映成趣，美不胜收，有着让人叹为观止的旷世朗境。

第一节　名山环拱

水是无形的，柔软、清澈、汹涌；山则是有形的，挺拔、敦厚、伟岸。雄、奇、秀、幽、险，这是通常形容山岳景观自然特征的字眼，在汉水流域周边，群山莽莽，座座山峰拔地而起，在不同方位拱卫着汉水流域。

一、南北之界大秦岭

秦岭，这座横亘在中国版图中央的庞大山系，西起甘肃临潭县北部的白石山，向东经天水南部的麦积山进入陕西。在陕西与河南交界处分为三支，北支为崤山，余脉沿黄河南岸向东延伸，通称邙山；中支为熊耳山；南支为伏牛山。秦岭东西绵延 1600 多千米，南北纵深 200 多千米，如波浪起伏，连绵不绝，雄伟壮丽，气势磅礴，被誉为中华龙脉、华夏龙脊、大山之祖、炎黄子孙的父亲山。如果你不走进去，就无从感受它的博大与宽厚。它不仅造就了中国南北迥异的自然生态，也成了八百里秦川的气候屏障和水源滋养地，更成就了周秦汉唐的绝代风华。

秦岭诞生于 7 亿～10 亿年之前，那时的地球还处在地老天荒的混沌时期。伴随着地壳的抬升和塌陷，大小河流在涌动、奔流，生命在毁灭的同时又在诞生。各种植物慢慢地出现在适合生长的地表层上，使大地变得郁郁葱葱。终于，在秦岭山脉出现了蓝田猿人站立的身影。又过了数万年，灞河两岸弥漫起一缕缕温情的炊烟，半坡人以自己的生活、生产方式昭示了新时代的到来。人类开始在这个地理板块上围绕秦岭创造自己的历史。旧石器、新石器、陶器、青铜器……伴随着文字的诞生，这里历史的演进脉络与悲欢离合逐渐变得清晰起来。

中国古代较早记述秦岭的文字出现在两本书里，分别是《山海经》和《禹贡》。《山海经》称得上是一部千古奇书，有关它的作者和成书年代至今都还是谜。《禹贡》将中国山脉的布局说成是一个“三条四列”的系统，其中秦岭被列为中条。1868 年 9 月，德国地质学家李希霍芬来到中国，在秦岭南麓开展了卓有成效的地质考察工作，后出版了著名的地质学著作《中国——亲身旅行的成果和以之为根据的研究》。从此，真正具有地质学意义的秦岭同李希霍芬的名字一起为世人所知。

秦岭处在中国南北自然地理的分界线上，由于秦岭南北的温度、气候、地形均呈现差异性变化，因而秦岭—淮河一线成为中国地理上重要的南北分界线。它还是长江支流汉江、嘉陵江与黄河支流渭河的分水岭，陕西省内关中平原与陕南地区的界山。对南方与北方而言，秦岭就像一位劝架者，用自己的身躯将争吵不休的双方分隔开来。那天然屏障似的隔离，让南方和北方各自有了主张。于是，便有了地域文化差异和水系自然风情的不同，有了大地的异彩纷呈和五彩斑斓。而作为大自然的分界线，秦岭总是力求公平的，它给了南边温文尔雅，便给北边以粗犷豪放；它让南边山系的水往南而去，北边山系的水向北而流，它用自己丰腴的身体、博大的胸怀养育着三秦儿女。

秦岭还是一座历史文化宝库，其博大的胸怀包容了历史的变迁，吐纳着世人的沉浮，传承着五千年的文化。因为有秦岭的气候屏障和水源滋养，才会有八百里秦川的风调雨顺，才会有穿越千年时空流传后世的大汉文化。

太白山是秦岭主峰，高 3771.2 米，雄踞于秦岭中西部。《魏书·地理志》在介绍太白山名含义时云：“其山冬夏积雪，望之皓然，故名。

或曰，初有金星坠圭峰西，其精化为白石，若美玉焉，故名太白山。”如果说秦岭宛若巨龙，横卧神州大地，那么太白山就势如龙首，雄踞群山之巅。太白山是中国大陆青藏高原以东第一高峰，为历代文人所向往。李白在《登太白峰》中写道：“西上太白峰，夕阳穷登攀。太白与我语，为我开天关。愿乘泠风去，直出浮云间。举手可近月，前行若无山。一别武功去，何时复更还？”① 苏东坡赞其“岩崖已奇绝，冰雪更琱锼”②。太白山千姿百态、奇妙绝伦的地貌风光，都是大自然丹青妙手、鬼斧神工雕绘出的一幅壮丽的生动画卷。从南坡而下，冰缘地貌造就的地质大观尽收眼帘。山体雪线附近，在第四纪古冰川侵蚀作用下形成以拔仙台角峰为中心的冰蚀槽谷、冰斗湖、石海、石河、石环、石瀑布等冰川冰缘地貌，壮观得动人心魄。冰斗冰蚀湖是独具特色的景致。位于拔仙台西北侧的大爷海，是冰川消融后积水形成的冰斗湖泊。大爷海东、南、西三面斗壁合围，朝北敞开，夏季丰水期湖面水位增高，湖水通过小沟以瀑布形式泻入槽谷，颇具声色。相传，拔仙台是姜子牙斩将封神之地。

秦岭支脉终南山，处于秦岭中段，是秦岭西自武功县境、东至蓝田县境的总称，横跨蓝田、长安、鄠邑、周至等县区，绵延 200 多千米，主峰海拔 2604 米。从某些角度来说，终南山是秦岭的核心部分，堪称“秦岭的眼睛”。它不仅具有得天独厚的自然环境，而且具有极为悠久的人文历史；不仅是华夏民族文化的主要源头和发祥地之一，而且是中华传统文化核心要素的汇聚融合之地，儒、释、道这些不同体系的文化都起源或汇聚于此。

终南山地形险阻、道路崎岖，大谷有五，小谷过百，连绵数百里。

---

① 赵昌平. 李白诗选评［M］. 上海：上海古籍出版社，2019：117.

② 苏轼. 苏东坡全集：上［M］. 邓立勋，编校. 合肥：黄山书社，1997：16.

它的丽肌秀姿，那真是千峰碧屏，深谷幽雅，令人陶醉。唐太宗李世民颂道："重峦俯渭水，碧嶂插遥天。出红扶岭日，入翠贮岩烟。叠松朝若夜，复岫阙疑全。对此恬千虑，无劳访九仙。"① 李白心驰神往，写道："出门见南山，引领意无限。秀色难为名，苍翠日在眼。有时白云起，天际自舒卷。心中与之然，托兴每不浅。何当造幽人，灭迹栖绝巘。"②

终南山主峰翠华山，秀美的湖光山色和国内罕见的山崩地貌使其以"终南独秀"和"中国地质地貌博物馆"著称。在这块终南山的游览胜地上，汉唐两代曾建过太乙宫和翠微宫，是历代帝王祭祀神仙和游乐避暑之所。翠华山最引人入胜的是峰顶的湫池，湫池群山环峙，碧波荡漾，清明如镜，纤尘不染。

美在于发现，圣在于心里。山水秦岭，伟于山、美在水。当人们在为水而战时，当人们在为生态环境而忧虑时，当人们经历了万分的焦灼和困苦之后，才会清醒地认识到，秦岭真是一座宝库。

二、三水分岭伏牛山

伏牛山位于河南省西南部，是秦岭延伸到河南省的一条重要山脉，西北—东南走向，长 200 余千米，宽 40 ～ 70 千米，形如卧牛，故称伏牛山，它构成了黄河、淮河和长江三大水系的重要分水岭。伏牛山脉北面与熊耳山脉和外方山脉交会，其间无明显界线；南面与南阳盆地相接。山地向东延伸到方城东北突然中断，形成著名的"方城缺口"，缺口长约 30 千米，宽 8 ～ 15 千米，是一条由西南向东北延伸的山间堆积平原地带，缺口东南又是地势起伏的低山丘陵。"方城缺口"是沟通华

① 吴云，冀宇. 唐太宗全集校注［M］. 天津：天津古籍出版社，2004：44.

② 侯立文. 静宁古今诗文集粹 · 太白集注［M］. 兰州：敦煌文艺出版社，2018：225.

北平原和南阳盆地、江汉平原的天然交通要道。伏牛山脉的三大主峰分别为鸡角尖、玉皇顶、老君山，其中鸡角尖海拔 2212.5 米，是伏牛山的最高峰。

伏牛山脉规模巨大，山势异常高峻雄伟，主要是花岗岩山地。其中西北段山体宽阔完整，山势高峻雄伟，由此向东南分支解体，山势也逐渐低缓而分散，变为低山丘陵。

山脉西北段大致位于白河、二郎坪至蛇尾一线西北，被西北—东南走向的老灌河断裂谷地纵向分割成两列规模较大的山岭。山体北面山岭构成伏牛山的主脊，位于栾川以南的部分，当地称之为老界岭，为长江与黄河的分水岭。老界岭山脊狭窄陡峭，多呈锯齿状或锥状，一般北坡陡，常有悬崖峭壁出现，南坡稍缓。这里的山峰海拔高度为 1500～2000 米，部分在 2000 米以上，如老君山、鸡角尖、石人山等海拔都在 2000 米以上。峰顶初夏常见风雪，被称为河南省屋瓴。这里山势高峻，气候湿润，垂直气候变化比较明显，天然植被与野生动物繁多，为一些原始次生林保护较好的山坡地段。

伏牛山脉东南段在玉皇顶以东的主脊分为两支。北支沿南召县与嵩县、鲁山县交界地带，呈东西方向一直延伸到“方城缺口”，长达百余千米，构成长江与淮河水系的分水岭。突出的呈锯齿状的山脊海拔多在 1100 米以上，其中高者可达 2000 米左右。著名山峰自西向东有：海拔 2129 米的龙池墁，海拔 2153 米的石人山，海拔 1577.2 米的松垛，海拔 1134.4 米的关山。鸭河口以东山体破碎，深低山集中分布在白河谷地北侧，海拔 400～1000 米，相对高度 500～600 米，主要由花岗岩组成，山势比较陡峻，山坡坡度较大。浅低山连片分布于沙河谷地南侧的鲁山境内，在焦柳铁路以东方城境内呈断续分布，山势更为低缓，海拔 400～700 米，相对高度 200～400 米。

南支山脉沿南召与内乡、镇平两县交界地带，由西北向东南延伸，一直到镇平县城以北，长 70 余千米，构成白河与湍河两水系的分水岭。其山脊宽阔，山体也较为低缓，突出的高峰海拔均在 1100 ～ 1900 米，如白草尖海拔 1871.9 米，红石橛海拔 1782.3 米，大墁海拔 1721 米。其两侧深低山集中分布于白河谷地的南侧和湍河谷地的北侧，山势陡峻，海拔 400 ～ 1000 米，相对高度 500 ～ 800 米，主要由花岗岩构成，岭脊狭窄。浅低山则主要分布在白河谷地南侧深低山外缘和镇平的二龙、老庄一带，山势一般较和缓，海拔高度 400 ～ 700 米，相对高度 200 ～ 350 米。

伏牛山脉东部、东南部边缘高丘陵分布面积很广，在山地边缘及河谷两侧地区，连续成片分布，海拔 200 ～ 400 米，大部分相对高度 100 ～ 150 米。低丘陵的面积很小，仅在东北边境地带有一部分，海拔 200 ～ 300 米，相对高度一般 50 ～ 80 米。区内丘陵组成岩性较复杂，丘陵地貌形态也复杂多样。

伏牛山是中国北亚热带和暖温带的气候分界线，中国动物区划古北界和东洋界的分界线，也是华北、华中、西南植物的镶嵌地带，属暖温带落叶阔叶林向北亚热带常绿落叶混交林的过渡区。区内森林植被保存完好，森林覆盖率达 88%，是北亚热带和暖温带地区天然阔叶林保存较完整的地段。特殊的地理位置和复杂多样的生态环境，加之人为干扰较小，使区内保存了丰富的生物资源。区内维管束植物有 2879 种，其中有中国特有属 37 个，单属种 59 个，国家重点保护野生植物有连香树、香果树等 32 种；野生动物中兽类有 62 种，占河南省兽类总数的 86%，鸟类有 213 种，占河南省鸟类总数的 71%，昆虫的种类则超过 3000 种，列为国家重点保护的野生动物有金钱豹、麝、大鲵等 50 多种。伏牛山还是长江、黄河、淮河三大水系中一些支流的发源地，是重要的水源涵养林区。

古称尧山的石人山，山峰奇特，瀑布众多，森林茂密，温泉优良，人文景观辉煌，集雄、险、秀、奇、幽于一体，兼有“华山之险、峨眉之峻、张家界之美、黄山之秀”的赞誉。大山壁立，异峰如塑，怪石纷呈，是石人山自然风光的一大特色。站立主峰玉皇顶上，千岩万壑，飞龙走凤，远近高低，景色迥异，构成了一幅幅美不胜收的图画。

石人山是尧的裔孙刘累立尧祠纪念先祖的地方，为天下刘姓发源地，又因山上众多石峰酷似人形，故称尧山为石人垛、石人山。石人山的奇峰怪石、山花、红叶、飞瀑、温泉、湖面、云海、原始森林、珍禽异兽及人文景观构成了完整的风景体系。石人山气候湿润，加之地形作用，每年雾日较多，“阴晴雾奇变，景随四时移”是其写照。浓雾弥漫时，山峰时隐时现，如大海中飘荡的小舟；薄雾缭绕时，如轻纱缕烟，悠悠往来，或呈云海波涛滚涌，隐现荡漾。在一定的天气条件下，还会出现佛光、彩虹等气象景观，神奇缥缈，变幻无穷，宛若梦幻仙境。

宝天曼国家级自然保护区位于伏牛山中段南麓，以遮天蔽日的原始森林和众多的野生动植物而享誉世界，总面积约540平方千米，主峰海拔1830米，森林植物显示出多方交会、南北兼容的特色。宝天曼林海莽莽，古木参天，珍禽异兽、奇花异草遍布，自然风光尽占风流。景区内到处可见怪古嶙峋，绝壁摩立。酷似刀削的扫帚壁拔谷而起，峰峦刺天，渊不见底；若隐若现的姑娘楼俊逸飘美，诡奇瑰丽；京子垛、雁翎刀、将军帽、过风崖、挂剑垛、牛心垛等雄奇险峻、浑然天成。登上主峰，远近景色尽收眼底，四周山峰一览无遗，一幅幅色彩斑斓的迷人画卷令人陶醉，让人充分领略登高望远的特有趣味。主峰下面就是3000余公顷的处女林带，这里一直保持着原始状态，林间树木自生自灭，佳木异卉，多姿多彩。

三、生态之域神农架

神农架地处鄂西北边陲，东瞰荆襄，南镇三峡，西望天府，北顾武当。千嶂叠翠，万壑葱茏，秀木参天，奇兽出没，大自然赋予神农架以神奇与壮美。神农架位于中国地势第二阶梯的东部边缘，由大巴山脉东延的余脉组成中高山地貌，地势由西南向东北逐渐降低。神农架区内林海茫茫，河谷深切，沟壑纵横，层峦叠嶂，山势雄伟。神农架平均海拔1700米，其中海拔3000米以上的山峰有6座，海拔2500米以上的有20多座，最高峰神农顶海拔3106.2米，为“华中第一峰”，被称为“华中屋脊”。

远古时期，神农架林区是一片汪洋大海，经燕山和喜马拉雅运动，逐渐提升成为多个陆地，并形成了神农架群和马槽园群等具有鲜明地方特色的地层。神农架是地质博物馆，不但有喀斯特地貌和古冰川侵蚀遗迹，还能在崇山峻岭中找到地球历次造山运动的痕迹：有元古纪、震旦纪的标准地质剖面，有古生代、中生代、新生代各地质时期的动植物化石群。神农架地貌类型主要有山地地貌、流水地貌、喀斯特（岩溶）地貌和第四纪冰蚀地貌。

山地地貌分布在海拔800米以上，主要在大界岭、猴子石、大窝坑、望农亭、大神农架、神农顶、老君山、南天门、天麻山、相思岭、珙桐林、箭竹岭等地。流水地貌按地表水流方式可分为坡面流水地貌、沟谷流水地貌及河谷流水地貌。喀斯特地貌又称岩溶地貌，是广泛出露有可溶性碳酸盐的地区，在地表水和地下水流动溶蚀作用下形成的地貌景观，分为喀斯特漏斗和洼地、坡丘谷、溶洞、暗河、喀斯特盆地、溶沟、溶槽、石牙、石林、岩溶、槽谷、干谷、溶峰、峰丛、天生桥等，众多的喀斯特地貌为开展生态旅游创造了条件。冰蚀地貌主要分布在区内的黄柏阡、坪堑、干沟、潮水池等地，主要有冰斗、冰窖、角峰及冰川堆碛物。

神农架地处中纬度北亚热带季风区，气温偏凉且多雨，立体小气候明显，随海拔增高渐次迭现暖温带、中温带、寒温带等多种气候类型，海拔每上升 100 米，气温降低 1℃左右，季节相差 3 ～ 4 天。“东边日出西边雨”的现象常有发生，其气候时空变化较大，有“六月雪，十月霜，一日有四季”之说。“山脚盛夏山岭春，山麓艳秋山顶冰，赤橙黄绿看不够，春夏秋冬最难分”是神农架气候的真实写照。由于一年四季受到湿热的东南季风和干冷的大陆高压的交替影响，以及高山森林对热量、降水的调节，神农架形成夏无酷热、冬无严寒的宜人气候。

神农架是湖北境内长江和汉江的分水岭，也是南水北调中线工程重要的水源涵养地，三峡库区最大的天然绿色屏障，其作为全球同纬度地区唯一的绿色奇迹而备受关注。境内有香溪河、沿渡河、南河、堵河四大水系，大小河流 300 多条。

神农架因华夏始祖之一的神农氏在此架木为梯，采尝百草，救民疾夭，教民稼穑而得名。相传远古时代，炎帝神农氏来到高山密林采药，面对高耸入云的悬崖峭壁，他搭起天梯。后来，搭架天梯的地方长出一片茂密的原始森林，人们就将此地称作神农架。神农氏遍尝百草后下山，一条蜿蜒曲折的溪流挡住了去路，他借助木排漂流，抵达长江。他走过的这条溪就被唤作神农溪。神农溪又名沿渡河，是长江三峡中段一条风景绝佳的小溪流。神农溪素有“一里三弯，弯弯见滩”之说。两岸多呈近乎垂直的壁堑，壁间狭窄处仅 7 米，形成龙昌峡、鹦鹉峡、神农峡三个险、秀、奇各具特色的峡段。其峡谷风光、纤夫文化、土家歌舞、龙舟竞渡都很有名。特别是船工号子、纤夫拉纤在长江三峡已绝迹多年，而神农溪上的拉纤项目因旅游发展被保留下来，是三峡地区保存较好的纤夫文化“活化石”。香溪也是一条十分美丽的小溪，发源于神农架，流过石灰岩裂缝，经洞穴过滤沉淀，水色如黛，澄清可掬。木鱼寨以北 3 千米的地方，有著名作家徐迟手书的“香溪源”。

在全球中纬度地区，很多地方不是沙漠就是荒野，唯有神农架这片 3000 多平方千米的地区，森林覆盖率达 91.12% 以上，保存着完好的亚热带森林，成为地球生态系统中最宝贵的资源之一。特殊的地理位置、优越的自然环境和气候条件使这里的物种非常丰富，保存着完整的生态系统，成为中国东、南、西、北动植物区系的荟萃地。这里生长着 3700 多种植物，有国家一、二、三级保护珍稀树种 23 种，如“中国鸽子树”——珙桐，被誉为“活化石”的香果、连香、领春木等古老孑遗树种，以及鹅掌楸、红豆杉、秦岭冷杉、青檀等名贵树种。神农架的民间草药十分丰富，不仅种类多、数量大，而且疗效奇特，颇具特色，尤以富有传奇色彩的文王一支笔、头顶一颗珠、江边一碗水、七叶一枝花闻名于世。这四种草药名称上均有“一”字，在本地区有一定的代表意义和影响，名称好叫，很上口，听起来美丽并透出神秘的色彩。

人间多胜景，怎比神农顶。在第四纪冰川时期，神农顶因其独特的地理环境，使许多动植物幸免于难，这里几乎囊括了北自漠河，南至西双版纳，东自日本中部，西至喜马拉雅山的所有动植物物种的绝世珍藏。当今世界生态与环保问题备受关注，神农架作为华中生态要塞，用其巍峨的身躯阻挡着西北风沙和荒漠化的南侵，为南部的三峡水库和北部的丹江口水库撑起了生态巨伞，成为亚洲两座超级水库的生态屏障及涵养林带。神农架已成为一张举世无双的世界级名片，曾被美国国家地理杂志推荐为“人一生要去的 50 个地方”，其知名度和美誉度不断攀升。

神农架申报世界自然遗产的文件和技术资料于2015年1月经国务院签批后报送到联合国教科文组织世界遗产中心。2016年7月17日，第40届世界遗产大会上，神农架获批成为世界自然遗产的一员，成为中国第50项世界遗产。至此，神农架生物圈保护区也成为中国首个被联合国教科文组织列入国际生物圈保留地网（1990年）、世界地质公园网络（2013年）、世界遗产（2016年）三大名录的地方。

四、鄂北之巅大洪山

打开湖北地图，在中北部有一座独立的山脉，它便是巍巍耸立于汉江之东的大洪山。它西临襄（阳）钟（祥）谷地，东接涢水河谷丘陵，南连江汉平原，北与桐柏山遥相呼应，处于中国地势第二、第三阶梯的分界线上，是湖北省唯一一座独立内山。大洪山呈三角形由西向东，绵亘宜城、枣阳、随州、钟祥、京山、安陆等地，山体呈扫帚状，自西北向东南绵展约140千米，为中原之枢。主峰宝珠峰位于随州境内，海拔1055米，被誉为“楚北天空第一峰”。

大洪山横卧江汉，气势磅礴，山秀洞幽，风光瑰丽，拥有丰富的自然景观和人文景观。大洪山居荆豫要冲，汉襄咽喉，位置优越，交通便捷。1988年，国务院批准将总面积305平方千米的随州、京山、钟祥三地交界地带划分为第二批国家重点风景名胜区。

大洪山之名始见于北魏郦道元《水经注》，唐代又称大湖山，宋以后一直叫大洪山。在清康熙年间，人们就对大洪山进行过考察研究。当时，皇帝诏各省绘所辖名山进呈，湖北省仅绘大洪山、太和山（即武当山）二图供御览，并编有5卷《大洪山志》。从此大洪山被列为全国120座名山之一。清道光十四年（1834年），12卷《大洪山志》问世。全书内容有序、援证、内府大洪山图、山水、古迹、形胜、物产、杂识、艺文、建置、人物和法派。

大洪山地处中国中央造山带南侧、秦岭造山带与扬子板块的接合部，是一条巨型的碰撞带（断裂带），襄阳—广济断裂带恰好通过大洪山地区随州境内，由海底火山爆发形成的钾镁煌斑岩在世界上尚属首例。由于大洪山地跨槽、台两大地壳构造单元，新构造运动活跃，气候、植被、土壤及古文化、风土民情，都具有中国由南向北过渡的性质。因而在这里，人们可以找到五岳峻峭的身影，可以领略到神农架的野趣，还可以欣赏到“霜叶红于二月花”的胜景，也能寻觅到长白山的冰姿雪态。大洪山也是一座天然的植物宝库，原始次森林保存完好，有以银杏王为代表的全国较大的古银杏群落，有以对节白蜡、青檀、楠木为代表的珍稀树种。有“不倒翁”之称的千年古银杏，历经沧桑，是大洪山镇山之宝，号称“华中第一树”。

春天，万物由沟壑逐渐向山腰、山顶复苏，迎春花、樱桃花、桃花、梨花等依序而开，山体掩映在万花丛中。特别是杜鹃花盛开的时候，若翠羽丹霞，一丛丛，一簇簇，群芳竞秀，灿烂夺目，把春的浓韵推向高潮，令人心花怒放，无酒自醉。夏季，群山披绿，苍翠欲滴，芳草萋萋，莺歌蝉鸣，清泉飞瀑，山风拂拂，凉意顿生。金秋，层林尽染，乌桕、枫树、槭树披红装，栎树、银杏树换黄衣，野菊花黄橙金灿，洒满山坡崖畔、溪涧沟壑，到处野果累累，取之不尽。隆冬，瑞雪纷飞时，雪压青松，玉树琼枝，悬崖冰柱，真是“千峰耸峙白云隈，积雪经春未肯开。知是灵山留净域，不教一点着尘埃”（梁木《洪山积雪》）。

大洪山是汉江支流涢水、大富水的发源地，区域内有 42 湖、99 泉、53 溪、3 河、10 瀑，具有众多火山口湖，号称“百湖之山”。这里喀斯特地貌异常发育，形成了数量多且景观奇特的溶洞群，境内大小溶洞有

100 多个，景象瑰丽壮观，幽深莫测，洞中有洞，洞内山水并存，其钟乳石千姿百态，构成了一个个观赏价值极高的美景。处于宝珠峰顶的黄龙池，海拔 840 米的白龙池，宛如镶嵌在大洪山的璀璨明珠。

大洪山附近，有世界文化遗产明显陵。其位于湖北钟祥，是明世宗嘉靖皇帝的父亲恭睿献皇帝朱祐杬、母亲章圣皇太后的合葬墓。明显陵始建于明正德十四年（1519 年），迄工于明嘉靖四十五年（1566 年），历时 47 年建成。围陵面积约 183.13 公顷，整个陵园双城封建，其外罗城周长 3600 余米，红墙黄瓦，金碧辉煌，蜿蜒起伏于重峦叠嶂之中。显陵由 30 余处规模宏大的建筑组成，各建筑排列疏密有间、错落有致，掩映于山环水抱之中，相互映衬，如同天设地造，是建筑艺术与环境美学相结合的杰出作品。

第二节　名城璀璨

从地图上看陕西板块，可以发现其被一道莽苍苍的秦岭山脉横断，北面是关中和陕北，南面则是形成了亚热带气候的陕南。汉中，便在秦岭、巴山与汉江的拱护与滋润下，成为“西北小江南”，是中国历史上的名城和毗邻陕、甘、川、鄂四省相关地区的重镇。而在豫、陕、鄂交界的地区，秦岭余脉延伸，汉江及其支流丹江、唐白河等纵横交错，青山绿水，风光旖旎，资源丰富，土地肥沃，是中国南北交界、东西交界的一块宝地，成就了南阳、十堰、襄阳等名城名埠。

一、陕南明珠小江南

陕南地区北靠秦岭、南倚巴山，汉江自西向东穿流而过。陕南从西往东依次是汉中、安康、商洛三地。从中国地理版图上看，汉中处于“雄鸡”的“心脏”位置；从地理环境上看，在中国的北方之南、南方之北；从中国南北地理分界线上看，处于淮河—秦岭一线之南。汉中是地球上同纬度生态最好的地方之一，这片被巍峨秦岭和苍莽巴山环绕的盆地，在长江两大支流汉江、嘉陵江的滋养下，虽然位于中国西部，但是拥有与江南同样的秀色，是一处得南北之利、兼南北之美的风水宝地。

汉中，汉家发祥地，中华聚宝盆。游历汉中，扑面而来的是满目苍翠。佛坪自然保护区林海茫茫，峭峰幽谷密布，是西北第一个由联合国教科文组织授予“世界人与自然生物圈保护区网络”的自然保护区，也是中国首个野外大熊猫繁育研究基地；长青自然保护区有“生物资源库”之美誉，珍稀动植物种类繁多，尤以朱鹮、大熊猫、金丝猴、羚牛“四大国宝”最为著名，引起国内外科学界广泛关注；黎坪国家森林公园奇峰怪石林立，泉溪池瀑竞秀，被称为“西北的九寨沟”；紫柏山山岳巍峨，九十二峰、八十二坦、七十二洞，风景如画，雾霭蒸腾，其高山草甸、紫柏天坑，世所罕见；午子山山势险峻，壑幽林密，素有“陕南小华山”之称，山中2500余亩世界珍稀白皮松蔚为壮观；褒谷口石门景区高峡平湖，仪态万千，仿建的石门栈道依山傍水，凌空飞架，再现了秦汉栈道的宏伟风貌和形制特色；红寺湖烟波飘渺，山水交融，恬静神秘，是“一幅天然的国画长卷”；南湖天灵地秀，林茂竹修，曲径通幽，是一处集锦式的水上园林；城固十万亩橘园，西北最大的柑橘生产基地之一，金秋时节橘红橙黄，游园采橘，其乐融融；西乡樱桃沟花开时节山林尽染，绚丽多彩，十里飘香，为全国第二大樱桃基地；还有百万亩油菜地、五十万亩的茶园，每到春季，沿江两岸百里金黄，蜂飞蝶舞，令人心旷神怡。

2006年，汉中获得“CCTV2006年度中国最佳历史文化魅力城市”称号，其颁奖词是：汉中位于中国版图的地理中心，历经秦、汉、唐、宋三筑两迁，却从来都是卧虎藏龙；这里的每一块砖石都记录着历史的沧海桑田，每一个细节都印证着民族的成竹在胸。简短的颁奖词，细细品味，却蕴含着汉中深厚的历史文化底蕴。

汉中具有悠久的历史文明，这里曾是商朝的一个方国。战国时期楚国置汉中郡（郡治在今陕西安康境内），辖域西至今石泉县西。周赧王三年（公元前312年），秦国攻占楚汉中郡，取地六百里，重建汉中郡，以汉江上游（古称沔中及褒中，即今勉县以下）并入，郡治仍设西城（今安康境内）。至东汉初，郡治移今汉中地，沿称至今。汉中城垣始建于战国时期。汉代对城进行扩建。东汉光武帝建武六年（30年），刘秀遣将军李通与巴蜀公孙述战于西城，取汉中地，汉中郡治由西城迁南郑。隋朝移城，宋代重修。据考，隋大业二年（606年），汉中府城向西南迁二里。《宋史·宁宗记》载，宋嘉定十二年（1219年）十一月乙亥，“筑兴元（汉中）府城”。至此，汉中城“三筑两迁”。综上所述，颁奖词中的“三筑两迁”是秦国始筑城池（一筑），汉代扩建，东汉时由西城（今安康市境内）迁至今汉中（一迁），隋朝在原址的基础上向西南移城二里（移城必定要新修，这里可理解为“二迁二筑”），宋代汉中府城又重新修筑（三筑）。此后，明、清两代汉中城址及规模基本保持不变，曾维修十多次。

在汉中这块大地上，历史上一些耀眼的人物曾留下深深的足迹，在此建功立业。汉高祖刘邦开汉家基业，汉中王刘备创蜀汉政权，造纸术发明者蔡伦被封龙亭侯，曹操征降张鲁，黄忠定军山刀劈夏侯渊，诸葛亮六出祁山、北伐曹魏，等等。

悠久的历史文化，诸多的人物活动，给汉中留下了丰富的历史遗迹和人文资源。出土的龙岗寺旧石器时代、新石器时代文化遗存及李家村文化遗存，都证明了本地堪称中华文明的发源地之一。闻名遐迩的秦巴栈道，在两千多年的历史进程中，发挥了沟通中国西北西南、连接中央与西南政权的巨大作用。栈道虽已成为历史遗迹，却永远刻在了汉中大山坚硬的石头上。石门汉魏十三品、张骞墓、诸葛亮墓、古汉台、拜将坛、定军山古战场、山河堰、五门堰、张良庙、智果寺等大量汉唐文物和城固宝山殷商窑、古建筑、古桥梁、古民居，以及馆藏的大量文物古迹如金石、碑拓等，都是汉中社会发展历史的纪念碑。

二、宛城故地话南阳

南阳古称宛，反映了盆地的地貌特征。其位于河南省西南部、豫鄂陕三省交界地带，因地处伏牛山以南、汉江以北而得名。汉江支流唐河、白河流经境内。南阳是河南省面积最大、人口最多的地级市之一。位于南阳辖区内的宝天曼、老界岭国家自然保护区地貌独特，植被良好，风景如画。2001 年，宝天曼被联合国教科文组织列入“世界生物圈保护区”。

春秋战国初期，南方的楚国日益强大，先后向北吞并了汉水流域诸国，吕、申两国也被楚文王所灭。楚国占据这片既有沃野美壤，又有江河之便的土地之后，便在这里建置宛邑，作为问鼎中原的基地。宛之名，即自此而始。其后，“宛”由地域名演变成“宛城”“宛县”“宛州”“上宛县”等，时至今日，南阳市和宛城区均以“宛”为其约定俗成的简称。

南召杏花山猿人遗址及多处原始社会遗址出土的化石、器物表明，远在几十万年前，人类祖先已在这片土地上繁衍生活。七八千年前，先民以他们的辛勤劳动和聪明智慧在这片土地上创造了灿烂的历史文明。周代天子非常重视这片富庶的土地，曾分封了申、吕、谢、郦、蓼、曾、鄀、许等诸侯国。春秋时楚设宛邑，到战国秦昭襄王三十五年（公元前 272 年）“初置南阳郡”时，才开始使用“南阳”这个名字。至今，它已有近 2300 年的历史，虽然朝代屡经更迭，区划不断变改，但是“南阳”这一地名，一直沿用至今。在历史的长河里，它的含义愈来愈丰富；在时代的演进中，它充分显示着坚强的生命力。

南都帝乡、五圣故里、千年玉都、中国水城、卧龙之地、中华药都……这些都是显现南阳身份的称谓。有人说过，研究唐代文化去洛阳，研究宋代文化去开封，研究元明清文化去北京，而研究汉代文化只能去南阳。其实这一点也不夸张，南阳的汉文化在汉代文化史上具有举足轻重的地位。南阳自古为四方交通要冲，历来是兵家必争之地。战国时期，南阳是著名的冶铁中心，后为秦朝三十六郡之一的南阳郡治所在地，是光武帝刘秀发迹之地，有“南都帝乡”之美誉。

南阳人杰地灵，人才辈出，历史上孕育出谋圣姜子牙、商圣范蠡、科圣张衡、医圣张仲景、智圣诸葛亮等名人，更滋养了哲学家冯友兰、军事家彭雪枫、科技发明家王永民、作家二月河和姚雪垠等当代名人。南阳板头曲、内乡宛梆被列入首批国家级非物质文化遗产名录。此外，南阳府衙、内乡县衙是中国封建社会官衙建筑中保存较为完好的两级衙门，南阳境内发现的大面积恐龙蛋化石群轰动世界，楚始都丹阳春秋墓群出土的稀世珍宝闻名遐迩，始建于 7 世纪的楚长城遗址引人关注。

南阳有三宝：玉器、烙画和《出师表》。南阳玉，是中国四大名玉之一，因产于南阳市北的独山又名独山玉。独山玉与只由一种矿物元素组成的硬玉、软玉不同，它是以硅酸铝钙为主的含有多种矿物元素的“蚀变辉长岩”，其硬度几乎可与翡翠媲美，堪称“东方翡翠”。南阳出土的一件南玉铲，经鉴定为新石器时代晚期的产物。殷墟出土的有刃玉石器中的7件玉器，质料也全是南阳玉。独山玉玉质坚韧微密，细腻柔润，色泽斑驳陆离，有绿、蓝、黄、紫、红、白6种色素，77种色彩类型，是工艺美术雕件的重要玉石原料。

南阳烙画亦称烙花、烫画。南阳烙画是以温度在300～800℃的烙铁代笔，利用碳化原理，不施任何颜料，在竹木、宣纸、丝绢等材料上勾、擦、点、烘作画，巧妙地把绘画艺术表现技法融为一体，形成了古色古香、纯正精美、典雅独特的东方艺术风格。烙画起源于秦汉，鼎盛于明清，发展于现代。现有18个系列、130多个品种、上千个花色，主要产品有丝绢烙画、木板烙画、冬青药木烙画筷子等。很多作品被国内外博物馆作为珍品收藏，人民大会堂河南厅悬挂着大型烙画《黄河在前进》。纸烙代表作《清明上河图》陈列于广交会珍宝馆，曾在10多个国家巡回展出。

卧龙岗上的武侯祠，不用多言，都知道是纪念诸葛亮的。信步卧龙岗，首先映入眼帘的是高耸挺立的山门，“千古人龙”匾额古朴端庄。拾阶而上，步入武侯祠内，但见苍松翠柏广植，碑刻林立。其主要建筑布局保持了明末清初的形式。大殿中有诸葛亮及其儿子诸葛瞻、孙子诸葛尚的大型泥塑像，大殿前侧的明代碑廊镶嵌有岳飞书写的前后《出师表》石刻，字迹遒劲有力。祠后部分建筑主要有诸葛茅庐、野云庵、古柏亭、伴月台、宁远楼等。武侯祠现存大量的碑刻题记，共300余座，篆、隶、楷、草等书体皆有。其中篆书《汉诸葛孔明旧庐指道碑萌》、隶书《草庐对》、楷书《诸葛传》、草书《出师表》等，在书法艺术和雕刻技术上都有相当高的造诣，是研究中国书法艺术的宝贵资料。

三、山中坝子起车城

现在的十堰地域古称郧阳，十堰位于中国版图雄鸡心脏部位秦巴山区汉江谷地，湖北省西北部，汉江中上游，四季分明，气候宜人。与豫、陕、渝交界，独特的地理位置，使其拥有“南船北马、川陕咽喉、四省通衢”之称。十堰是鄂、豫、陕、渝毗邻地区的区域性中心城市和鄂西生态文化旅游圈的核心城市，更有“武当山”“丹江水”“汽车城”三张世界级名片闪耀全球。

十堰历史悠久，是中华民族的重要发祥地。距今 100 多万年的“郧阳人”的发现，证明十堰地域为古人类的起源地之一。相传黄帝时代，在汉江之南有彭、庸两个部落，属现在十堰市的竹山、竹溪、房县等地域；在郧阳设府建制前，十堰所辖疆域归属不定；大禹治水，划中国为九州，十堰属于雍、梁两州；到了商朝，大体也是如此；春秋时期，五霸竞相争斗，庸、彭等国先后败于楚国，十堰又归属于楚国疆域；战国时期，七雄互相征伐，十堰归属常有变化；秦汉时属汉中郡长利县；东汉、魏时属锡县；唐宋时属武当郡郧乡县；元代始设郧县；明属湖广布政使司郧阳府郧县；清属安襄郧荆道郧阳府郧县。

《魅力中国城》节目如此推介当代十堰：青染武当山，绿滴汉江水。魅力中国城，十堰当无愧。在峰峦叠翠的秦巴腹地，在宫观腾紫的武当山下，在烟波凝碧的汉江之滨，镶嵌着一颗璀璨的明珠，它就是驰名中外的汽车城——湖北省十堰市。十堰，交会豫、陕、渝，厚重包容的山水情怀和奉献担当的都市精神，孕育出无穷的激情与魅力。

三千里汉江，横穿十堰而过，环翠沧浪海，流金太极湖。沧浪海碧波万顷，风景秀丽，古韵悠悠。太极湖衔山映日，帆满鱼肥，风姿绰约，山水如画。南调汉江水，北润大京都，一库清水送北京。2014 年 12 月 12 日 14 时 32 分，南水北调中线工程输水干渠正式通水，通水时间寓意着中线工程干渠长 1432 千米。十堰市是南水北调中线工程核心水源区、水质保障区、水源控制区。同时，输水干渠把十堰与豫、冀、京、津连为一体，为十堰建设区域性的交通中心和现代化的服务中心创造了战略机遇。

湖北十堰，人们惯称车城，因为当年中国的“第二汽车制造厂”（简称“二汽”），即现在的东风汽车公司建立于此，其城市的发展与汽车产业密切相关。十堰是一个在计划经济体制下，由于国家兴建二汽而形成的单一型工业城市。因车而建、因车而兴是十堰的城市特色，“汽车城”成为十堰的城市名片。

十堰历史源远流长，文化博大精深。十堰市是古人类重要的发祥地之一，历史积淀久远，文化底蕴丰厚，是非物质文化富矿区。据统计，十堰市非物质文化遗产存量达 2900 多项，精彩纷呈，绚烂多姿。其中堵河口龙舟会已有千年历史，传说是为了祭拜屈原，从未间断，世所罕见。此外，十堰还有国家级非遗项目：武当武术、武当山庙会、武当山宫观道乐、武当神戏、汉调二黄、吕家河民歌、伍家沟民间故事、郧阳凤凰灯舞、房县尹吉甫传说、郧西七夕文化等。这些既是十堰地方历史的永恒魅力，也是中华文明的璀璨瑰宝。

以下为马添佩所写的《十堰赋》：

十堰赋

十堰福地，汉中旧郡，南吞巴山，北接秦岭，南坪天宝，得中外美誉。

昔，盘古开天，遗仰韶人守土；女娲补天，留屈家岭人固城。承蒙天恩，十堰昌盛。

南船北马，川陕咽喉，四省通衢，翼轸之鄙，郧阳要地，兵家必争，微邦古城，天命定夺。

周道兴废，上庸旧城崩山裂；汉末争雄，黄龙金戈迸江出；宋运兴盛，武当铁军依山建；顺初革命，郧阳兵将破土见。

秦楚故地，庸麇故土，汉魏所争，郧乡自古武运昌隆，旧楚当时英豪辈出。

兵败乌江，英雄留名千古；北走武昌，承刚传德万代。日寇犯我，正传捐躯救国。十堰男儿漠生忘死，郧县英灵万古长存。

南国尚赤，楚地好巫；庸土近楚，民多浪漫。闯王选将，南坪道情，郧乡四句，乡民能歌善舞，十堰文盛。皇道乐土，极乐天城，武当福地，桃园所安。虽经百年战火，乐竟无穷。玄岳武当，天尊所居，成主所封，万民所仰，皇天后土，禹迹神州，无出其右。丹渊汉水，尧子所安，华夏所知，千秋所敬，江淮河汉，泱泱大国，舍我其谁。福山福水福地，黎民之福，郧阳之福。

上庸旧郡，汉中旧土，十堰自古丰饶。神农架藏天地之精华，赤帝尝百草，农皇守七宿，祝融居荆楚，三皇佑中华，五帝福郧阳。物华天宝，庸地得万种矿藏，佛眼松石，福德万种，誉满五洲；五色金银，不计其数，遗福千秋。荆楚福地，得难觅之机遇。

巴秦腾鄂境，丹汉穿麇土，两江所汇，山川所处，天骄多爱。时光荏苒，江淮河汉终聚首，岁月蹉跎，南郧北燕竞比邻。壮哉，荆楚大地富无尽；美哉，禹迹神州浑天成。

礼运书大同，靖节著桃园，孟轲政惠王。先贤以德治天下，今郧阳以礼服人众。玄岳天帝乡，老君得道天，郧乡山川，礼仪邦国。创文成德，廿载戮力，万民同心，福泽万代，青史留名。大道之行，仁义所施，先贤所厚，华夏所期，十堰功德，佳话常在，子孙万代，德行不忘，功在当代，利在千秋。

金土金山金石，金城十堰万年不倒。创林创卫创文，创德郧乡千代不绝。美十堰几何？赞十堰几何？赋十堰几何？不及九牛一毛，君不亲目，不知其中奥妙。十堰——一个人人称道的地方。

四、天下腰膂襄阳城

滔滔汉江滚滚向前，穿过连绵起伏的秦巴山系，进入一望无际的南阳盆地。接纳了丹江与南河，又与其支流唐白河相聚在这片中原沃野，并催生了被称为“天下腰膂”的战略要地——襄阳。

襄阳古城至今已有2800多年历史，6座城门都还保留有用于屯兵及存放兵器的瓮城，北城墙濒临汉江，其余3面凿有宽180米左右的护城河，有“华夏第一城池”之誉。古老的城墙仍然完好，凭山之峻，据江之险，虽没有帝王之都的沉重，却借得一江春水赢得十里风光，外揽山水之秀，内得人文之胜。

湖北位于中国的中心位置，武昌、襄阳、荆州自古皆为兵家必争之地。然而哪个战略重心最为重要？300多年前，著名历史学家顾祖禹在《读史方舆纪要》中做出了中肯的回答：“以天下言之则重在襄阳，以东南言之则重在武昌，以湖广言之则重在荆州。”① 顾氏以区域放眼天下，

① 顾祖禹. 读史方舆纪要［M］. 贺次君，施和金，点校. 北京：中华书局，2005：3484.

纵论湖广形势。他认为，荆州是两湖的中心，手握荆州即可掌控湖南、湖北两省财富，割据一方；武昌是长江要塞，占有武昌可顺流直下兼并东南半壁江山；然而就全天下而言，襄阳才是具有全局意义的战略要地。

襄阳是南襄隘道南端的汉江津渡，由军事控守型的渡口城市发展而来，两汉时地位不显。东汉刘表据荆州，治襄阳，凭此城之险要以阻北方势力南下，其地位方显重要。六朝时期，南阳衰落后，襄阳与夏口继起，一度为荆州治所，《水经注·沔水注》描述襄阳城“北枕沔水”，“邑居殷赈，冠盖相望，一都之会也”[①]。襄阳逐渐成为荆楚地区北部重镇。

在中国历史上，凡是同时存在南北两个政权的时候，襄阳总是被拖入战火。围绕襄阳的争夺战数不胜数，无论是三国、南北朝，还是宋金、宋元的对峙，襄阳都有很多历史战迹的记载。襄阳“东通吴会，西连巴蜀，南极湖湘，北控关洛，左右伸缩，皆足为进取之机”[②]，一语道破了襄阳地理位置正是使这座城市屡遭战火之由。

东汉末年群雄并起，刘表刚刚出任荆州刺史，就将治所移往襄阳，荆州八郡传檄而定。然而刘表既无图天下之志，又无用荆州之才，当时的战略家纷纷将目光投向襄阳。身在襄阳的诸葛亮隆中作对，建议刘备占据西蜀，“跨有荆、益”，等待时机成熟，取道襄阳北伐洛阳。英雄所见略同，周瑜也有西取巴蜀而并张鲁，北据襄阳以蹙曹操的打算。只可惜，前者因关羽失荆州而功亏一篑，后者因英年早逝而未成霸业。曹操兵败赤壁，被迫北走，在十分危急的情况下仍留兵一部镇守襄阳，因为

① 郦道元. 水经注［M］. 谭属春，陈爱平，校点. 长沙：岳麓书社，1995：424-425.
② 陈庆坤，李景林. 中国哲学史通［M］. 长春：吉林大学出版社，1999：444.

只要确保襄阳不失，就可以保留对整个北方的控制。11 年后，关羽擒于禁、斩庞德，水淹曹军，围攻襄、樊二城，曹操一度有了迁都的打算。然而随着东吴的参战，天下局势迅速逆转，刘备势力退出荆州，直到蜀汉灭亡再未涉足襄阳。

要说发生在襄阳最激烈的战争，当属宋元之间的襄阳争夺战。从宋端平二年（1235 年）宋蒙之间的军事同盟破裂之后在襄阳开战，一直到宋咸淳九年（1273 年）襄阳守将吕文焕投降，襄阳城失守又收复、再失守再收复，双方拉锯战长达 38 年。期间元军围困襄阳，粉碎了南宋八次救援。在箭尽粮绝的情况下，襄阳军民依旧据汉江死守，多次打退元军的攻击，元军不得不从西亚前线调来“回回炮”（一种加了杠杆配重原理的抛石机，用于战争攻守的武器）助阵。直到最后元军切断了襄、樊二城的联系，封锁汉江，南宋援军又迟迟不到，樊城兵败被屠，宋将吕文焕被迫投降。这场战争几乎集中了当时世界上精锐的骑兵和水军，动用了当时能找到的一切先进武器，双方死伤人数超过 40 万人。战争之所以如此惨烈而旷日持久，是因为双方都明白襄阳的重要地位。对元军而言，“无襄则无淮，无淮则江南可唾手下也”《癸辛杂识》，故“攻宋方略，宜先从事襄阳”（《元史》）；对南宋而言，丢失襄阳，就意味着西部门户大开，江南一马平川，无险可守，必然导致亡国之灾。历史的发展也证明了忽必烈的远见，取得襄阳后，元军很快进占中原，不到三年时间，临安城破，南宋大势已去，于宋祥兴二年（1279 年）灭亡。

发生在襄阳的影响天下局势的战役还有很多很多：司马炎以羊祜镇守襄阳，顺流而下灭东吴；岳飞收复襄阳后以之为基地攻伐中原，迅速形成亡金之势……襄阳地处南阳盆地的南部，从此地可以北出中原，可以西入关中，还可经汉中而联络陇西。历史上无论是东西之争，还是南北之争，襄阳都是兵家必争之地。

了解三国故事的人，必定知道“马跃檀溪”的典故，其中“檀溪”便在襄阳城内。史料记载，刘备到荆州，刘表待之甚厚。刘表欲废长立幼，刘备劝止了他。刘表后妻蔡夫人忌恨刘备，命弟蔡瑁在襄阳设宴，欲借机杀刘备。至期，伊籍暗告刘备，刘备急忙骑上的卢马奔出襄阳城。至城西檀溪，人马俱陷入水中，刘备急呼的卢，马忽从水中踊身而起，一跃三丈，飞上西岸。蔡瑁引军追至溪边，刘备急勒马往西南而去，乃至南漳访司马徽，得闻伏龙、凤雏之名。

檀溪环绕的岘山是一座正宗的历史文化名山。唐代诗人孟浩然《与诸子登岘山》诗云:“人事有代谢，往来成古今。江山留胜迹，我辈复登临。水落鱼梁浅，天寒梦泽深。羊公碑尚在，读罢泪沾襟。”这正是关于岘山的真实写照。襄阳岘山俗称三岘，包括万山、紫盖山和岘首山，位于襄阳城西南，东临汉江，与一水相隔的鹿门山东西对峙，宛如扼守在江汉平原北部的两扇大门。古人将万山、紫盖山、岘首山三座山命名为三岘，并不是偶然的。这三座山的海拔都不高，正好符合岘山“小而险”的特点，除了三岘正好处于上、中、下的地理位置外，三座山都有汉江或檀溪萦绕，符合古人依山傍水的审美观。

岘山到处是名胜，遍身皆古迹。刘备马跃檀溪处、刘阻射杀孙坚处、羊祜的堕泪碑与杜预的沉碑潭、刘表墓与杜甫墓、张公祠和高阳池、王粲井、蛮王洞等，蜿蜒数公里。登临岘山顶往南看去，宋玉故里、楚皇城、张自忠上将抗日殉国处，历历在目。朝东方向，鱼梁州与山水田园诗派的开创者——孟浩然的隐居地鹿门山隔江相望。向北远眺，襄阳米芾纪念馆、古邓国和关羽水淹七军遗迹尽收眼底。极目西去，孔明躬耕地——古隆中烟雨朦胧。而岘山脚下的襄阳城和夫人城，是小说中郭靖、黄蓉大战元兵之地。

第三节　名镇闪耀

说起古镇，萦绕在我们脑海中的往往都是“小桥流水人家”的画面。那些小镇的水乡美景，在门前流淌过的溪流上，在雨雾蒙蒙的小巷中，在水花轻溅的青石板路上，在楼台殿堂的残垣上……那些烟雨朦胧，那些青山碧水，那些花红柳绿，不是江南却胜似江南。在汉水流域，一些各具特点的小镇如汉中宁强青木川、汉中洋县华阳、安康石泉后柳、安康紫阳向阳、安康流水、商洛柞水凤凰、商洛山阳漫川关、安康旬阳蜀河、商洛丹凤龙驹寨、十堰郧西上津、十堰黄龙、荆门钟祥石牌、仙桃沔城等，也是很多人心中的江南。

一、陕南村落青木川

青木川历史悠久，山川秀美，人杰地灵。在古往今来的长河中，世世代代的青木川人民在这块肥沃的土地上，凭着自己的聪明才智、勤劳勇敢，创造了宝贵优秀的文化遗产，无论是人文传奇，还是自然景观，都深深烙上了当时的社会现实和人类社会的真实烙印。

青木川隶属陕西宁强，位于陕、甘、川交界处，是陕西西边的镇，因一个川道中有一棵青木树而得名。古镇始建于明成化年间，成形于清朝中后期，鼎盛于民国，曾先后有“草场坝”“回龙寺”“回龙场”“永宁里”“凤凰乡”“青木川”之称。传统的老街区，古老的民风、民俗和民情，以及传统的生活和生产用具，都具有独特的古镇风情，古建筑、古摩崖石刻、古祠堂、古寺庙、古题刻等，展现了古镇悠久的历史和深厚的文化底蕴。

青木川古镇以回龙场街为主，一条回龙场古街从南向北把小镇拉得悠长，两边的明清民居错落有致地连缀在一起，现留有古建筑房屋260间。清澈的金溪河绕着古镇转了个弯，把古街拉成了弧形，形似一条卧龙。古街中段，一座盖顶华丽的飞凤桥横跨金溪河两岸。整条古街呈现出“平盘端凳，雕窗扇门，院落集中，四水倒淌”的格局。现在还留存的几处中西结合的老式豪宅，里面有回廊、天井，宽大舒展。古街的房子大都是四合院，二进二出的两层结构，建筑风格有明清时期的旱船式，也有西方教堂式。古街附近，有明清时留下的通往甘肃的商运古栈道，该道路顺河而上，顺崖凿路，地势十分险峻。

青木川是茶马古道上的重镇，是一脚踏三省的胜境。“秦开蜀道置金牛，汉水元通星汉流”①，李白如此描绘了古金牛的山水。古金牛即今宁强，宁强据“剑门蜀道”东端，为古今秦蜀咽喉，是汉江源地、嘉陵上水。这里峰峦崔巍，林木葱茏，备秦巴之景色，汇南北之风情。境内峰奇水秀，雄关矗立。七盘关、西峡关、牢固关、五丁关、盐茶关、铁锁关、阳平关、青木川，自古就是兵家必争之地。

青木川远离县城，地处僻远。虽为要塞，却一直处于闭锁状态。有几条逶迤石径连通邻省邻县，供山民来往交通。青木古镇，闻名遐迩。逢三趁墟，山民结伴，来来往往，背扛肩担，荷货互市，互通有无。当年杜甫过境时曾吟道：“仰凌栈道细，俯映江木疏。地僻无网罟，水清反多鱼。好鸟不妄飞，野人半巢居。喜见淳朴俗，坦然心神舒。”② 虽白驹过隙、日月如梭，世界的面貌日新月异，然青木川中先秦遗风尚存，青

① 李白，詹福瑞，刘崇德，等. 李白诗全译［M］. 石家庄：河北人民出版社，1997：306.

② 傅东华. 杜甫诗［M］. 卢福威，校订. 武汉：崇文书局，2014：86.

山风貌依旧。在这里，农民安于种植，商人忙于贸易，秩序井然，仿佛乱世中一处世外桃源，浑然不知战争的存在。很多为了逃避战乱的人逃到青木川就安顿下来，以此为家，目前这里老一辈的有四川人、湖北人、湖南人等，从他们残存的乡音里，依然还能觅到一点家乡的踪影。

境内的青木川自然保护区，山脉绵延，有大片原始森林。保护区属秦岭山系与岷山山系交会处，呈明显的间断分布，形成特定自然气候，被动植物专家们誉为“天然的动植物基因库”。这里栖息有大熊猫、金丝猴、羚牛等国家级保护动物，生长着珙桐、野杜鹃等珍稀植物。区内有石梯，拾级而上，可见古栈道遗迹。

二、上津古城历风霜

湖北省郧西的上津占据秦楚咽喉、天下喉襟的战略地位，拥有通南达北、承东启西的交通优势，其不仅仅是一座城池，更是一幅记录辉煌历史变迁的画卷。

上津古城位于汉江支流金钱河岸，鄂、陕两省交会之地，古城呈朝靴状，因此被称为靴子城，又因城外杨柳绵延环绕古城，又名柳州城。上津气候宜人，风景如画，是秦岭南麓的一颗明珠。环上津而流的水，古称“甲水”，《水经注》云:“关衻水又南入上津，注甲水。甲水又东南径魏兴郡之兴晋县南，晋武帝太康中立。甲水又东，右入汉水。”①

上津历史久远，夏商时隶属禹贡梁州，周时属绞国，春秋时属楚，战国时属秦，三国时属魏。魏黄初四年（223 年），魏文帝曹丕始设平阳县，并在此屯兵，以控制汉江中上游地带。自此，开启了上津 14 次建县、6 次设郡、2 次置州的历史。

---

① 郦道元. 水经注［M］. 谭属春，陈爱平，点校. 长沙：岳麓书社，1995：419.

目前我们看到的古城始建于明洪武元年（1368 年），原为土城。明嘉靖三年（1524 年），新城落成。明末，部分城垣毁于战火。清顺治年间复修，但规模仅为原城墙的三分之一。清同治二年（1863 年），城楼又毁于战乱。现存古城南北长 306 米，东西宽 261.15 米，墙体上宽下窄呈梯形，平均高 6.8 米。历经风霜的古城雄风犹存，屹立于秦山汉江之间，在历史的长河中绽放它独有的璀璨光辉。2007 年，上津被评为第三批中国历史文化名镇。

上津自古以来就是商贾云集的贸易重镇和地理位置特殊的军事重镇。上津水陆交通发达，借道金钱河，一叶扁舟入汉江，舟楫穿梭，人来人往，货物在这里云集，又分往五湖四海。明清时期，上津的码头岸线长达 1 千米，从城边到港口有 120 步台阶，何等壮观！“水码头百艇联樯，旱码头千蹄接踵”，形象地说明了上津水陆运输业务之浩繁。

独特的地理位置，成就了古城的繁荣，衍生了众多与贸易、宗教、文化、军事等相关的古建筑。走在古城长长的石板路上，感受到的是浓郁的民俗气息；登临雄伟壮观的柳州城墙，仿佛看到了古代战场的金戈铁马；走进城内的通判署，又感受到官府的威严；走进古戏楼、城隍庙，仿佛又看到古代文人骚客北唱秦腔、南演楚戏，相互竞技的热闹情景。

古城内和古城北门外以明清古街为主、街两旁的明清四合院建筑为辅，构成了一个规模宏大、保存完好的明清建筑群落。古街总长约 1.5 千米，青石街道宽 3 米，两旁建筑青砖黑瓦，飞檐斗拱，雕梁画栋，古朴雄浑。

坐落于古城东北后山腰的南会馆，又称山陕馆，青砖黑瓦银楼波浪顶，飞檐画栋卷角马头墙，古朴生动，粗而不俗，细而不腻，风格独特。南会馆以北的北会馆，结构布局与南会馆基本相同，但细微处又风格迥异。南会馆房顶坡面平缓，圆润流畅；北会馆房顶坡面陡急，檐角尖翘；梁栋花纹雕饰处理上，南会馆显得豪放自然，北会馆制作精细玲珑，是典型的南、北建筑风格的不同体现。

古戏楼是一栋尖顶、数重、深度感极强的古代剧院，舞台南北、左右对称，檐角高低、大小、前后错落有致，内用木柱列梁架设，外用青砖垒墙围之，墙楼和谐融为一体，其建筑工艺、布局均显示出了高超精湛的技艺。相传每逢重大节日或大型庆典、祭祀活动，秦楚两地戏班均要来此同台演出，北唱秦腔、南演楚戏，相互竞技，争抢观众，甚是热闹，“对台戏”的民间传说便由此而来。

三、因邑而兴石牌镇

石牌古镇位于全国历史文化名城湖北省钟祥市，距今已有2000多年的历史。传说明末清初此地汉江岸边有一石头牌坊，江中行船常以此为记停靠，牌坊边有茶肆店铺供过往船商食宿歇息，日久，人们将石头牌坊简称石牌，沿袭至今。明清时期，石牌就是汉江两岸米粮集散地，商业兴隆，经济活跃，是钟祥市四大古镇之一，素有“小汉口”之称。

汉朝时，石牌镇名兰水城，其城池遗址尚在，现为重点文物保护单位。三国时名荆城，为军事重地，蜀将关羽常屯兵于此。隋朝为荆台县，属荆门州。唐宋时期名荆台镇。明嘉靖十年（1531年）得名石牌。

悠久的历史给予了石牌“一观三庵六大庙，三门四楼两座桥。五关十街土城环，魁阁宝塔凭栏眺。祠堂会馆清真寺，当铺书院福音堂。商家餐馆密如林，数十粮行日夜忙。货船如蚁聚码头，梨园频庆古戏楼”的风情。石牌老街最为出名的还是那古香古色的石板路。纵横交错的石板路两旁，全是明清建筑风格的木结构民宅，高高的牌坊拱门，数不尽的阁楼庭院，留有岁月印痕的商号、当铺，至今都清晰可见。若是站在高处环顾小镇，但见屋宇院落鳞次栉比，青瓦墙檐错落有致。在源兴衡、永升泰、潘天泰、李氏居四大家族院内，镶嵌象牙的稀世红木古床，与古床配套的古桌、古椅、镜瓶、洗脸架，木制家具上凤凰牡丹、双龙戏珠的图案以及松鹤、麒麟、葡萄、鲤鱼的浮雕，仍给人一种美的享受，真称得上是艺术精品。

石牌是汉剧的发祥地之一。《石牌志》记载，“清咸丰、同治年间，因战事关系，汉剧日趋衰落。太平天国失败后，有陈玉成部将某，化名刘菊辉，隐居下来，在石牌出资组设科班，培养汉剧演员。……逐渐衰落的汉剧又呈复兴景象，石牌成为主要活动中心，被称为汉剧的摇篮地。……石牌镇上原有关帝庙、泰山庙、药王庙、雷祖殿、上真观、陕西会馆、西方丈七座古戏楼，来往戏班演出频繁，有时一处同演几台戏，十分热闹。现仅存关帝庙戏楼，屋宇完好”。

说到了汉剧，就有必要说一说国粹京剧了。京剧的诞生，目前最主要的说法即徽汉合流，指它是在徽剧和汉剧融合的基础上，吸收了昆曲、秦腔等一些戏曲剧种的优点逐渐演变形成的。著名的四大徽班（三庆、四喜、和春、春台）和汉剧的四喜官、谭志道、米喜子等人，大抵都于清乾隆年间进京。这两种剧目可谓是“血亲”关系，进京之前就互有影响和联系，汉剧演员很多时候“汉搭徽演”，京剧就是在这种环境下有了生长的土壤。所以，石牌就与京剧有了莫大关联。巧合的是，徽剧诞生的地方，是位于安徽怀宁的石牌古镇。一个安徽，一个湖北，同一地名，它们在千年的历史长河中，用自己的土地滋养了徽剧，滋养了汉剧，最终成就了京剧这一绝唱。

关帝庙戏楼又称古戏楼，坐落在石牌中学校园内，原是建筑恢宏的关帝庙的一部分，始建于清康熙五十三年（1714 年）。如今，关帝庙主庙已荡然无存，戏楼独在。戏楼坐北向南，是一座以木结构为主的单檐两层勾连搭歇山顶古建筑，部分为石质构件，木质楼板。下层中为进场门道，两侧为票房。上层呈“凸”字形，前为戏台，后为化妆室。最早有史记载的在关帝庙登台表演的戏班为泰元班，他们破台开演的时间是乾隆四十二年（1777 年），最晚的是洪太班，其时间为光绪三十四年（1908 年）。这种有史记载的演出时间跨度近一个半世纪，可见当时石牌梨园文化之盛。

石牌是文物大镇，镇区内古街衢横纵交错，基本保持明清原有风貌，境内有各级文物保护单位 34 处。其中，有龙子膀古化石产地、万子田遗址、彭家台遗址、上陈坪遗址、乐堤城址、瓦瓷滩窑址等古文化遗址 6 处；有长岗岭墓群、石岗墓群、肖家冢墓群、冯家双冢墓等古墓葬 22 处；有重修风台寺前后殿碑、重修崇果寺碑记、正气凌霄匾等古石刻 3 处；有辛亥革命老人邹荣煊墓、贺龙元帅祖籍地、东街 26 号新四军襄西独立团创建遗址等革命遗址 3 处。镇区古建筑现存 34 座，主要有古戏楼、崇果寺、文景阁、李氏民宅、明清民居建筑群等。这些文物古迹突显了石牌古镇悠久灿烂的历史文化，表现了石牌特有的汉代文化、明清传统文化和丰富多彩的戏剧文化。

四、寻踪觅迹看沔城

沔城位于湖北省仙桃市，地处江汉平原腹部，南临东荆河畔，北依排湖岸边，是一座具有一千多年悠久历史文化的古城，从南北朝西魏至中华人民共和国成立初期，沔城一直是郡、道、州、府、县的治地，可谓历史悠久、人文荟萃、底蕴深厚，为昔日沔阳（今湖北仙桃）政治、经济、文化的中枢，是仙桃市的“母亲城”。相传蜀汉丞相诸葛亮在此励志苦学，并喜结良缘，造就了一番惊天伟业，留有胜迹读书台；唐朝名臣狄仁杰曾在此清心问政，破解了千载难症，存有狄梁公问政处；农民起义领袖陈友谅在此揭竿而起，创下了“三分天下，陈有其二”的辉煌，留有故居玄妙观；使臣缅伯高带至唐朝的贡品天鹅也在此飞向天空，留下了“千里送鹅毛，礼轻人意重”的典故。

沔城有着博大精深的历史，遗存着灿烂的文化瑰宝，历史上留下的名胜古迹层出不穷，名目繁多，诸如寺庙、祠堂、亭台、楼阁、书院、观园、牌坊、碑塔等随处可见，素有“四十八寺庙，四十八牌坊，四十八古井，四十八石桥”之称。

这里人杰地灵、英才辈出。孕育了农民起义领袖陈友谅，造就了娄敏修、刘金山等无数革命先烈，走出了“金箭女神”杨刚、“新闻巨子”羊枣等一批名人志士。

古时沔阳地处云梦泽，为“水天一色，风月无边”的洞庭湖的边镇，八百里洞庭北岸的湖口，就是今天沔城西三里的湖口弦。据考证，湖口上岸的码头有一百多级石阶，第九蹬为出水口子，水出州河，大小船只从蹬中出进。于是商贾云集，人烟稠密，街道纵横，市井繁华。历代县治城墙高筑，城堡巍峨；城外壕沟深池，玉带环绕；城内州署制军府富丽堂皇，壁垒森严。各族府第美轮美奂，巧致有别；意园茂林修竹，繁花似锦；周园精妙风雅，景致幽寂。书院会馆比比皆是，春光皆馥；千年古桥青石浮雕，灵现逼真；亭阁牌坊雕梁画栋，亮脊飞檐。胜迹灼灼，闻名遐迩；八景如画，让人流连。昔日盛况，令人叹为观止。然而，1938 年骇浪滔天，1941 年战火烧焚，可惜了历朝的雕栏玉砌，千年的玉宇琼楼灰飞烟灭。一片断垣残壁，其景可凄，其状可叹。“挖断段堤口，钉死八卦蹬，铜钉烂，铁钉锈，五百年再转旧”，这首歌谣饱含着对这片土地的哀伤之情。

位于沔城南门的玄妙观，是江汉平原方圆百里的道教中心，也是陈友谅的故居。此观坐东朝西，占地面积8000多平方米，明、清两朝的道正司一直设在这里。观内现有灵官殿、三师殿、三清殿、雷祖殿、吕祖殿、斗姥殿、救苦殿、观音殿、皇经殿、老祖殿，素有“一观十殿”之称。观内参天松柏、草坪绿地、假山亭阁和蓬莱仙居相映生辉，一座金戈铁马的陈友谅塑像，气宇轩昂，威武雄壮。

如今的沔城，已成为江汉平原名副其实的文物荟萃、风景宜人的旅游胜地。站在高处，俯瞰四周，沔城像一位贤淑优雅的女子，静卧在碧水绿丛中。宽敞洁净的街道，鲜花锦簇；鳞次栉比的高楼，清新亮丽；星罗棋布的景点，古朴典雅，错落有致。当我们独步沉淀着有深厚文化底蕴的小巷，寻觅历史的遗迹，感受沔城历史的沧桑，繁华中透幽静，幽静中蕴生机。

第四节　雄关漫道真如铁

汉水流域栈道、关隘独具特色。远在商周以前，山间已出现沟通南北的古代道路，周秦汉唐千余年间，秦岭巴山驿道作为长安联结南方诸省的战略通道，在古代政治、军事、经济诸方面发挥过重要作用。这些古道受自然变化及战乱的影响，时毁时修，此通彼塞，相互交替地使用了数千年。翻越秦岭的栈道有陈仓道、褒斜道、傥骆道、子午道等，翻越大巴山的栈道有米仓道、金牛道、荔枝道等。关隘与栈道相辅相成，阳平关、大散关、武休关、饶风关、五谷关、石羊关，每座关隘都有一段沧桑故事。

一、横空栈道连东西

在中国古代，长江黄河之间的交通要道主要有东、西、中 3 条路线，东线在黄淮平原，经淮河连接长江下游；西线从关中翻越秦岭，走嘉陵江；中线则由关中通往东南，南下至南阳、襄阳。西线有秦岭阻隔，交通艰难，李白有诗云，“蜀道之难，难于上青天”（《蜀道难》）；东线的人工运河容易阻塞，时常中断；唯有中路，穿行于秦岭、伏牛、桐柏、大别等山脉之间的缺口，又有唐白河环绕其间，水陆皆便，因此成为主要的通道。它从西周一直沿用到宋代，在两千年之间成为连接中国南北的陆上大动脉。直到人类进入电气时代，火车的诞生才抢走了荆襄驿道的风光。汉水流域著名的古道关隘就是古代蜀道，号称“北四南三”。

陈仓道、褒斜道、傥骆道、子午道，均位于汉中以北，史称“北栈”。

翻开古代汉水流域人文地理图册会发现，在汉江中上游的崇山峻岭、河谷川地的广大纵深之间，缠绕着、延伸着一条条或长或短、或粗或细的线条，它们星罗棋布、辐辏纽结，把秦岭和大巴山、关中和巴蜀、巴蜀和中原紧密地联系到了一起。这些线条就是汉水流域中上游的蜀道。对于汉水流域中上游的古代蜀道，左鹏先生深有研究，兹将他在《汉水》一书中的论述择要介绍如下：

蜀道，也就是从长安（今西安）通往汉中、四川等地的道路，由于这些道路穿行于秦岭、大巴山的山谷之间，一路翻山越岭，坎坷险峻，所以古人一谈到蜀道，无不慨叹其艰险难行，唐代大诗人李白在那首广为流传的《蜀道难》诗中，开篇就说“噫吁嚱，危乎高哉！蜀道之难，难于上青天”，形象夸张地渲染了蜀道的艰难。但在如此艰辛的旅途中，却有一块东西长100余千米、南北宽20多千米的平地，将蜀道分成南北两段，这就是位于秦岭山系和巴山山系之间的汉中盆地，汉江静静地流淌其中，这里物产丰富，人烟稠密，与长安、成都间的距离大致相等，为往来的行人提供了良好的歇脚点，以此为界，道被分成北道和南道。同时，这里也是控制关中、中原、巴蜀、荆襄等地的枢纽，因此古代发生在蜀道上的战争，多数是针对汉中。历史上从关中的长安经汉中盆地到达四川成都的道路并非只有一条，而是有多条。各条路线地理形势、自然风光和社会风情不尽相同，道途险易、开发先后也有很大的差别。每条线路都有自己的名称，而且都只代表蜀道的某一线或某一段，并不是从长安到成都的全部行程。

在长安与汉中之间，耸峙着东西向的秦岭山脉，秦岭的北侧是渭水，南侧是汉江，它们都自西向东流去，沿途又不断地接纳了发源于秦岭的支流。这些山川谷道，大体南北相对，形成了联系长安与汉中的道路，故而人们也多采用这些谷道的名称来给经过它们的道路命名。

综观蜀道的分布，较为著名且尤为重要的有以下几条。从秦岭的东面往西，这些道路主要有：沿子午谷而行的子午道；沿西骆峪河谷和傥水河谷而行的傥骆道（又称骆谷道）；沿斜水河谷和褒水河谷而行的褒斜道（又称斜谷道）；沿清姜河河谷和嘉陵江支流故道水河谷而行的故道（又称陈仓道、散关道、青泥道）；联系故道北段、褒斜道南段而形成的一条新线连云栈道（或称褒城凤州散关道、回车道）；北段、中段与褒斜道相同，南段折向清水河谷的文川道；还有一条所谓的太白山路。在汉中和成都之间，横亘着大巴山，主要是一条石牛道，或称金牛道、剑阁道。另外，还有从陕西汉中或西乡南越大巴山，经巴中或宣汉到四川盆地东部的米仓道，以及唐朝天宝年间因杨贵妃喜爱荔枝，而从涪州（今涪陵区）以急驿经达县（今达川区），取西乡县入子午谷到达长安的荔枝道。

二、蜿蜒古道通南北

广义的古蜀道包括全国各地通往古代蜀地的道路以及蜀地范围内的道路。狭义来讲，古蜀道仅指翻秦岭过巴山、连接今陕西西安和四川成都的道路。按狭义上蜀道的定义，过巴山的古道主要有米仓道、金牛道、荔枝道三条。以下主要介绍金牛道。

石牛粪金的故事是众所周知的，而石牛道又名金牛道，便由此故事得名。据考证，最早记载这个故事和提出石牛道之名的，相传为西汉扬雄所撰之《蜀王本纪》。其大致内容是，战国中期，蜀王不向秦国表示臣服，秦也没有找到道路进入蜀国。有一次，蜀王带领万余人到褒谷中狩猎，竟与秦惠王不期而遇。秦惠王赠给蜀王一筐黄金，蜀王也以礼物回报，然而蜀王赠送的这些礼物后来全部化成了泥土。秦惠王勃然大怒，秦国的大臣却跪拜称贺说：这是吉祥之兆，泥土代表国土，预示着秦国将要吞并蜀国，扩大领土了。听了这话，秦王转怒为喜，产生了消灭蜀国的打算。随后秦王巧施一计，在秦、蜀二王相会的地方雕塑了五头石牛，又在石牛的尾巴后面放置了一些黄金，扬言牛能粪金，还派百余人养护。蜀人见到后，真的以为石牛能够拉出金子，就报告给蜀王，蜀王信以为然，请求秦国将石牛送给蜀国。秦惠王答应了，蜀王就派五丁力士率领千余人迎接石牛。五丁力士拖牛成道，将石牛运到了成都，秦蜀间的道路因此得以畅通。不久以后，秦惠王就派丞相张仪等从石牛道进兵，灭掉了蜀国。直到现在，陕西省宁强县境内还有金牛镇、金牛峡等地名，以及被称为五丁关的山顶隘口。五丁力士拖牛成道的故事，似乎反映了蜀道南段（从四川成都通往汉中的道路）首次大规模整治的时间是在战国中期，即公元前 316 年左右。而这条道路被发现和使用的时间，自然还要早得多。这些历史事实都说明关中与蜀地之间交通频繁，包括金牛道在内的蜀道，在战国以前就已被广泛利用了。

有着数千年历史的古蜀道，延续至今已不是一条简单的交通要道，而是一条蕴含着丰富文化遗产的历史线路，是区域文化交流的纽带，是自然、人文共生的标本，是秦巴汉水流域人民不畏艰险、开拓进取精神的象征，同时也是一条能够带来繁荣兴盛或衰败毁灭的命运隧道。

三、武关垭口咽喉地

汉江谷地自古以来就是沟通东西南北的走廊。历史上南北对立时期，双方的征伐攻守主要在黄河、长江之间的汉水流域、淮河流域进行，争夺的焦点是汉中、襄阳、寿春和徐州。这四个城市分别位于古代中国北方与南方联系的四条交通干线上，即所谓“天关地机”“九州咽喉”，而汉江独擅其二，真可谓得汉江，得天下！历史上围绕其谷地关隘发生的争斗数不胜数，其中最有谋略意味的恐怕要算陈仓古道的故事了。刘邦、项羽争夺天下之际，刘邦手下的大将韩信明修栈道，暗度陈仓，夺取关中之地，为汉王朝一统天下奠定基础，在古代历史上，这是以汉中、巴蜀为基地，北取关中，东争中原，完成全国统一大业的战例。

汉江谷地最富有传奇色彩和历史意味的关隘垭口恐怕要数蓝田武关、方城垭口了。蓝田武关道不仅是楚怀王被骗入秦的通道，更是沟通关中与长江中下游地区的交通大动脉。蓝田武关道的路线，从长安东行，经过灞桥，折向东南进入蓝田山区，过韩公坂，越横岭至蓝田县，由此继续向东南，逾秦岭至牧虎关，经麻街到达商县，由商县至洛南可至陕西。商县在当时为重要交通枢纽，由商县南行有上津道。商县南有商山四皓庙，相传秦末汉初曾有四位高士在此隐居，后人便立庙纪念他们。

汉水流域沟通东西的著名关隘要数唐白河流域内的方城古隘了。方城，曾是楚国全盛时期最北部的边境，与中原大地血脉相连。战国时期，楚国为与中原诸国争锋，在方城一带依山筑寨，修建长城，名为“楚方城”，这就是中国最早的楚长城。方城县县名由此而得。如今，该县大关口楚长城遗址，成为风景名胜，为省级文物保护单位。而方城垭口，正是华北地台与秦岭地槽分界线。

方城垭口，与居庸关等并称“天下九塞”。站在方城县郊的垭口跨渠大桥上，只见一道宽阔的明渠深陷于地面之下，似一座峡谷，大渠两岸距离有一个足球场的宽度。南水北调的总干渠由此蜿蜒而去，清澈的汉江水正缓缓北上。方城县位于南阳盆地东北缘，西侧是伏牛山脉，东南方则是桐柏山的一部分，两大山系之间的连接处山地在方城突然沉陷，恰恰在这里留下一处缺口，形成东北窄、西南宽的喇叭状地堑，以利干渠无须越山过隘，便可顺利穿行北上。也正是因为两山夹峙的特殊地理、地形，方城垭口成为全国著名的九大隘口之一，这就解释了当年楚国为何在此筑城扎寨，使其成为北部的“边陲”。

这绵延险峻的谷地关隘，不仅凝聚了生命与汗水、创造与智慧，同时，也见证着历史的沧桑和多彩的传奇，是延伸在中国历史深处的情感神经，是沟通东西方世界文化、经济的动脉，更是古代民族融合、神州贯通的生命线。

四、鸡鸣三省荆紫关

在豫、陕、鄂交界地带，有一座神奇的小镇，就是河南省南阳市淅川县荆紫关镇，一脚踏三省，保留有清代十里长街。荆紫关，听名字很容易让人想起那漫山遍野的紫色荆花，据说清初这里确实如此。时过境迁，这个“一脚踏三省”的历史文化古镇，依然充满了诗意和浪漫。

荆紫关地处陕西、河南、湖北三省交界处，是陕、鄂、豫三省要冲，素称“鸡鸣三省”。荆紫关镇距淅川县城70多千米，是河南省公布的第一批历史文化名镇之一，坐落在丹江岸边。丹江发源于商洛山，由汉江而入长江，因而成为历史上可与运河、蜀栈并称的中国南北三大通道之一。西汉时始为草桥关，元为荆籽口，明为荆籽关口，清为荆子关，民国初取荆花呈紫色之祥意，改“子”为“紫”，荆紫关之名遂延续至今。荆紫关自古乃兵家必争之地，是古称“金戈铁马，频频征战”的险关隘口。汉高祖刘邦曾取道于此进咸阳，西汉刘秀曾被王莽追杀至此。而与之金戈铁马形成对比的是，早在春秋战国时期，这里便有了让乘客上下、货物装卸的码头。由于荆紫关处于秦楚两国交界之地，管辖权常常在战争中朝夕变化。

荆紫关镇形成于唐，兴盛于明清。巍巍荆紫关，背负群山，下临清流，西接秦川，南通鄂渚，凭着优越而独特的地理位置成为历代贾客竞商云集和兵家逐鹿之地。这里有丰富的旅游资源和浓厚的历史文化底蕴。现存古代建筑有荆紫关古街道、关门、山陕会馆、禹王宫、平浪宫、万寿宫、法海寺、清真寺、一脚踏三省碑亭等。“明清一条街”上，七百余间明清建筑错落有致，古香古色；沿丹江而建的吊脚楼别具江南情调；规模宏大的山陕会馆、平浪宫等古建筑群向人们展示着昔日的辉煌；竹海密林中的千年古刹法海寺规模宏大，气势雄伟，周围有鬼斧神工的溶洞群，清幽神秘的八龙泉，悬崖绝壁上的千佛洞、万佛洞，胜景多处。

荆紫关古关门在荆紫关镇南街最南端。砖石结构，跨街而立，高 7 米，宽 6 米，进深 1 米，中间是拱门，顶部有砖砌斗拱，门楣上书“荆紫关”三字，进入关门，古代建筑群便映入眼帘。

荆紫关古街道呈南北走向，分南、中、北三街。古老的集镇被山水环拱，且把南北的建筑风格和自然特点有机融为一体，显得古朴而独特。各种房舍大都是雕梁画栋，独具风格。街道上的房舍，一般临街的都是门面房，木板嵌成门面，昼抽夜闭，便于做生意。里面多是一进几个院落，两侧有对称的厢房，厢房一般都是后墙高、前墙低，一个坡面，屋深很浅，便于利用狭窄的空地建对称建筑，使其布局严谨，结构合理。每一院落的门面房两侧前坡都有 2 米长的封火山墙高叠，意在阻断意外的火势，实际也增加了房舍的美观程度。古街道上的建筑群很多，错落有致，熠熠生辉。

创建于清道光年间的山陕会馆，是山西和陕西两省商人集资创建的，面积 4000 平方米。坐东向西，面临丹江。现存建筑 6 座，房屋 29 间，皆在中轴线上。依次有大门楼、戏楼、过道楼、钟楼、春秋阁（中殿）、后殿、卷棚等。大门楼 3 间，门前有青石阶，门两侧各伏一造型奇特的石狮子，门楣与檐间有两层石雕图案，庄重威严。山陕会馆是荆紫关镇较大的建筑群，文化氛围极浓。山陕会馆有副对联很有意思。对联位于从大门外就能看见的一座小戏楼上：小舞台演尽人生百态，大会馆会集商贾万千。这不由让人想起汤显祖的“没乱里春情难遣……甚良缘，把青春抛的远！俺的睡情谁见？则索因循腼腆”① 的唱词。想起那

① 汤显祖. 牡丹亭［M］. 武汉：崇文书局，2019：29.

个久远的年代，联中“演尽”二字，一个“尽”字描绘了戏楼上演绎的悲欢离合、起起伏伏、爱恨绵延的人生。

平浪宫建于清崇德三年（1638 年），其为船工船商集资而建，是全国保存较完整的杨泗庙。平浪宫建筑宏大，用料奢华，装饰讲究。宽不过六七步的古街边，平浪宫没有铺垫与过渡，突兀拔起高大前殿与钟鼓楼，如同乐曲的华彩乐章。三间前殿，进台阶之后，上方屋檐高翘，檐脊正中，装饰一座三层楼阁，楼阁左右各有瑞兽相向而坐，显得精致又有气势。门楣上嵌一块大理石竖匾，上镌“平浪宫”三字。前殿侧墙各有一大圆窗，分别刻有“风平”“浪静”四字。南钟楼、北鼓楼与前殿比肩而建，和前殿构成一组完美建筑群。钟鼓楼造型相同，为正方形，纯用榫卯，四角攒尖，三层重楼叠起，每个檐尖都装饰木雕龙头，龙头挂风铃，微风过处，如同天籁。钟鼓楼内各有四根大柱，直托楼顶，还有 12 根小柱，分担大柱重量，寓意四季 12 个月。拜殿为硬山式建筑，正脊垂脊均有砖雕。殿内有水牛精、龟精、黑龙精、蛤蚌精等塑像。拜殿向东再向后是中庭。经中庭向东是正殿，殿前楹联为“江盛水水满江风平浪静，人敬神神佑人祥和惠安”。中间的杨泗爷龙袍玉带，年轻俊秀，右手抱宝剑，左手捻避水珠，两旁侍立四位虾兵蟹将。

法海寺也称大寺，是唐代西峰禅师所建，始建于 677 年，今仅存 8 座 29 间的房院。前殿和大雄宝殿保存得比较完好。进入大雄宝殿，中间是慈颜笑口的如来佛，神态安详，俯视着芸芸众生。大佛头顶上有一只展翅大鹏的塑像，两个栩栩如生的神童分站两边。

白浪街是荆紫关不能错过的风景。白浪街属豫、鄂、陕三省的交界点，西与陕西商南湘河镇接壤，南与湖北郧县洋溪相连，因境内有白浪河而得名。白浪街是荆紫关镇的门户，向有“三省一条街”之称，古色古香的明清建筑，飞檐翘角的白浪宫留下了当年繁华的烙印。巷子中央高达3米的三省交界碑和碑下露出地面的三棱尖石——三省石，小巧玲珑的锥状三面体上，分别刻豫、鄂、陕三字，代表三个省份，成为当地有名的一景，吸引着人们前来观光。在白浪街生活，是一件很惬意的事，在一条街上购物，可以逛尽三省店铺；在一条街上听曲，河南豫剧、陕西秦腔、湖北汉剧均可大饱耳福。晚上入睡，再夜卧两省，人生至此，又有何求。

五、九省通衢达五洲

清朝末年，日本驻汉口领事水野幸吉写了一本名为《中国中部事情：汉口》的书，他在其中写道："汉口年贸易额达1亿3000万两，夙超天津、近凌广东，现今已成为清国第二要港，几欲摩上海之垒。鉴于此，机敏的视察者言：汉口乃东方芝加哥。"①

这个"东方芝加哥"久负盛名。它是长江、汉江沿岸和两湖地区农副产品的重要集散地，是我国内河最大的港口，水野幸吉曾如此评价汉口："汉口者为清国中一大市场，其位置居扬子江中游，上至四川、云南、贵州，下至安徽、江西、江苏各省，由湖南以通两广，由河南以达陕西、甘肃，四方杂货无不经由此道，论者谓为清国十八省、四百余州之中心矣，非虚语矣。"（《中国中部事情：汉口》）

明末清初，汉江中上游的襄阳、汉中陆续出现了造纸、冶铁、木材等规模较大的手工工场，汉口成为长江、汉江沿岸和两湖地区农副产品的重要集散地，与河南朱仙、江西景德、广东佛山一起被称为中国四大商业名镇之一。当时，汉口的港口贸易运输业颇为发达，汉口成为我国内河最大的港口之一，被张之洞赞誉"九省通衢"。"九省"实指四川、

① 水野幸吉. 中国中部事情：汉口［M］. 武德庆，译. 武汉：武汉出版社，2014：1.

陕西、河南、湖南、贵州、江西、安徽、江苏以及湖北，但在中国古代，“九”是极数，以“九”言其多，所以“九省通衢”也并非实指，汉口运力已远超“九省”的概念。范锴对汉口的描绘就是一个有力的佐证：“人烟数十里，贾户数千家，鹾商典库，咸数十处，千樯万舶之所归，货宝奇珍之所聚，洵为九州名镇。”[①] 据资料记载，当时，沿岸大大小小的码头，每天都呼喊着响亮的劳工号子。在码头上，大头佬、小头佬统领着码头夫，还有“拉洋荒”的临时工。大头佬通常身着白裤褂，腰系黑飘带，头戴大礼帽。大家按照帮派势力划分区域，搬扛货物，不得僭越，否则便是一场流血械斗，其繁荣昌盛的程度由此可见一斑。

世界现代化的风云际会，九省通衢的卓越区位将时任湖广总督 18 年的张之洞推向了时代潮头，去开创一代风气之先。他修建大堤，治理水患，大办教育，开启民智，修建了京汉铁路，开办中国第一家兵工厂。

① 范锴. 汉口丛谈校注［M］. 胡锦贤，校注. 武汉：湖北人民出版社，2019：137.

第六章
千古风流

川陕之间横亘秦岭、巴山，其间万山重叠、山脉纵横、峰岭陡峭、沟壑羊肠。诗仙李白醉步其间，发出“蜀道之难，难于上青天”（《蜀道难》）的感叹。蜀道难，却挡不住先民对外部世界的向往，随时间的推移，一条条古道慢慢产生了。《战国策·秦策》记载，“栈道千里，通于蜀汉”，这些栈道既有兵家攻守的交通要道，也有经济交流的便道，但均工程艰巨，路途险恶，可谓是中国古代交通史上的奇迹。由于古代战火焚烧及千百年来的蚀毁，古栈道留下的斑斑痕迹与历史积淀，令人感慨。秦巴地区不仅有古栈道，还有众多雄关险隘。古蜀道是三国时魏蜀交兵的要冲，南宋时宋金对峙的战场，于是关隘就成了攻防的焦点。三国赵子龙曾在阳平关大展雄风，南宋名将吴玠在大散关、武休关、饶风关大破金兵。陆游写下“铁马秋风大散关”①，明代孙旷有“雄关西峙卫山城，头枕汉江匹练明；想见黄柑遗敌处，松风犹作战呼声”② 的名诗仰怀饶风关。

自古以来，汉水流域人杰地灵、圣人辈出。古道与汉江的完美结合，便利了对外的交流。汉江的开放与包容，奠定了中国的秦汉雄风，奠定了唐宋文明的核心文化圈，也激励着一代代的华夏子孙出将入相，建功立业，开拓进取。一句“惟楚有才”道尽了汉水流域的人文荟萃，而川流不息的河水却写不尽汉江的千古风流！

---

① 陆游. 陆游诗选［M］. 游国恩，李易，选注. 北京：人民文学出版社，1997：108.

② 李佩今，徐信印. 秦巴古诗选注［M］. 西安：西北大学出版社，1991：165.

第一节　帝业千秋青山在

三千里汉江自古就是人类文明的发祥地之一，早在100万年前，人类的祖先就在汉江两岸肥沃的土地上辛勤劳作、繁衍生息，创造着丰富的物质财富和精神财富。自夏商伊始，在汉江两岸广袤的土地上，人们建立起一个个国家，开创人类政治文明的新篇章。伟大的实践造就伟大人物，在开创人类政治文明的伟大创举中，汉江两岸产生了无数政治伟人。20世纪80年代，在华中屋脊——神农架发现的《黑暗传》，被誉为汉民族创世史诗。它以诗歌的艺术形式，以写实的艺术手法，传承着盘古开天、女娲造人、三皇治世、五帝创业的动人故事，讴歌了华夏祖先的丰功伟绩。

一、炎帝神农启汉江

1. 炎帝神农与汉水流域的关系

炎帝神农是中国上古时期享有最尊贵地位的人物之一，可以与他并驾齐驱的只有轩辕黄帝一人。

炎帝为什么能够享有如此崇高尊贵的地位呢？关键在于他建立了一系列永不磨灭的丰功伟绩，是中华民族永远感怀的英雄。如果说伏羲、女娲主要解决的是人类自身生产、繁衍的问题，那么，炎帝神农所解决的是人类生存、发展的问题。

炎帝神农与汉水流域有什么联系呢？应该说炎帝神农是汉水流域人

民的骄傲。

第一，汉水流域是炎帝较早开发的地方。炎帝二世（烈山氏）在向东向南发展的过程中，率先由褒斜道进入汉江，经过汉中、安康、十堰、襄阳，最后到达随州，然后又逆流而上，全面开发鄂西北。

第二，汉江也是炎帝族繁衍、发展，走向世界的主要干道，他们由汉江走向了华南、中南、大西南，并由此走向了东南亚、全世界。在历史上，炎帝比黄帝更为古老久远。炎帝称帝传递十七世（一说七十世），在位500余年，据说炎帝和黄帝同宗同根，黄帝在炎帝八世才兴起。此外，从活动范围来看，黄帝主要活动在以秦岭、淮河为界线，以中原为中心的北方；炎帝主要活动在以秦岭、淮河为界线，以汉水流域为中心，以湖湘、中南、西南为纵深的南方。从炎帝二世越过秦岭、进入汉水流域开始向南迁移起，炎帝的子孙已广泛地分布于中国南方。所以，几千年来，历史上一直有“北黄南炎”的说法。北方是黄帝的势力范围，南方是炎帝的势力范围。北方是黄帝开发出来的，南方是炎帝开发出来的。

第三，汉水流域是炎帝神农建功立业、推动历史、发明创造、走向辉煌的地方。

2. 炎帝神农尝百草的真相及过程

在汉水流域的山山水水间，到处都留下了炎帝神农建功立业、发明创造的足迹和美妙动人的传说。其中，家喻户晓的一个传说，就是神农尝百草。那么神农为什么要尝百草呢？有人说神农尝百草是为了寻找草药为民治病，这个说法，可以说是一个历史误会。神农尝百草最主要的目的，是为了寻找更多、更加充足的食物。神农之前是原始采集经济时代，人们的饮食主要靠大自然的恩赐，主要靠采集野外的野果。当时，人类对野生植物的认识是十分有限的。随着人口的急剧增加，以前认识的这些有限的植物，已经远远不能满足当下生活的需要，这就需要更大范围地、更多地去认识、品尝新鲜的品种，以保证充足的食物让人民免受饥饿。那么在品尝、发现新的植物的过程中，炎帝神农发现，有些植物人一旦吃了就神清气爽、耳聪目明，有些植物一旦入口就精神振奋、力大无穷，有些植物人吃了就感到昏昏欲睡、全身无力，有些植物吃了就百病全消、身体康健。时间一长，炎帝神农对植物的物理药性有了认识。由此看来，神农尝百草实际上是为了寻找食物，最后得到的药物只不过是寻找食物的副产品而已。

炎帝除了被人们尊称为农神外，同时被人们称为药神。处于尚未开化时期的原始人类，他们的生存面临着四大威胁。第一，食物缺乏。第二，人类自身身体素质非常低下。第三，饮食粗糙、低劣。茹草饮水、辛酸辣臭，摧残人的肠胃。第四，生存的环境非常恶劣。风霜雷电、自然灾害、寒暑瘴气都威胁着人类。所以当时人的寿命非常短，平均三十岁。作为一位亲民、爱民、负责任的部落首领，神农是看在眼里，急在心头。为了把百姓从死亡的边缘、从艰难困苦中解救出来，神农决定冒着生命危险，拿自己的身体做赌注，亲自遍尝百草，发明医药。

那么神农采集百草、发明医药的地方在哪里呢？就在鄂西北一带。为了尽快地缓解百姓的痛苦，神农不怕山高谷深、道路险阻，不怕树大林密、毒蛇猛兽。神农架是华东的屋脊，高耸入云，四周像刀砍斧劈一样，非常险峻。为了采到自己需要的药草，炎帝神农在神农架这个地方，砍断木藤架梯，搭成了一百层高的云梯，最后攀上了神农顶。人们为了纪念神农的壮举，把这个地方称为神农架，根据神农尝百草的经验，后世人写成了中国医药理论的开山著作《神农本草经》。

3. 炎帝神农尝百草在汉水流域的三大意外发现

据说神农遍尝百草，之所以取得成功，是因为得到了三种宝物的帮助，这就是石花、茶叶和灵芝。这三大法宝都来自鄂西北一带，是鄂西北的江河山川给神农带来了这三大便利。

第一件宝物的发现，让神农非常兴奋。一天，他带着自己的大臣赤松子和大女儿一起沿着汉江谷地寻找草药，他们在一个秀丽险峻的山谷发现了一片盛开着白色花朵的玉石树林。这些树晶莹洁白，玲珑剔透，远远地散发出一阵淡淡的清香，就像真的树木一样。几个人为这个发现惊喜不已，围绕这片树林反复地游荡、徘徊，久久不忍离去。还是神农的女儿活跃，她从一棵玉树上采摘了一朵花蕾，把它揉碎，然后丢到嘴里，没想到入口即化，凉丝丝、甜津津的，非常好吃。她把这个发现告诉神农和赤松子，于是大家一起吃起来，连续几天以它作为饭食。几天之后，一个变化发生了，大家的皮肤变得非常洁白，身体也变轻了，最大的变化是身体变得透明了，连五脏六腑都可以看得清清楚楚。

石花的发现，对神农帮助很大，以后他再吃什么草木，再遇到什么毒物，就可以亲眼看到这些东西在自己身体内的变化。为了纪念这一发现，神农就将石花的发现地命名为“石花”，据传，这个地方就是毗邻今天襄阳市谷城县的石花镇。

第二件宝物就是茶叶。传说炎帝神农沿着汉江河道向北行走，来到今郧阳区茶店镇这个地方时，他发现了一种新的植物，很矮，但是叶子圆润，四季常青。神农顺手就摘了几片放到嘴里。吞下之后，只见这种叶子在五脏六腑之间上下翻腾，就像水洗过一样，五脏六腑瞬间变得晶莹起来。神农对这个发现和这种叶子的功效非常看重，他把这种植物取名为茶，而发现茶的这个地方，就叫茶店。

第三件宝物是灵芝。据说神农在搭造云梯、攀上神农顶的时候，发现了一种像脸盆那么大、像蘑菇一样颜色鲜红的植物，他大胆地掰下一块送到嘴里，顿时感觉清香满口，舌底生津，不一会儿，还感到一股暖气从丹田升腾而上，早些天被各种毒物所侵害的身体迅速恢复健康；身上各种不舒服和疼痛，顷刻间消失得无影无踪。神农感到这是遇到毒物的克星了，于是他把这种植物取名为灵芝。在以后的日子，神农随身就带着灵芝，遇到剧毒的时候就掰下一块，丢进嘴里，毒性就会立刻化解，从而逢凶化吉、转危为安。此后民间盛传灵芝有起死回生、化解百毒的奇效。

4. 炎帝神农尝百草对汉江文化的深远影响

神农尝百草对汉水流域、鄂西北一带历史文化发展的影响是深远而巨大的。除了全民族的具有普遍历史意义的影响之外，神农对汉水流域、鄂西北一带独有的影响有以下五大方面。

第一，神农让汉水流域人民具有较高的中医素质，让鄂西北地区具有浓厚的中医文化底蕴。

在鄂西北地区，处处是草药。独特的地理环境形成的垂直气候让汉水流域成为药材宝库。正是因为拥有这种浓厚的中医文化氛围和中医文化底蕴，汉水流域才得以牵动以李时珍、孙思邈为代表的一代又一代中草药大家和中医学大家的目光和脚步，使他们到这里来探索发现。也正是因为拥有这种浓厚的中医文化氛围和中医文化底蕴，汉水流域早在汉代就走出了一代中医、中药理论的开山鼻祖张仲景。可以说，在鄂西北这个地方，无论是田边地头，还是山林水滨，到处都是草药，这和神农尝百草是息息相关的。

第二，受神农的影响，在汉水流域、鄂西北一带形成了独特的食物防腐技术和以酸辣为主的饮食习惯。今天汉水流域在食物防腐技术方面，可以说在全国闻名，最有代表性的就是鄂西北地区的腊肉、熏肉，尤其是熏肉，以其色泽的纯正、味道的鲜美、营养的丰富、保存期长而闻名。

第三，在汉水流域、鄂西北一带形成了以饮茶成习、品茶成趣、种茶成风、视茶为宝为特征的茶叶产业和茶叶文化。受神农的影响，汉水流域人民非常喜欢茶，到处种茶，人人喝茶。早上喝，晚上喝，春夏喝，秋冬也喝，渴了喝，累了喝。人们以茶代酒，以茶为媒，用茶送礼，献茶祭神。

第四，神农精神。炎帝神农留给汉水流域人民强大、深厚的神农精神的核心是什么呢？开拓创新、公而忘私、牺牲自我、关注大众、以民为本、奋发图强都是神农精神的核心。这些精神是汉江儿女建设、振兴汉水流域的无穷动力。

第五，神农留给了汉江儿女作为炎帝神农子孙的骄傲和自豪、力量和信心。神农在汉水流域的神话说明了什么？恐怕用两个词来概括它比较贴切：古老、伟大。这是一片古老的土地，有着古老而伟大的民族，有着古老而伟大的文化，有着古老而伟大的民族英雄，同时有着古老而伟大的发明创造。所以说，汉水流域是一片古老而文明的土地，是一片光荣的土地，是一片令人骄傲的土地。

二、圣母女娲济苍生

要认识一个民族和一个民族文化真正的本性，最好从它的神话开始。同样，要认识鄂西北地区人民和文化真正的本性，就必须从鄂西北地区神话开始搜寻。

1. 女娲的功绩以及女娲形象的形成

中华民族悠久的历史是从传说中的三皇五帝开始的。女娲时代属史前时期，是我国史前史的一个组成部分。

女娲之所以备受世人尊崇，关键是神话传说中的女娲创造了在今天看来依然是惊天动地的功业：一是抟土造人，创造了人类。没有女娲，就没有人类。二是炼石补天，拯救了人类。三是发明笙簧。四是建立了人类的嫁娶婚姻制度。五是造化生灵万物。六是设姓氏使部落管理有序。七是造符号，促进了文字产生。八是除水患，女娲是造坝防洪第一人。九是兴建筑，使人类走出洞穴。这九大功劳，旷古烁今，无一神一仙可比，无一皇一帝可比，都是空前绝后的创造、空前绝后的义举、空前绝后的功德，都有空前绝后的影响。正因为如此，她得到了中华民族广泛而长久的崇拜和尊敬，被炎黄子孙公认为创世神和始祖。

在今天看来，女娲并不是一个具体真实的人，也不是一个神，而是母系氏族社会这个历史时期的象征和符号，是母系氏族社会全部女性的代表，她的九大功绩，也不是她一个人一时一地的创造发明，而是在母系氏族社会这个历史时期全体女性共同创造的结果，只不过人们把这些成就放到女娲一个人身上而已。所以，在母系氏族社会时期，有女性活动的地方，就应该是女娲活动区，就应该留有女娲神话和故事以及女娲文化遗存。而女娲神话和故事，以及女娲文化遗存出现特别集中的地区，就是典型的女娲文化中心区，可以被视为女娲圣地。

2. 女娲圣地命名权的当代之争

时至今日，在中国出现了一种奇怪的现象：全国各地都在争抢女娲圣地的所有权，都想将女娲圣地据为己有。目前全国有六地对女娲圣地所有权诉求的呼声最高：一是陕西省平利县。他们声称陕西省安康市平利县应是女娲文化的发祥地，这个县的女娲山就是传说中的“女娲治所”。二是河南省周口市女娲城。当地相关部门根据民间传说和史书记载，经过长期勘探，发掘了该古城址，这一珍贵的古文化遗址被列为省级重点文物保护单位。三是河北省邯郸市涉县。他们声称，相传上古时期，始祖女娲就在涉县的古中皇山上抟土造人、炼石补天，长期以来形成了脍炙人口、流传广泛的女娲文化。四是山西省赵诚镇侯村。他们有3000～5000年历史的猴头柏作证的女娲陵庙。五是甘肃省天水市女娲庙。地处天水市秦安县城北约50千米的陇城镇，相传为女娲出生地。六是山西省晋城市泽州县金村镇女娲遗址。此遗址在泽州县金村镇东南浮山。

纵览各地的诉求理由，客观地说，就属留存在汉水流域的女娲文化和女娲文化遗迹最古老久远，最具实物史证，最翔实典范，最为风俗化、通俗化和生活化，也最为鲜活生动、深入人心，这些特色充分说明了汉水流域女娲文化遗存极其深厚的传统和极其独特而重要的地位。同时，也充分显现出汉水流域女娲圣地建造女娲公园、振兴地方旅游经济的充足依据。

3. 女娲精神的当代价值

一是直面现实，勇于战胜困难、顽强自救的大无畏英雄主义精神。女娲当时面临的是天大的困难：天崩地陷，水火泛滥，猛兽肆虐，人类正在遭遇一场浩劫。在这样的危急关头，她挺身而出，补苍天、杀猛兽、治洪水、救人民，表现出大无畏的英雄气概。

二是勇于开拓、富于创造、敢为天下先的创新精神。在传说中，女娲是一个了不起的发明家、创造家。在洪水滔天、人类即将灭绝之时，她发明了用芦灰止水的办法；在苍天破裂之后，她创新出炼石补天之举；在大地塌陷之时，她采取了断鳌足支天的措施。此外，她还制定了婚姻制度，发明了笙簧乐器，其想象之丰富、创造之大胆，值得我们继承和发扬。

三是慈母胸怀和以民为本的博爱精神。面对民不聊生的惨状，女娲挺身而出，救民于水火，解民于倒悬，体现了慈母的胸怀和以民为本的博爱精神。

女娲精神是汉水流域光荣的文化传统和宝贵的精神财富，是我们崛起腾飞取之不尽、用之不竭的精神动力，值得我们认真地去发掘、保护和合理地开发利用。

三、春秋霸主楚庄王

楚庄王（？—公元前 591 年），又称荆庄王，芈姓，熊氏，名侣，又称熊侣，楚穆王之子。春秋时期楚国君主，春秋五霸之一。

在楚国八百年的历史长河中，楚庄王是最具开拓精神、最有胆识、最富韬略、最有成就的国王之一。

公元前614年，楚穆王病逝，庄王即位。庄王即位时不足二十岁，当时楚国内外交困。国外，以晋国为首的北方诸国乘楚国忙于办丧事之际，重新结盟，对楚国虎视眈眈。国内，斗越椒等一批大臣争权夺利、钩心斗角，政治极端腐化，其他的大臣或明哲保身，或有心无力。庄王初年，楚国发生贵族暴乱。国家处在危难之际，国将不国。

庄王在平息乱事、稳定局势之后，力图进行改革，兴兵强政，但人才缺乏。满朝文武大臣虽多，但一时难辨忠奸。怎么办呢？庄王决定“以静观动”“先抑后扬”，上演一出宫廷“选秀大戏”。

楚庄王开始不发号令，不理朝政，整天沉溺于声色犬马之中，任由各色人等尽情表演。有大臣看不过眼，冒险劝谏，却被骂得狗血淋头。楚庄王还发下诏令，说：“有敢谏者死无赦！”一个叫伍举（一说伍参）的大夫，决定冒死谏君。[①] 一天，大夫伍举进谏楚王。楚庄王“左抱郑姬，右抱越女，坐钟鼓之间”，手中端着酒杯，口中嚼着鹿肉，醉醺醺地在观赏歌舞。他眯着眼睛问道：“大夫来此，是想喝酒呢，还是要看歌舞？”伍举话中有话地说：“有人让我猜一个谜语，我怎么也猜不出，特此来向大王请教。”楚庄王听说是让他猜谜语，来了兴致。一边喝酒，一边笑问：“什么谜语，这么难猜？你说出来听听。”伍举说：“谜语是‘楚京有大鸟，栖在朝堂上，历时三年整，不鸣亦不翔。令人好难解，到底为哪桩？’您请猜猜，不鸣也不翔，这究竟是只什么鸟？”楚庄王心中明白伍举的意思，但他仍不动声色地说道：“我猜着了。它可不是一只普通的鸟，这只鸟啊，三年不飞，飞将冲天；三年不鸣，鸣将惊人。你

① 司马迁，张大可. 史记全本新注：全3册［M］. 武汉：华中科技大学出版社，2020：1050.

等着瞧吧。”伍举明白了楚庄王的良苦用心。

可过了几个月，楚庄王这只大鸟依然故我，既不“鸣”，也不“飞”，照旧寻欢作乐。大夫苏从忍受不住了，便来见庄王。他一进宫门，便大哭起来。楚庄王说：“先生，为什么事这么伤心啊？”苏从回答道：“我为自己就要死了伤心，还为楚国即将灭亡而伤心。”楚庄王很吃惊，便问道：“你怎么要死了呢？楚国又怎么要灭亡了呢？”苏从说：“我想劝告您，您听不进去，肯定要杀死我。您整天观赏歌舞，游玩打猎，不管朝政，楚国的灭亡不是在眼前了吗？”楚庄王听完大怒，斥责苏从：“你是想死吗？我早已说过，谁来劝谏，我便杀死谁。如今你明知故犯，真是傻极了！”苏从十分痛切地说：“我是傻，可您比我还傻。倘若您将我杀了，我死后将得到忠臣的美名。您若是再这样下去，楚国早晚是要灭亡的，您就当了亡国之君。您不是比我还傻吗？我的话说完了，您要杀便杀吧。”楚庄王忽然站起来，动情地说：“大夫的话都是忠言，我哪会不明白呢？”旋即，庄王便传令解散了乐队，打发了舞女，决心要大干一番事业。

楚庄王首先整顿内政，广纳贤良之才，起用伍举、苏从、孙叔敖、子重等卓有才能的文臣武将，委以重任，放手让他们整治朝纲，厉行法治，兴修水利，重农务商，使经济得到了发展，人民生活得到改善。由于他赏罚分明，群臣和睦，百姓安居乐业，国力日益强盛。同时楚庄王又整饬军事，改革兵制，增强了军队战斗力，为楚国争夺霸业奠定了雄厚基础。

经过几年的治理和发展，楚国民富国强，成就霸业时机渐趋成熟，于是，楚庄王吹响了“不鸣则已，一鸣惊人”的号角，开疆拓土，无往不利。

楚庄王三年（公元前611年），庄王率兵灭了庸国（今湖北竹山县一带）；庄王六年（公元前608年），庄王亲率大军大败宋国，并击溃来援的晋军；庄王八年（公元前606年），庄王又战败了陆浑（位于今河南嵩县东北部）的戎族。楚庄王还在周朝的边界阅军示威，周定王急忙派大臣王孙满去慰劳。楚庄王见到王孙满，便询问周朝京城“九鼎轻重”，欲取而代之。庄王十六年（公元前598年），庄王降服陈国。庄王十七年（公元前597年），庄王亲自率领大军攻打郑国，向晋国挑战（晋国是陈国、郑国的保护国）。在铋地（位于今河南郑州西北）楚军突然向晋军发动袭击，拥有六百辆兵车的晋国人马，一战之间几乎全部覆灭。是年冬，庄王乘胜攻灭萧国。

三年未鸣的楚庄王终于一鸣惊人。此后，楚庄王又陆续让鲁、宋、郑、陈等十四国归顺，并于楚庄王二十年（公元前594年）在蜀（位于今山东泰安西）开会结盟共举楚庄王为盟主，楚庄王遂成为继齐桓公、晋文公、宋襄公、秦穆公之后称雄中原的霸主。

在“春秋五霸”当中，以楚国的地域最大，人口最多，物产最丰，文化最盛。楚庄王称霸中原，不仅使楚国强大，威名远扬，也为华夏的统一、民族精神的形成发挥了巨大的作用。

楚庄王二十三年（公元前591年），庄王因病逝世，归葬纪南城郊。今荆州有楚庄王墓、樊妃墓。

四、文韬武略东汉昌

刘秀（公元前5—公元57年），字文叔，东汉开国皇帝，即汉世祖，光武帝，南阳郡蔡阳县（位于今湖北省枣阳市西南）人。

刘秀为汉高祖九世玄孙，九岁丧父，由叔父刘良抚养成人。早年从事农业生产。新莽天凤年间到长安求学，拜中大夫许子威为师。后因资用拮据，回到家乡。汉地皇三年（22年），农民起义军蜂起，刘秀与其长兄刘縯率领宾客七八千人在舂陵（今湖北省枣阳市）起兵，招新市、平林、下江等军编为六部，击杀王莽南阳守将，又击败王莽大将严尤、陈茂，进军围宛，声势大振。地皇四年（23年），新市、平林诸将拥立刘玄做汉帝，号更始帝。这一年刘縯攻下宛城，更始帝入都宛城，起义军的声势剧增。昆阳之战，以少胜多，大败莽军，敲响了王莽新朝灭亡的丧钟，为汉室中兴打下基础。这一年的九月，义军攻破长安，王莽败亡。不久，更始帝迁都洛阳。更始帝派刘秀巡河北，欲除之。刘秀借机发展壮大了自己的势力。汉更始三年（25年）六月，刘秀称帝，史称东汉光武帝，改元建武，定都洛阳。随后刘秀挥军击败和收编各路农民起义军，削平青州张步、渔阳彭宠、于水隗嚣、益州公孙述等豪强割据武装，终成大业，建立了东汉帝国，恢复了中国的统一。

光武帝即位以后，不忘故乡舂陵，多次回故乡。汉建武三年（27年）回到舂陵，在其旧居宴请乡亲父老。建武六年（30年），光武帝下令，提高舂陵乡建制，改舂陵乡为章陵县，世世代代免除徭役。枣阳至今还有不少有关光武帝的名胜古迹：有祭祀光武帝的白水寺，有出征誓师的点将台，有屯聚人马的八万山，有起兵竖旗的旗杆山，有旧宅故居白水村（皇村）。另外，还有关于报恩寺、无蚊桥、扳倒井等有趣的民间传说，至今仍在广大群众中流传。

汉光武帝刘秀是我国历史上著名的封建皇帝之一。史称其才兼文武，豁达大度。历代学者给予了他高度评价，《后汉书》作者范晔论曰："虽身济大业，兢兢如不及，故能明慎政体，总揽权纲，量时度力，举无过事。退功臣而进文吏，戢弓矢而散马牛，虽道未方古，斯亦止戈之武焉。"①

① 范晔，罗文军. 后汉书［M］. 西安：太白文艺出版社，2006：15.

第二节　水秀山明出仁智

三千里汉水自古以来人杰地灵，造就许多仁人志士。“造字圣人”仓颉，开创文明之基，在汉字创造的过程中起了重要作用，他不断创造、探索、奋斗和奉献的精神，激励着一代代炎黄子孙。被后世称为“木圣”（科圣）的张衡，为中国天文学的发展作出了不可磨灭的贡献。“上以疗君亲之疾，下以救贫贱之厄，中以保身长全，以养其生”（《伤寒杂病论》），表现了医圣张仲景的仁心仁德。

一、文祖仓颉揭天机

五千年来，中华民族创造了令世界瞩目的中华文明。无论是诸子百家还是唐诗宋词，无论是岐黄之术还是四大发明，中华文化的传承都依赖一项伟大的发明——汉字。关于汉字的产生，有一个流传甚久的传说——中华文祖仓颉在洛阳阳虚山造出了中国最早的汉字。

综合史籍记载，可以得出一个基本印象：文字始于仓颉，仓颉造字于洛水之滨。

仓颉石刻手书有二十八字。历代以来，二十八字遍载典籍，知名度很高。凡过往洛境的达官贵人、文客显士，无不瞻仰圣迹，拓印字形以示风雅。虽经寒暑变迁，物换星移，其迹犹存。后原字不幸被毁于火，不好辨认。清道光年间，知县王森文从民间征得拓印真本，请石匠凿碑，树立于阳虚山下的许家庙村。其碑高 1.6 米，宽 0.65 米，正面题为“龟凤呈瑞”，下大书“仓颉授书处”，背面题为“阳虚鸟迹”，下书二十八字。它正是仓颉造字于洛南的信证实物，此碑现存于洛南县博物馆。

仓颉造字，功在千古，誉满中华。为了纪念这位文字始祖，洛南县府于清光绪五年（1879 年）在县城东街建仓圣祠。祠内有正殿、享殿、前殿，一院两进，正殿奉木神牌位，题“仓圣之神位”五字，朱底金字。享殿由陕西督学使许振讳题“奎文启圣”四字。前殿大门由洛南县令伊允桢题“仓圣祠”，字迹苍劲有力。整个建筑系砖木结构，雕梁画栋，宏伟壮观，气氛庄严肃穆，现在基本保持原貌，成为游客追忆仓圣的绝好去处。如今，洛南人民为纪念仓颉这一文字初祖，在城关镇人民路南建有占地面积 1.5 万平方米的仓颉园，浓缩和演绎了仓颉造字的历史遗迹与传说，自东向西依次有奎星亭、云雀园、仓圣广场、仓颉雕像、仓颉纪念馆、黑水潭、石屋造字遗迹等。

二、道家肇始老莱子

老莱子（约公元前 599—前 479 年），楚国人。春秋晚期著名思想家、哲学家、“道家”肇始人之一，同时还是中国古代“二十四孝子”之一。道家和儒家起源于春秋，兴盛于战国，是我国哲学史上两大学术流派。儒家源于孔子，道家始于老子和老莱子。过去误传老子即老莱子，实为二人。老子姓李名耳，字聃；“毕沅说：老莱子本为莱子，而以寿考称老莱子”①，老莱子为春秋时期赖人（“赖”为氏族方国，在今湖北省随州市稍东而北。“赖”即“莱”，“莱”为国姓）。楚灵王三年（公元前 538 年），楚灭赖，老莱子随族人迁至鄢（位于今湖北省宜城市南），成为楚国人。老聃与老莱子，同为道家学派的创始人。

---

① 沙少海. 庄子集注［M］. 贵阳：贵州人民出版社，1987：288.

老子著有《道德经》（或《老子》）传世，而老莱子著书十五篇（或曰十六篇）于先秦就已散佚，难为后人所知，后人仅从其他书转载中知端详。春秋时期是我国大动荡、大变革、大转型时期，面对礼崩乐坏的社会现实，国家应该怎么办？诸子百家，各抒己见，以拯世弊，挽救社会于崩溃边缘。老聃述治国方略，力主“修道德”，以“道”治国；老莱子“言道家之用”，主张以“道”修身。“其学以自隐无名为务”（《道德经》）是两人的共同特点。不过，老莱子的“隐”更表现在行动上。老聃曾任周的“守藏室史”（史官），是后世所说的“隐朝市”的“大隐”；老莱子却“逃世，耕于蒙山之阳”①，是后世所说的“隐陵薮”的“小隐”。

道家原创者“言道家之用”是以“治人事天”为活动基础的。“治人事天”是道家面对社会现实的重要举措，它的重要性莫过于农夫之治田，务去其殊类，归于齐一，要慎之又慎。为什么要慎之又慎呢？因为要多积累行之所得。其所以无往而不胜是因为多积累行之所得能得“道”，而“道”的力量是无法估计的。用无穷的“道”治国才可以把国家治理好。“道”是治国的根本，以本营末才可以深根固柢，这是永葆国家兴盛的法则。

关于老莱子的“隐”，《古列女传》《列仙传》《高士传》记述一致，即当时世乱，“逃世，耕于蒙山之阳”。老莱子为什么“逃世”？“逃世”是因为“当时世乱”，在于楚灵王的贪婪、反复无常，楚平王的昏庸、丧心病狂，以及吴灭楚、秦救楚的战乱给人民带来的灾难。老莱子的“隐”，并非厌世，一方面是对楚灵王及以后的楚王霸政的批判，另一方面是一种洁身自好的表现，“贵以身为天下”“爱以身为天下”（《道德经》），便是保持人自身的“真”“朴”，是对异化的对抗。

---

① 绿净. 古列女传译注［M］. 上海：上海三联书店，2014：99.

老莱子是以“斑衣娱亲”著称的孝子。老莱子的“孝”，不同于早期儒家提出的“六位任六职”（夫率、妇从、父教、子孝、君使、臣事）的“孝”，是以反“朴”归“真”为内容的“人性”复归意义上的“纯孝”。老莱子的“孝”，一方面是对春秋末期代表奴隶主贵族统治的霸政所带来的社会伦理破坏的批判，另一方面也表达了自由农民和小生产者对社会伦理的理想追求。虽然这种追求不免带有空想色彩，然而这的确是阶级社会中被压迫、被剥削的劳动人民对正常的社会伦理的一种企求。这种“孝”，同无私的母爱、父爱一样伟大，是劳动人民所追求的，是帝王和统治阶级内一切有良知的人所羡慕的。当然，在阶级社会中这种“孝”是很难实现的，然而人们总是如老莱子一样，充满希望与追求。正因为如此，老莱子的“孝”几千年来为炎黄子孙所称道、传诵。

三、商山四皓名百世

刘邦得天下以后，依照传统的宗法制度，汉高祖五年（公元前202年）立嫡长子刘盈为太子。然而刘邦最宠爱的戚夫人所生的赵王如意无论面相还是性格都酷似刘邦，深得高祖喜爱，久而久之，刘邦就有了“废黜太子，另立如意”的念头，群臣纷纷劝阻，高祖却不予理会。刘盈生母吕后焦急万分，赶紧向张良求助。张良考虑到太子之事关乎国运兴衰，便给吕雉出了一个非常高妙的主意，要她不惜一切代价请隐居商山的“四皓”出山做太子的老师。经过一番诚挚的恳求，“四皓”终于来到了长安。此事在《史记·留侯世家》中有详细的记叙：“四人从太子，年皆八十有馀，须眉皓白，衣冠甚伟。上怪之，问曰：‘彼何为者？’

四人前对，各言名姓，曰东园公，角里先生，绮里季，夏黄公。”① 刘邦见这四位德高望重、才识过人的隐士都愿意出山辅佐太子，很快打消了易储的念头。

据史料记载，“商山四皓”是秦末汉初的四位著名学者，一位是东园公唐秉，一位是角里先生周术，一位是绮里季吴实，一位是夏黄公崔广。这四个人满腹经纶却不愿当官，长期隐居在商山（今商洛市境内），出山时都八十有余，眉皓发白，故被称为“商山四皓”。刘邦久闻“四皓”的大名，曾请他们出山为官，却被拒绝，他们宁愿过清贫安乐的生活。为了拒绝世间的纷扰，他们以歌明志，留下了千古绝唱《紫芝歌》。他们为什么要数次拒绝刘邦的封官而接受太子的恳请？笔者认为，一是生当乱世，即便不能实现宏图大志，兼济天下，但也不愿随波逐流，与世推移，于是超尘脱俗，高标远举，独善其身。二是天下经过数十年的战争才终归于一统，此时的汉朝统治根基未稳，如果在这个时候废太子，很可能引起新一轮血雨腥风。为了天下的安定和黎民的安稳，他们只能选择舍弃自己恬淡的隐逸生活，而这正是“商山四皓”的伟大之处。

“四皓”隐居深山食商芝度日的故事，为汉水流域留下了一道历史文化名菜，这就是商芝肉。古典文献中有关商芝肉的记载出自《紫芝歌》。《紫芝歌》有二。一是西晋的《高士传》中所记述的四皓隐居于蓝田山所作的《紫芝歌》：“莫莫高山，深谷逶迤。晔晔紫芝，可以疗饥。唐虞世远，吾将何归？驷马高盖，其忧甚大。富贵之畏人兮，不若贫贱之肆志。”（《古诗源》）二是宋代《乐府诗集》中的《采芝操》：“皓天嗟嗟，深谷逶迤。树木莫莫，高山崔嵬。岩居穴处，以为幄茵。晔晔紫

① 司马迁. 史记：评注本［M］. 甘宏伟，江俊伟，注. 武汉：崇文书局，2010：345.

芝，可以疗饥。唐虞往矣。吾当安归?”① 此二者虽然歌名不同，但是所描述的“四皓”隐居生活情状大致相同。但情怀表达有别，前者表达的侧重点在于“四皓”“不为五斗米而折腰”的浓烈隐士情怀，后者侧重于表达“四皓”对将来归宿的感慨。据《名人与名吃》记载:“四皓将他们当年避乱商山时自创的一道菜肴进献给刘邦，该菜的主料为鲜猪肉，以商芝，(即蕨菜）辅之，刘邦食后大为赞赏，遂命名为商芝肉。”② 这样看来，商芝肉大约是后来人为纪念他们而作，类似于为纪念屈原而包粽子。

由于强烈的道德人格寄托、悠远丰厚的历史人文意蕴，商芝肉逐渐成为陕西十大名菜之一，不仅被帝王命名抬举，更是风行民间，甚至作为国菜远行海外。

由于“商山四皓”的故事本身具有传奇色彩，凝结着士人既能建功立业、名垂后世，又能远身避害、终其天年的理想，千百年来成为历代文人吟咏的对象。如杜甫的“羽翼怀商老，文思忆帝尧”③，“常怪商山老，兼存翊赞功”④，白居易的“黄绮更归何处去，洛阳城内有商山”⑤。伴随着传奇故事的传播和历代文人的吟咏，“商山四皓”成为隐逸文化的代名词。

四、千古良相诸葛亮

诸葛亮（181—234 年），字孔明，号卧龙，徐州琅琊阳都（今山东省临沂市沂南县）人，汉族，三国时期杰出的政治家、军事家、谋略

---

① 谭国清. 中华藏典·传世文选：乐府诗集［M］. 北京：西苑出版社，2003：525.
② 施力，陈茨. 名人与名吃［M］. 北京：中国工人出版社，1999：42.
③ 周振甫. 唐诗宋词元曲全集：全唐诗 第 4 册［M］. 合肥：黄山书社，1999：1618.
④ 周振甫. 唐诗宋词元曲全集：全唐诗 第 5 册［M］. 合肥：黄山书社，1999：1684.
⑤ 周振甫. 唐诗宋词元曲全集：全唐诗 第 9 册［M］. 合肥：黄山书社，1999：3314.

家、战略家、外交家、发明家。蜀汉丞相，谥曰忠武侯，被誉为“千古良相”。

东汉建安十二年（207 年），因受刘皇叔三顾茅庐之礼，遂允出山相助。诸葛亮提出著名的《隆中对》，勾画蜀汉蓝图。刘皇叔拜诸葛亮为军师，处理军政大事。当时诸葛亮年纪轻轻，关羽、张飞等人看不起诸葛亮。刘备对他们说道：“孤之有孔明，犹鱼之有水也。”[①] 关羽等人听了也就不再说什么了。建安十三年（208 年），曹操南下，大破刘备。诸葛亮和徐庶在逃跑中被曹操击溃，徐庶遂投奔了曹操。诸葛亮至江夏后，策动孙、刘联盟，曾舌战群儒、借东风、智算华容、三气周瑜，辅佐刘备于赤壁之战大败曹操，更取得荆州，奠定三国鼎立的基础。刘备入川后，诸葛亮镇守荆州，诸葛亮此时的治政能力初步显示出来。庞统中箭身亡后，诸葛亮作为二路援军，和赵云一起入川。此后，刘备基本上都领兵在外，诸葛亮一直留守成都，由于他出色的治政能力，西川的经济有了很大程度的恢复。这一成果不但蜀国人人称道，就是魏国的钟繇、董昭等人也在给曹操的奏章中屡屡称颂诸葛亮的治政能力。曹操因此也给诸葛亮写过信，并送了一些礼物。当然，这一切都是白费心机。此后诸葛亮于定军山智激黄忠，斩杀夏侯渊，败走曹操，夺取汉中。汉中大捷后，刘备自封汉中王，封诸葛亮为军师将军。东汉延康二年（221 年），刘备称帝，蜀汉建立，诸葛亮被封为丞相。刘备伐吴失败，蜀汉章武三年（223 年），诸葛亮受遗诏于永安辅佐幼主，外联东吴，内修政理，南征平叛，北抗强魏。为完成统一中原、兴复汉室的大业，他七纵平蛮，六出祁山，在治国、治军等方面发挥了非凡的才能。蜀汉建兴十二年（234 年），诸葛亮因积劳成疾，病逝于五丈原，享年五十四岁，谥曰忠武侯。司马懿在探查蜀军营寨时，称诸葛亮为“天下奇才”。

---

① 陈寿. 三国志［M］. 裴松之，注；武传，点校. 武汉：崇文书局，2010：411.

诸葛亮一生的功绩大致可分为三个阶段。第一阶段是从出山至入川前，这一阶段诸葛亮主要表现的是自己的外交能力。尤其是他在赤壁之战中的游说，使得孙、刘结成同盟，显示诸葛亮有军师之才。第二阶段是诸葛亮入川到白帝城托孤，这一阶段诸葛亮主要表现的是自己出色的治政能力。第三阶段是刘备死后到诸葛亮病逝，这一阶段诸葛亮的精力已经由内政转向了军事。

诸葛亮是个全才，上知天文，下知地理，琴棋书画无不通晓。除了其卓越的军事才能、政治智慧和外交才干外，他在书法、绘画、音乐上都有相当高的水准和非凡艺术成就，在中国艺术史上具有一定的历史地位。

诸葛亮“鞠躬尽瘁，死而后已”的献身精神，择才使用、任人唯贤的用人之道，忠诚无私的高尚品格，开拓创新的进取意识，千百年来一直为人们所敬仰、称道和怀念。至今，以诸葛亮为原型改编的故事，成了各剧种的保留节目。其智慧和精神在秦楚大地传颂。

五、医宗之圣张仲景

约东汉和平元年（150年），张仲景诞生于南阳的一个官僚家庭。由于父亲在朝为官，张仲景从小就有机会接触很多典籍，他非常勤奋，博览群书，并对医学产生了浓厚的兴趣。尤其是当他看到名医扁鹊的事迹时，更是在钦佩之余坚定了从医的信念。张仲景10岁左右就师从张伯祖学习医术。由于他谦虚谨慎，刻苦努力，很快就尽得真传。东汉末年，瘟疫流行，张仲景家族200多人因伤寒病死了约100人。张仲景非常难过，立志“勤求古训，博采众方”，为人民治病。他在前人医书《素问》《九卷》《八十一难》《阴阳大论》《胎胪药录》的基础上，结合自己的医疗经验，写成了《伤寒杂病论》（伤寒指的是急性传染病，杂病指的是外科、妇科等方面的疾病）。全书除病理论证外，还系统分析了伤寒的原因、症状、发展阶段和处理方法，创造性地确立了对伤寒病“六经分类”的辨证施治原则，奠定了理、法、方、药的理论基础。书中还精选了三百多方，喻嘉言高度赞扬此书，“为众方之宗、群方之祖”①。

张仲景不仅医术高超，医德也十分高尚。相传张仲景青年时期被举为孝廉，官至长沙太守，他虽居要职，却淡泊名利，不屑于追逐权势，每逢初一、十五便停办公事，亲自到大堂之上为百姓诊病，号称“坐堂”。直到今日，我们仍用“坐堂”来称呼中医师的工作。张仲景的《伤寒杂病论》一书，不仅奠定了中医辨证论治的临床医学基础，也创造了中药炮制学、中药药剂学的基本方法。这位医术高明、医德高尚的杏林高手，被后世尊为“医圣”。

六、宰相之杰张居正

在我国历史上，张居正是一位叱咤风云的人物。他虽出身寒微，但经过自身努力和官场历练，最终成为力挽狂澜的救世宰相。明代大思想家李贽称他为“宰相之杰”，清人蔡瞻岷称“明只一帝，太祖高皇帝是也；明只一相，张居正是也”②。无论是同时代的人，还是清代的人，抑或是现代的人，都对张居正给予了极高的评价，其历史地位可见一斑。

张居正，字叔大，号太岳。明嘉靖四年（1525 年）生于湖北江陵（隶属湖北省荆州市）的一个军户家庭。张居正 5 岁识字，7 岁能通六经大义，16 岁中举人，23 岁即考中二甲进士，并被选为庶吉士。青年张居

① 丹波元胤. 中国医籍考［M］. 北京：人民卫生出版社，1956：379.

② 刘献廷. 广阳杂记［M］. 北京：商务印务馆，1957：12.

正为人沉稳，政绩卓越，一步步升到吏部尚书、内阁次辅。明隆庆六年(1572 年)，隆庆皇帝去世，年仅 10 岁的太子朱翊钧即位，身为太子老师的张居正升为首辅，成为大明帝国的实际主宰者。

针对当时的种种积弊，张居正开始了大刀阔斧的改革。隆庆年间，国库几乎年年亏空。时至万历朝，明廷的财政早已入不敷出。张居正制定著名的“一条鞭法”，把各州县的田赋、徭役以及其他杂征总为一条，合并征收银两，按亩折算缴纳，大大简化了征收手续，同时使地方官员难于作弊。这种办法实行后，没有土地的农民可以解除劳役负担，有田的农民能够用较多的时间耕种土地，其对于发展农业生产起了很大作用。为了保障政令畅通，执行得力，张居正还创造性地发明了考成法，为政方针是“尊主权，课吏职，信赏罚，一号令”。对各级官吏进行定期考察，严令各级官员对应办之事均限期办妥。经过一些卓有成效的改革，暮气沉沉的大明王朝又恢复了生机。

张居正无疑是继商鞅、秦始皇以及隋唐之际革新者之后较为成功的改革者。张居正力挽狂澜，延长了明王朝的国祚，他所推行的“一条鞭法”介于“两税法”与“摊丁入亩”之间，在我国赋役制度史上有着承前启后的作用。

第三节　地灵人杰传声名

2000 多年前，张骞西域凿空之行，给华夏民族所带来的影响，不亚于哥伦布发现新大陆给西方世界带来的冲击。汉江清澈的江水，秀丽的风光，令人赞叹，历史上许多诗人为其留下了数不清的动人篇章，无一不是对汉江景物及诗人心情的真实写照。

一、凿空西域开丝路

2014 年 6 月 22 日，在卡塔尔首都多哈举行的第 38 届世界遗产大会上，丝绸之路跨国联合申报世界文化遗产项目顺利通过投票表决。张骞墓作为“丝绸之路”遗产点之一，成功入选世界文化遗产名录。张骞是西汉时期著名的外交家，举世闻名的“丝绸之路”的开拓者，被汉武帝封为博望侯，死后归葬故里城固县。其墓现位于该县博望镇以西 2300 米处的饶家营村，墓葬为砖室墓，斜坡墓道，呈覆斗形，属全国重点文物保护单位。

先后于公元前 138 年和公元前 119 年两次出使西域的张骞，未必有心欣赏大漠孤烟、长河落日的美景，也未必考虑过此行对后世的深远影响，但他的天涯孤旅，“凿空西域”，拓宽了一个民族看世界的大视野，也描绘出了丝绸之路的壮美画卷。

踏遍西域轻生死，两出国门惠东西。张骞历经多年探险，开辟了连接东西方的陆路通道——丝绸之路，发现“新世界”，比哥伦布航行世界足足早了 1600 多年。两次出使西域，虽然初始目的都没有达到，但是就其产生的实际影响和所起的历史作用而言，无疑远远超越当时当世，深刻推动了中国历史的发展。张骞的“凿空西域”行，对汉帝国，对历史，对华夏的影响，是那样的深沉和长远。时至今日，中华民族仍能感受到那次惊世大发现的冲击力。在此之前，中国的政治、文化势力从未超越玉门之外，而张骞的出使，便让中国的影响直达葱岭东西，实现了东西方之间的第一次文化交融。

张骞两次西行后，中国丝绸被运往西亚和欧洲，西方宝石、香料等东运至中国内地。丝绸之路上，商队、使节、军队、僧侣等奔走往来。《后汉书·西域传》记载:“驰命走驿，不绝于时月；商胡贩客，日款于塞下。”[1] 丝路横贯东西、连接欧亚，把遥远的东西方连接起来。外国史学家将张骞的壮举与哥伦布发现美洲的重要性相提并论，司马迁在《史记》中将张骞出使西域称为“凿空”，即原来不通，凿之，现在通也。

后人正是沿着张骞的足迹，走出了誉满全球的丝绸之路。同时，张骞无疑是极好的榜样，激励着一代又一代人推动东西方政治、经济、文化交流。

张骞为世人塑造了胸怀博大、精神雄健、意志坚韧的民族形象。这是中华民族曾经拥有的形象，也是改革开放时代需要重塑的形象，更是处在最好发展时期的中国应该保有的形象。

二、科学巨匠看张衡

在南阳市卧龙区北郊石桥镇，有一座红柱白墙的汉式建筑——张衡博物馆，中国历史上罕见的大科学家张衡，就在自己的家乡长眠。

东汉初年，张氏家族是南阳大姓，张衡的祖父张堪，曾追随同乡刘秀平定天下。少年张衡聪明好学，博古通今，据说他 10 岁时就“通五经，贯六艺”，汉永元六年（94 年），16 岁的张衡到长安和洛阳一带寻师访友，参观太学，深入探讨五经六艺。这次游历让张衡学业大进，名闻乡里，也为他提供了丰富的文学创作素材。经过十余年的殚精竭虑，身为南阳主簿的张衡在处理政务之余写下许多文学作品，其中最著名的《东京赋》和《西京赋》被誉为“精思附会”之作，奠定了张衡的文学家地位。

张衡自幼兴趣广泛，对未知事物充满好奇。少年游学期间，张衡在

① 范晔，罗文军. 后汉书［M］. 西安：太白文艺出版社，2006：688.

洛阳结识了精通天文、历法的大学问家崔瑗，受到算学、天文、地理等学科的启蒙。汉元初二年（115 年）至永宁元年（120 年）和永建元年（126 年）至阳嘉二年（133 年），张衡两度担任太史令，专掌天时、星历，以及编订历法的工作。经过多年的研究积累，张衡写出了《灵宪》一书来论述他对天体的看法。张衡认为“宇之表无极，宙之端无穷”[①]，强调宇宙在时间和空间上都是无限的，《开元占经》引《浑仪注》中记载：“浑天如鸡子，天体圆如弹丸，地如鸡子中黄，孤居于内。”[②] 这些观点与近代科学理论不谋而合。张衡还依此制造出浑天仪，来模拟天体的运行。在浑天仪造好之后，为了验证其准确性，张衡把自己在密室中观测浑天仪时报出的一些数据，与灵台所观测到的实际数据对比，结果完全吻合。

张衡在辞赋上造诣颇深，为我们留下许多脍炙人口的名篇，与司马相如、扬雄、班固并称“汉赋四大家”。除了文学上的成就，张衡更是中国历史上少有的天文学家、地理学家、发明家。

三、人文情怀有诗家

江山如画，引无数英雄竞折腰。汉水流域是片令人向往的神奇土地，无数文人在这里驻足，指点江山，激扬文字，留下了传诵千古的诗章。过往的很多故事，在平静的水里流淌，任千古悠悠，浪淘不尽。每首诗作的背后都承载了独特的故事，蕴含着独特的情感。杜甫的忧愁，身处困境愈显高尚人格；宋之问的思念，近乡之情何等自然浓烈；王维的赞叹，悠悠江水融入滔滔情怀。掬一捧水，仿佛都能跳出些精妙绝伦

① 瞿昙悉达. 开元占经 上［M］. 常秉义，点校. 北京：中央编译出版社，2006：1.
② 瞿昙悉达. 开元占经 上［M］. 常秉义，点校. 北京：中央编译出版社，2006：2.

的诗句来。

唐大历三年（768年）正月，杜甫自夔州出峡，于秋天流寓湖北江陵、公安等地，其间作了《江汉》一诗："江汉思归客，乾坤一腐儒。片云天共远，永夜月同孤。落日心犹壮，秋风病欲苏。古来存老马，不必取长途。"① 彼时的杜甫已57岁，长期飘零，历尽艰辛，北归无望，生计日蹙，至老仍如浮云行止无定，心中自然颇多感慨。尽管如此，诗人孤忠仍存，壮心犹在，并未因处境困顿和年老多病而悲观消沉，此诗就集中表现了"烈士暮年，壮心不已"的精神，十分感人。

从泷州（今广东省罗定市）贬所逃归的宋之问，途经襄阳附近汉江时作了《渡汉江》一诗："岭外音书断，经冬复历春。近乡情更怯，不敢问来人。"② 诗意在写思乡情切，却正意反说，写愈近家乡，愈不敢问及家乡消息，担心听到坏的消息。语极浅近，意颇深邃；描摹心理，熨帖入微；不事造作，自然至美。

襄阳东南15千米处有一座鹿门山，这里曾是一批著名文人的栖隐之地，如汉代名士庞德公，唐代诗人皮日休、孟浩然。鹿门山内的孟浩然纪念馆据说就是孟浩然的隐居地。"山寺鸣钟昼已昏，渔梁渡头争渡喧。人随沙岸向江村，余亦乘舟归鹿门。鹿门月照开烟树，忽到庞公栖隐处。岩扉松径长寂寥，惟有幽人独来去"③，这首《夜归鹿门歌》通过描写诗人夜归鹿门山的所见所闻所感，抒发了诗人的隐逸情怀。

孟浩然早年有用世之志，但政治上困顿失意，以隐士终身。他是个洁身自好的人，不乐于趋承逢迎。他耿介不随的性格和清白高尚的情操，为当时和后世所倾慕。王维、李白、王昌龄都是他的好友，杜甫等

① 杜甫，蒋雪峰. 杜甫集［M］. 南京：江苏凤凰文艺出版社，2020：154.

② 王艳平. 唐宋诗词选讲：上册［M］. 宁波：宁波出版社，2021：11.

③ 徐中玉. 中国古典文学精品普及读本：唐宋诗［M］. 广州：广东人民出版社，2019：218.

人也与他关系甚好。

四、一代宗师张三丰

张三丰，名全一，一名君宝，号三丰居士，以其不饰边幅，又号张邋遢。他是元末明初著名道士，武当拳法创始人。

张三丰是位在内炼上有着高深造诣之人，且有诸多著述传世，明代已有流传。《明史·艺文志》著录有《金丹直指》《金丹秘诀》各一卷。明代曾有人编辑过张三丰文集《捷要篇》。他还著有《云水前集》《无根树道情》等。清雍正元年（1723年），汪锡龄将所见张三丰丹经两卷、诗文若干篇，附张三丰“显迹”三十余条，辑成《三丰祖师全集》家藏。清道光年间，道仙李西月又广采诸书补辑成《张三丰先生全集》八卷，并广为刊印。

张三丰是武当内家拳、内家剑的创始人。内家拳法讲究：以静为主，动静结合，以静制动；以内为要，内外兼备，以内御外；以神为帅，神形相融，以神统形；以人为先，人我相随，后发而先制人也；其上可通天，其下可达地，其内可强身，其外可御敌，故得其一二者，已足胜少林。武当拳法剑术，因其显效，后成为道教徒修持体道的重要内容，也是民间人士养生健体、延年益寿、防身御敌之重要方法，这可谓张三丰及其道派对中国文化的一大贡献。

张三丰生前并未公开自立门派，仅以游方高道身份收徒授道。但其身后被武当山及各地道士奉为祖师，形成三丰道派。明清以降，自称遇见张三丰传道授法、开创道派的道士甚多。

张三丰主张“三教合一”。在《大道论》上篇中就明确提出“予也不才，窃尝学览百家，理综三教，并知三教之同此一道也，儒离此道不成儒，佛离此道不成佛，仙离此道不成仙”①，三教皆统一于“道”旗下。至于三教之间的关系，他说：“儒也者——行道济时者也，佛也者——悟道觉世者也，仙也者——藏道度人者也，各讲各的妙处，合讲合的好处，何必口舌是非哉！夫道者，无非‘穷理尽性以至于命’而已矣，孔子隐诸罕言，仙家畅言之、喻言之，字样多而道义微，故人不知耳。”② 三教之间仅在功能和表现形式上相异，究其实质并无区别，皆为“穷理尽性以至于命”。

张三丰秉承金元丹法之精要，又加以创新，成内丹丹法。其内丹修炼主要体现在《大道论》《玄机直讲》《玄要篇》中。

五、百代文宗属韩愈

韩愈（768—824 年），字退之，河阳（位于今河南省孟州市西）人。祖籍河北昌黎，世称韩昌黎。晚年任吏部侍郎，又称韩吏部。谥号“文”，又称韩文公。韩愈是我国唐代著名的文学家、思想家。

韩愈是唐代散文家兼诗人，和柳宗元都是古文运动的倡导者，主张学习先秦、两汉的散文语言，破骈为散，扩大文言文的表达功能。他对古文创作的要求是，“必出入于仁义”“文从字顺各识职”（《南阳樊绍述墓志铭》），“唯陈言之务去”（《答李翊书》），“师其意，不师其辞”（《答刘正夫书》）。因忠于古文，其成果颇丰，《原毁》《进学解》《送李愿归盘谷序》《送孟东野序》《杂说》《祭十二郎文》《张中丞传后叙》等都是优秀作品。

在诗歌方面，韩愈推崇陈子昂、李白和杜甫，是韩孟诗派的代表人

① 李涵虚. 三丰全集［M］. 蔡聪哲，点校. 北京：宗教文化出版社，2013：143.
② 李涵虚. 三丰全集［M］. 蔡聪哲，点校. 北京：宗教文化出版社，2013：143.

物之一。他的诗，或反映时事，或写中下层文士的政治失意和个人遭遇，都很有特色，如《汴州乱》《八月十五夜赠张功曹》《山石》《左迁至蓝关示侄孙湘》《次潼关先寄张十二阁老使君》《早春呈水部张十八员外》等。韩诗力求新奇，重气势，有独创之功。韩愈以文为诗，把新的古文语言、章法、技巧引入诗坛，增强了诗的表达功能，纠正了大历（766—779 年）以来的平庸诗风。但像《陆浑山火和皇浦湜用其韵》《南山诗》《石鼓歌》等，故意搜集险怪，过分散文化、议论化，有伤诗意。

韩愈散文内容丰富，形式多样，语言鲜明简练，新颖生动，为古文运动树立了典范。韩文风格雄健奔放，曲折自如。其散文作品大致可分为以下几类：一是论说文。其论说文或宣扬道统和儒家思想，如《原道》《原性》《原人》；或明道，最有代表性的如《师说》。二是杂文。杂文自由随意，或长或短，或庄或谐，文随事异，各当其用，如《进学解》。杂文中令人瞩目的是那些嘲讽现实、议论犀利的精悍短文，如《杂说》《获麟解》等，形式活泼，不拘一格，有很高的文学价值。三是序文。大都言简意赅，别出心裁，表达了对现实社会的各种感慨，如《张中丞传后叙》《送李愿归盘谷序》《送孟东野序》等。四是传记、抒情散文。韩愈的传记文继承《史记》传统，叙事中刻画人物，议论、抒情妥帖巧妙。《张中丞传后叙》是公认的名篇。他的抒情文中的《祭十二郎文》又是祭文中的千年绝调，具有浓厚的抒情色彩。

韩愈的散文和诗歌创作，实现了自己的理论主张。其赋、诗、论、说、传、记、颂、赞、书、序、哀辞、祭文、碑志、状、表、杂文等各种体裁的作品，均有卓越的成就。后人对韩愈评价颇高，杜牧把韩文与杜诗并列，称为“杜诗韩笔”；宋代苏轼称他“文起八代之衰”；明人推他为唐宋八大家之首，与柳宗元并称“韩柳”，有“文章巨公”和“百代文宗”之名。韩愈作品收录在《昌黎先生集》里。韩愈还是一个语言巨匠。他善于使用前人词语，又注重当代口语的提炼，得以创造出许多新的语句，其中有不少已成为成语流传至今，如“落井下石”“动辄得咎”“杂乱无章”等。在思想上，韩愈是中国“道统”观念的确立者，是尊儒反佛的里程碑式人物。

此外，汉代江夏八俊（陈翔、范滂、孔昱、范康、刘表、檀敷、张俭、岑晊），唐代文学家皮日休，明代“竟陵派”文学双子星钟惺、谭元春等在中国古代文学史上都是响当当的人物。明代著名地理学家、旅行家和文学家徐霞客、“公安三袁”（袁宗道、袁宏道、袁中道）也探险汉江，留下赞誉篇章。现当代文学名家更是数不胜数。

六、当代文学领风骚

汉水流域在相当长的时期曾是中国古代历史的中心舞台。这里不仅展现了朝代更替的变化历程，留下了民族盛衰、强弱易势的历史刻印；同时也孕育和创造了丰富深邃的物质文明和精神文明，造就了一大批光照千古的文化巨匠。历代先贤的不朽著作和业绩，为人类留下了灿烂的文化艺术成果，树起了人类文化史上的巍巍丰碑，广为世人所敬仰。

到了现代和当代，汉水流域更是涌现出一大批知名作家，他们坚持以对民族盛衰、国家兴亡、社会进退的深沉关注为己任，坚持从现实和历史等不同角度对社会进行深层的描述与剖析，写出了一大批浓厚凝重、意蕴久远的精品佳作。在这里，我们分别以陕西、河南、湖北三地的作家为代表，来看看汉水流域大地上不同类别的文学。

首先来看看贾平凹。贾平凹 1952 年生于陕西丹凤，汉江较长的支流丹江就流经此地。贾平凹是中国当代文学极其重要的作家之一，三十多岁时写出了《商州》和《浮躁》，四十多岁时写出了《废都》，五十多岁时写出了《秦腔》。贾平凹 1978 年凭借《满月儿》获首届全国优秀短篇小说奖，1988 年凭借《浮躁》获美国美孚飞马文学奖，1997 年凭借《废都》获法国费米娜文学奖，2008 年凭借《秦腔》获第七届茅盾文学奖，2011 年凭借《古炉》获施耐庵文学奖。几十年来的文学坚守，贾平凹表现出雄厚的创作实力，不断地在中国文坛上掀起一轮又一轮冲击波。他的创作全景式地反映了中国，尤其是中国乡村急剧变化的生活，并且与时代的情绪和心理暗合得非常紧密，为人们提供了相当大的信息量。从一定程度上讲，他的创作也使中国当代文学的走向发生了某些改变。

接着来谈姚雪垠。姚雪垠 1910 年出生于河南邓州，汉水流域面积较大的支流唐白河之白河贯穿邓州。他从小爱听外祖母讲故事，还由此激发了想象能力和文学兴趣。他的小说从早年起，就透露出一种强悍的气质。姚雪垠 1929 年发表的《强儿》刻画了一种坚强的性格，20 世纪 30 年代中期的若干作品也多次写到一些敢作敢为的人物。把一批“强人”形象送进新文学的人物画廊，发掘和表现强悍的美，是姚雪垠对中国现代文学作出的独特贡献。1957 年，他开始创作《李自成》。

最后来看剧作家曹禺。曹禺原名万家宝，祖籍湖北潜江，出生于天津，是中国现代话剧史上成就最高的剧作家之一。曹禺自小随继母辗转各个戏院听曲观戏，故而从小便在心中播下了戏剧的种子。其作品《雷雨》《日出》《原野》《北京人》的出现，标志着中国现代话剧艺术的成熟，他也被人称为“中国的莎士比亚”。

矛盾冲突是曹禺戏剧结构的核心，曹禺早期戏剧的结构设置紧紧围绕矛盾冲突展开，冲突多变且因剧而异。在多变的戏剧冲突下，有着对原始野性讴歌赞美的精神内质。但其对原始野性的讴歌赞美在后期剧作中退却消失，戏剧冲突也随之匮乏。追求诗性是中国现代话剧的发展方向，曹禺曾说过《北京人》是当诗来写的，《雷雨》虽并非有意为之，但依然存在浓厚的诗意，这使得《雷雨》的环境氛围描写显得异常郁闷但是极富深意。在中国传统文化浸染与对西方戏剧的借鉴下，曹禺注重诗意与剧作结合，取得了很高的成就。

为纪念曹禺在戏剧创作以及推动中国戏剧创作事业发展上的巨大贡献，1980 年，中国戏剧家协会创办了全国优秀剧本奖，后改名为曹禺戏剧文学奖、中国曹禺戏剧奖等，2005 年正式改名为中国戏剧奖 · 曹禺剧本奖。中国戏剧奖评奖周期为两年一届，是中国戏剧剧本创作的最高奖，在戏剧界具有崇高的声誉和广泛的影响。

曹禺纪念馆坐落于湖北潜江风景优美的曹禺公园内，纪念馆的前身为创建于 1989 年的潜江市曹禺著作陈列馆，2013 年整合资源修建了曹禺纪念馆。曹禺天津故居位于天津河北区民主道东侧，是一栋坐东朝西、砖木结构的两层小楼，始建于清末，该故居是曹禺幼年和青少年时期生活居住的地方。2008 年该故居被天津市政府列为重点文物保护单位。

第七章
大江精魂

从世情人性和文化风格来看，汉江是一条温柔浪漫、洒脱飘逸的河流。温柔浪漫是她的情感气质，洒脱飘逸是她的灵魂思想，而其独特的道家思想则从根本上决定了汉江温柔浪漫、洒脱飘逸的神韵和底色。

第一节 温柔浪漫、洒脱飘逸的汉江

从世情人性和文化风格来看，汉江是一条温柔浪漫、洒脱飘逸的河流。这种率真和浪漫的气质绵延在汉江两岸，贯穿着汉江的历史，古往今来，无数的风流人物在这里一展雄才，无数的传奇故事在这里经久流传。

一、云梦之会的神异与江汉好游的狂放

说到温柔浪漫，人们习惯于联想到女性身上。人们大多知道湘女多情、川女热情、北女豪情、南女温情，也都知道明清时期的秦淮粉黛、江南艳姬，却很少有人知道江汉女子，也很少对江汉女子做出独特的品评。殊不知，“江汉好游”，也是古代许多文人对江汉地区女子的一种印象，一些史乘志书也曾大肆渲染，而其实际情形究竟如何，今人早已不甚了了。

我们现在虽然很难知道云梦之会的具体情形，但从其他地方所流传下来的诗文中，也可略加想象，读出其中所蕴含的文化信息。

第一，当时江汉之间的社会风气比较开化，自由恋爱不仅是许可的，而且受到社会风俗的保护；第二，宽松的社会环境，一度使江汉地

区成为青春期青年男女恋爱的天堂；第三，江汉好游约定俗成，并影响了周边地区风俗。我国西南地区一些少数民族的风俗如“三月三”、“绕山林”（或称“绕桑林”“绕三灵”）、踩山节、跳花会、春月圩歌等，或许与此风俗一脉相承。清代学者赵翼在《檐曝杂记》中也曾记载，生活在广西壮族自治区、贵州省、云南省等地的少数民族，如苗族，盛行每逢春天墟集时举行歌会的习俗，歌会上青年男女各坐一边，亮起自己深情的歌喉，唱出心中缠绵的爱意，以博得心上人的好感。如果对歌的时候男女两人都情愫萌动，有心相许，在歌唱完毕后就可以携手到墟上的酒棚里并坐就饮，彼此赠送礼物以定情，定期相会。楚地云梦之会的形式与内容或许与此相去不远，这从《诗经·国风·周南·汉广》中所咏汉江之滨的“游女”形象身上，我们可以回味再三，去咀嚼个中无限滋味。游女的形象，由此定格在人们的记忆中，留下无穷的瑰丽想象。

二、汉江神女的浪漫飘逸[①]

古人以为，是山都有精神，是水都有灵性。从江河来说，长江有巫山神女，黄河有洛河女神，湘江有湘水女神，汉江也有汉江神女。汉江神女据传就活动在以襄阳万山为中心的汉江之滨。

汉江神女第一次登台亮相是在《诗经·国风·周南·汉广》中，她被称为汉江游女，是以一个樵夫心上人的身份出现的。这首诗是这样写的：

南有乔木，不可休思。汉有游女，不可求思。汉之广矣，不可

① 潘世东. 汉水文化论纲［M］. 武汉：湖北人民出版社，2008：390-395.

泳思。江之永矣，不可方思。翘翘错薪，言刈其楚。之子于归，言秣其马……①

这首诗写得非常缠绵、忧伤，也很哀婉，可以说深情无限。

在如此热烈、深情的表白下，汉江游女的反应又是什么样的呢？汉江游女留给小伙子的不是含情脉脉、幸福羞涩的爱情承诺，也不是桑间濮上、幽期蜜会的甜蜜，而是悄无声息的沉默。

在这里，作者告诉了我们四个信息：第一，从“汉有游女”的“游”字上，可以确定汉江的这位神女，她经常活动在汉江两岸。第二，她美丽无比，美丽得让人失魂落魄，迷失了自我，无法自持。第三，她是可望而不可即的、可思而不可求的，矜持、骄傲、高贵，无论你怎么热恋、怎么追求，千呼万唤都得不到她的回应。第四，她是一个砍柴人的心上人，出现在砍柴人的睡梦和畅想中。

汉江神女第二次登台亮相是在《韩诗外传》中。在《韩诗外传》中有这样的一个场面：孔子南游楚国，来到阿谷之隧，穿过长长的山谷就来到了汉江边上，看到了一位佩戴璜的少女正在江边洗衣服。那位姑娘清丽窈窕，勤劳利索，孔子就让自己的弟子上前交谈，送上了礼物，但是被这位洗衣的女子拒绝了。在这个场面中出现的汉江神女，是有见识的、知礼节的，是勤劳智慧的，是廉洁不贪的。

据文献记载，汉江神女流传在春秋战国以前，主要活动在汉江上游的汉中、中游的襄阳，此外，下游的沔阳（今湖北省仙桃市）、天门都留下了她们活动的遗迹。整个活动区域以襄阳为中心，神女的影响遍及汉水流域。

在上游，郦道元的《水经注》里面有明确的记载：汉江向东流经汉

---

① 崔富章. 诗经［M］. 周明初，等注释. 杭州：浙江古籍出版社，1998：5.

庙堆下，这里就是从前汉江神女出没隐现的地方。那么汉庙堆就是专门为了纪念、祭祀汉江神女而建的。同样是在《水经注》第28卷《沔水》中，也有明确的记载：在万山脚下汉江转弯的山坳处，就是从前汉江神女现身的地方。到了后世，在沔阳一带，还修建了不少纪念汉江神女的建筑。在沔阳范溉关有解佩亭，在襄城西也有解佩亭，在宋朝祝穆《方舆胜览》中，记载了汉江神女在天门附近活动的情况。

汉代以来，汉江游女的形象慢慢开始被神化。神化的手段之一，就是汉江游女的典故被反复地引用，出现在各种典籍中，被各大名家反复地称颂。在《水经注》里，在张衡的《南都赋》中，在孟浩然、李白的诗歌里，在许许多多作家的诗词曲赋中，都引用到汉江神女的典故。第二个手段就是直接将汉江游女当作汉江神女，在《昭明文选·琴赋》中李善注引薛君《韩诗章句》:“游女，汉神也。”汉江的游女就是汉江的神女。

《列仙传》中就记载了这样一个故事：古时候，汉江之滨的人们时常看到两位神采飞扬、衣袂飘飘的女子。有一天，这两位女子正在江汉之溪游玩，恰巧就碰上了从北方前来的郑交甫。郑交甫一见倾心，转身就对自己的仆人说:“今天我要向这两位女子索要她们的玉佩。”这位仆人久走江湖，经验老到，就劝阻他：“公子啊，你千万不要造次，我听说这一带的人擅长辞令、工于应对，弄不好就会弄巧成拙，反受其辱。”但是郑交甫听不进劝告，他一下子跳下马，几步就走上前去，向这两位美女搭讪:“两位小姐辛苦了!”两位女子回道:“先生不远千里，迢迢而来，辛苦的是你。我们乡里女子，何辛苦之有?”郑交甫见交往如此顺当，胆子不由得就大了几分，同时也心生邪念，张口就说开了“哑语”:“无论是橘子也好，柚子也好，我都喜欢它们，我都希望把它们一筐装了。然后把这装有橘子、柚子的筐子漂浮在汉江之上，让它们漂到我的跟前，我会趁着新鲜，连皮带叶把它们吞下去。我们萍水相逢，真是三生有幸，能否冒昧地请（求）两位小姐，将你们的玉佩留下来做个纪念呢?”玉佩在当地有特殊含义，它是这个地方通行的定情信物。郑交甫提出要玉佩，意思很明显：两位小姐我们交个朋友吧，就把你们的玉佩作为我们的定情信物。话说到这个份上，可以看出郑交甫是既无赖，又无耻。但两位女子还是不惊不恼，不动声色，真的解下玉佩交给郑交甫。

想必郑交甫开始的时候，也是醉翁之意不在酒，真正索求玉佩，恐怕没有在他的计划之中，没想到两位女子就真的将玉佩送了过来，这天大的好事，一下子落到了郑交甫的头上。

郑交甫大喜过望，他赶紧接过玉佩，放进了贴近胸口的衣袋里面，然后转身拔腿就走，生怕这两位女子反悔。走了十几步放心不下，郑交甫用手摸了摸自己的胸口，这一摸让他大吃一惊，胸口的口袋里面竟空空如也。这个时候他回头一望，江边已经空无一人。

郑交甫原本以为自己占了很大的便宜，殊不知就这样被汉江神女不声不响地耍弄了一把。他得到的只是不动声色的教训，除此之外什么也没得到。

在这个故事中，汉江神女留给我们四个方面的印象。

第一，汉江神女喜游好游，居无定所，游踪不定。今天可能在上游，明天可能在下游；今天可能在江滨，明天可能在山谷。

第二，忽隐忽现、富于变化、神秘莫测。刚刚还亲手递过来的玉佩，明明揣在胸口的口袋里面，转眼就无影无踪；刚刚还是两位活生生的、言谈说笑的女子，转眼就消失得无形无影。这等功夫和造化，使汉江神女的神奇性、神秘性不言而喻。

第三，善于嬉戏应对，百辩不穷。问不倒她，将不死她，难不住她。相反，绝处逢生，出其不意，反败为胜，汉江神女表现出交际应对中的娴熟和高超。

第四，这个故事也揭示了汉江神女世俗化、日常化的一面。这两位女子是温柔、随和的，是宽容大度的。在与郑交甫交锋的过程中，无论对方怎样唐突、莽撞，甚至无礼，汉江神女始终是和颜悦色、彬彬有礼的，既没有怒火中烧、满面怒色，也没有疾言厉色、拂袖而去，而是给足了客人的面子和礼遇。在不显山、不露水、不着痕迹中，自然而然地显示出了“伸手不打上门客”的那种宽容和大度。

这个故事高度彰显了汉江神女的机智理性，既不伤面子，又不伤身子；既不伤理，又不伤财。在彬彬有礼的应对之中，不露痕迹地将对方的吹捧推了回去，捍卫了自己的原则和利益，真正显示了汉江女子那种智勇双全、刚柔相济的禀赋。

任何神话都是历史的影子，汉江神女的产生，是否也与历史有内在的联系呢？

有学者认为，前秦人王嘉所写的《拾遗记》中的延娟、延娱两位美女就是汉江神女的原型。这两个人辩口利辞，巧善歌笑，步尘上无迹，行日中无影。第一，他们非常擅长言辞答对。第二，琴棋书画，歌舞弹唱，他们无一不会。第三，他们长得窈窕婀娜，走在路上，脚步不会留下一点痕迹。那种矫捷、灵动，非语言足以形容。这两位美女在陪伴周昭王南征的时候，一起淹死在汉江。死后精魂不灭，就变成汉江神女。《拾遗记》中载，人于汉江之上，犹见王与二女乘舟戏于水际。所以有学者就认为，真正的汉江神女应该是这两位陪同周昭王南征的美女。

汉江神女的传说，在汉水流域广泛地流传。它不仅融入了人们的生活，同时成了一个人们永远无法释怀、向往不已的美梦。可以说，汉江神女的形象，没有一个可以确定的原型。

在《诗经》中，她美丽、矜持、高傲，可望而不可即、可遇而不可求，她是一个砍柴人、卖柴人心中的美梦；在孔子面前，她们是汉江渔家女儿，是勤劳而又廉洁的洗衣女；在刘向的《列仙传》里面，她们是两位飘忽不定、行踪隐秘，既温柔、宽容，又机智理性、刚柔相济的神女；在前秦人王嘉的《拾遗记》中，她们又被视为陪伴周昭王前来南征的、不幸被淹死的美女。

对于这样的四种角色，我们究竟该认同哪一种角色为汉江神女呢？这个恐怕是一个永远都无法定论的问题。在这里，可以确定的是，汉江神女是汉江千万女儿的象征，她是对汉水流域千百年以来平民女性典型化、概括化的结果。从汉江神女身上折射出来的是汉江平民女性的智慧和德性、风采和做派。同时，在汉江神女的身上，寄托着汉江两岸人民的一种向往和期待、理想和梦幻：对高贵美丽、芳洁自持、机智理性、刚柔相济女性美的向往。

神人总是令人艳羡的，所以在襄阳一带曾有汉皋山、弄珠滩等地名，以慰人们的追慕之情。过去襄阳等地将每年的正月二十一、二十二分别称为“穿天日”和“穿地日”，妇女们喜欢在这两天到弄珠滩去游玩，并且都要找一块天然有窍的石头，用钗子串起来带回家。这种习俗所隐含的意义，现在已很难追问，但江汉女子“好游”“以嬉游为事”，早已声名远播了。

三、兰台宋玉的风骚俊雅

2000 多年前，就在如今的汉江之滨钟祥市兰台中学里，一个名叫宋玉的人和楚襄王留下了一段在后世广为流传的关于风的问答。宋玉告诉楚襄王，风有雄雌之分，雄风是暖人的，雌风是伤人的。风的冷暖是根据人所处的社会地位不同而决定的。我们今天说的雄风就来源于宋玉的《风赋》，在文中指大王之风，起于青萍之末。风可被赋予如此丰富的形象，这是楚人形象化思维方式的体现。

宋玉，楚地爱国才子，与屈原合称“屈宋”。史书记载，宋玉是屈原的弟子，善辞赋，喜爱老庄，是战国时期楚国鄢人。历史上流传的著名典故成语“下里巴人”“阳春白雪”“曲高和寡”都是从他那里来的。宋玉是寒士出身，没有屈原出身高贵，和屈原一样身侍楚王，忠君爱国，但都仕途失意不得志。屈原悲壮优雅，宋玉浪漫机智。宋玉以其文采风流和英俊潇洒的形象在史书上留名。要体悟宋玉营造的浪漫情境，应该重温流传至今的楚辞名篇《九辩》《风赋》《高唐赋》《神女赋》《登徒子好色赋》等杰作。

宋玉风流俊逸、飘然若仙的风骨气质集中地呈现在《九辩》以外的其他辞赋中，尤其是在充满浪漫和奇思妙想的《登徒子好色赋》中。一经宋玉的描述，楚地的美女艳压四方、惊为天人的面容仿佛近在眼前：

> 天下之佳人莫若楚国，楚国之丽者莫若臣里，臣里之美者，莫若臣东家之子。东家之子，增之一分则太长，减之一分则太短，著粉则太白，施朱则太赤。眉如翠羽，肌如白雪，腰如束素，齿如含贝。嫣然一笑，惑阳城，迷下蔡。然此女登墙窥臣三年，至今未许也。登徒子则不然。其妻蓬头挛耳，齞唇历齿，旁行踽偻，又疥且痔。登徒子悦之，使有五子。王孰察之，谁为好色者矣。[①]

宋玉之浪漫风流更体现在梦见神女、追求神女，并与神女展开生死缠绵的相恋上。《高唐赋》《神女赋》中出现的巫山神女，都是楚地著名

① 启晟. 楚辞新解全译本［M］. 北京：东方出版社，2019：244.

的神仙，也是楚地的保护神。其中神女瑶姬相传是炎帝之女，还没出嫁就死了，葬在巫山的向阳面，吸取天地之灵气，化为巫山的神女。神女们“旦为朝云，暮为行雨”，自由奔放，大胆追求爱情。在《神女赋》中可以看到：

夫何神女之姣丽兮，含阴阳之渥饰。被华藻之可好兮，若翡翠之奋翼。其象无双，其美无极。毛嫱障袂，不足程式；西施掩面，比之无色。近之既妖，远之有望。骨法多奇，应君之相。视之盈目，孰者克尚？私心独悦，乐之无量。交希恩疏，不可尽畅。他人莫睹，玉览其状，其状峨峨，何可极言！貌丰盈以庄姝兮，苞温润之玉颜。眸子炯其精朗兮，瞭多美而可观。眉联娟以蛾扬兮，朱唇的其若丹。素质干之醲实兮，志解泰而体闲。既姽婳于幽静兮，又婆娑乎人间。宜高殿以广意兮，翼放纵而绰宽。动雾縠以徐步兮，拂墀声之珊珊。望余帷而延视兮，若流波之将澜。奋长袖以正衽兮，立踯躅而不安。淡清静其愔嫕兮，性沉详而不烦。时容与以微动兮，志未可乎得原。意似近而既远兮，若将来而复旋。褰余帱而请御兮，愿尽心之惓惓。怀贞亮之絜清兮，卒与我兮相难。陈嘉辞而云对兮，吐芬芳其若兰。精交接以来往兮，心凯康以乐欢。神独亨而未结兮，魂茕茕以无端。含然诺其不分兮，喟扬音而哀叹。頩薄怒以自持兮，曾不可乎犯干。①

辞赋中神女美过西施，眉眼美到极致，气质非凡，静时温婉娴静，动时翩翩起舞。她品行高贵，冰清玉洁。她飘忽不定，若隐若现，神秘莫测，楚王和宋玉在梦里都对她魂牵梦萦，醒来时极尽天下之美词来夸

① 屈原，宋玉，袁梅. 屈原宋玉辞赋译注［M］. 修订版. 合肥：黄山书社，2017：452.

赞她。宋玉的这篇赋足以见证他的文采风流，也可以看出楚人的浪漫神秘。

或许，一个自由的人才能够唯美，一个宽广的人才有灵性，文化的枷锁、观念的桎梏、制度的藩篱都不能在他的身上发挥通常的力量。宋玉是灵性诗人，更是唯美诗人。应该说，宋玉风流倜傥、灵性浪漫的气质与汉江有很大关系，放到其他河流可能造就不出宋玉来，因为汉江是一条自由而有灵性的河流。灵性之河、自由之河造就了自由的宋玉。

繁星托北斗，流光倏无声。在漫漫历史长河中，在流光溢彩的《楚辞》里，楚人的浪漫飘逸横空出世，楚地的香草美人芬芳婀娜，楚地的神秘传说五彩缤纷。汉江楚地不仅是一个历史故地、地理方位，更是一种文化意味与精神蕴藉，一种令人感动的岁月传奇与灿烂文明。

四、莫愁女子的阳春白雪

宋玉流传后世的除了他的文学作品之外，还有“阳春白雪”这个成语，它就是曲高和寡的意思。这四个字的背后是一个汉江边奇女子的故事，她为这片土地上追求自由的精神气质加上了另一个有力的注脚。这个奇女子就是莫愁女。

湖北省钟祥市的莫愁湖这一池碧水就得名于莫愁女，据说莫愁女的家乡就在莫愁湖边的莫愁村，这个普通的渔家女子能歌善舞，后来结识了屈原、宋玉等人，并将《阳春白雪》等古曲入歌传唱流于民间。有诗言:“汉江紧贴石城流，石城高压汉江楼；石城湖上美人居，桃花片片涌莫愁。”钟祥，又名石城，是千古传誉的楚国歌舞艺术家莫愁女的故乡。关于她的诗、词、歌、赋不胜枚举，历历记述了莫愁女的传奇故事。也因为莫愁女的故事流传得非常广，钟祥很多地方都以“莫愁”命名，除了莫愁湖，还有莫愁村、莫愁渡等。

莫愁女本是汉江边上一个普通渔家的女子，世世代代以打鱼为生，因为歌唱得好，加之她生活的地方正好是楚国的别都，楚王经常到这个地方来度假、休闲、游玩、打猎，所以经常陪驾的宋玉发现了她，把她推荐进了宫廷，成为一名宫廷乐女。她深得屈原教导，又把屈原的作品“入歌传唱”，间接促成了汉代的刘向把屈原及宋玉等人的作品编辑成集，这才有了《楚辞》的传世。这个被后世称为“奇女子，真丈夫”的民间歌舞家，却在她的艺术登峰造极之时，与屈原一样选择了投江，以死明志。

原来，莫愁女的名气渐渐轰动了宫廷，悠扬婉转的歌声很快传遍了天下四方。风流成性的楚襄王把她强征进宫中做了歌舞女官，同时别有用心地把她的未婚夫远远放逐到扬州。一对人间鸳鸯就此被活活拆散，从此天各一方。莫愁女目送载着未婚夫的小船远去，含愤举身投江，用她美丽的生命在汉江边留下了一个“不自由，毋宁死”的凄美故事。

这就是流淌在汉江中的文化基因，无论是汉江神女的智慧飘逸，还是宋玉天马行空的想象和莫愁女投江自尽的壮举，他们无不渗透着这种自由浪漫的基因。

汉江的浪漫飘逸，只有心性洒脱自由的人才能读懂。

第二节　武当道家文化的仙风道骨

汉江是一条温柔浪漫、洒脱飘逸的河流。温柔浪漫是她的情感气质，洒脱飘逸是她的灵魂思想。因为道家思想深入骨髓，所以，在这里，社会风气开化，女子美貌多情，男子豪放不羁；在这里，人人都有浪漫的梦、温柔的梦、激情的梦、缠绵的梦，到处都有温柔浪漫、诗情画意的故事发生，到处都是才子佳人、歌儿舞女的欢唱。在这里，人们看得开，悟得深，想得透，尚独立，爱自由，乐观豁达，真情挚性。可以说，欢乐浪漫笼罩、浸润着这块土地，自由、独立支撑着这块土地，洒脱奔放滋润着这块土地。

一、道家文化的精髓与灵魂

作为汉江文化哲学代表的道家文化，其主流精神是指向独立性、求真性和科学性的。主要理由有：

第一，从道家立家创派的宗旨看，把握自然社会和人生规律是其根本目的。《汉书·艺文志》云："道家者流，盖出于史官（记事之官），历记成败存亡祸福古今之道，然后知秉要执本，清虚以自守，卑弱以自持，此君人南面之术也。"①

第二，从道家的创始人老子对"道"的定义上看，道家认为，道是自然宇宙和人间社会的最高法则："人法地，地法天，天法道，道法自然。"道家的根本目标就是要把握自然社会和人生规律，"道可道，非常道；名可名，非常名。无名，天地之始；有名，万物之母"，"道生一，一生二，二生三，三生万物"，"道者，万物之奥"（《道德经》）。在这里，道是世界的本源，也是宇宙运行的总规律。作为前者，道生万物；作为后者，道法自然。

第三，与中国主流文化代表儒家相比，道家文化更富于批判性、叛逆性、挑战性和标新立异性，总是"反"字当头，"异"字领先：反传

① 班固. 汉书［M］. 颜师古，注. 北京：中华书局，1999：1370.

统、反世俗、反权贵、反压迫、反异化。

与儒家文化相比，道家文化这一特性可以得到鲜明的印证：在功用上，儒家的积极进取、脚踏实地、建功立业的壮志情怀是中国人在艰难的人生道路上挣扎的精神动力，而道家委运乘化、投身自然、隐逸出世、不求闻达的思想则是中国人在人生战场上掩护退却的盾牌。儒家激人奋发向前，“知其不可为而为之”（《论语·宪问》），强调责任感、义务感、使命感。道家要人安于现状，随遇而安，听天由命，“知其不可奈何而安之若命”（《庄子·内篇·人间世》），强调人的自然性、自由性、自在性。在心理和灵魂的构成上，儒家及道家是中国人灵魂的两面。在精神取向上，可以说，道家肯定放弃，儒家肯定追求；道家是退守自保的哲学，儒学则是进取奋发的哲学；道家的精神实质在于放弃，也即道家所标榜的倾向自然、投入自然、回归自然的自然追求。在哲学的出发点上，儒家重人事，着重于探讨社会、人生的规则、规律，其以礼为行为规范，以仁为核心内容，以义为人格理想，企求建立一个和谐的大同世界。而道家则崇天道，着重探讨破解自然宇宙的奥秘，其以自然为行为规范，以道为核心内容，以自由逍遥为人生的理想境界，企求回归到人类的童年时代：小国寡民，无知无欲，无礼无法，纯朴自然的原始混沌状态。儒家崇尚文饰、文明，道家崇尚自然。服饰及举止上，儒家峨冠博带、文质彬彬、斯文有礼；道家则一无所忌，一任自然。儒家创造社会文明体制、礼仪制度，道家提倡无为。儒家尚刚强，道家贵柔弱。道家处处都在挑战权威，处处都在昭示着高度的独立自持和自尊自信。这种独立求真、探索真理的精神使汉江文化极富挑战性、自由性和独立性。

二、来自琴台的真挚与真诚

武当道家的仙风道骨反映在返璞归真上，即讲究真性情、真感情、真友谊。比如汉口琴台就是缘于一个温馨迷人、余味无穷的传说："伯牙鼓琴，钟子期听之，方鼓琴而志在太山，钟子期曰：'善哉乎鼓琴，巍巍乎若太山。'少选之间，而志在流水，钟子期又曰：'善哉乎鼓琴，汤汤乎若流水。'钟子期死，伯牙破琴绝弦，终身不复鼓琴，以为世无足复为鼓琴者。"①

相传在一个中秋之夜，奉命出使楚国的伯牙泛舟至汉阳江口，夜泊江岸。当晚江风习习，皓月当空，正是良辰美景、夜色迷人。精通音律的伯牙抚琴抒怀，调寄高山流水。那叮咚悠扬、蕴含深远的琴声引来樵夫钟子期在一旁聆听。伯牙琴弦忽断，便猜想定有知音之人偷听，环顾四周，见子期在岸，即邀其上船就座。伯牙复续弦抚琴，决定演奏以高山为主题的乐曲。一串音符刚从瑶琴上飘然而起，钟子期马上就听出来了："真是美呀，庄严肃穆，巍峨高耸！大人之意，志在高山。"伯牙内心极为叹服，又决定以江水为主题再弹奏一曲，琴声刚起，钟子期会心一笑，说："真是美呀，浩浩荡荡，奔流不息！大人之意，志在流水。"

朋友易得，知音难求。伯牙巧遇知音，不胜欣喜，二人便以浩浩江水为证，以兄弟相称，相约来年中秋此地再会，重述知音之情。

一年过后，伯牙如约再访时，子期已身染重病，抱憾而亡。伯牙痛失知音，面对一丘黄土，悲痛欲绝，便在子期墓前，抚琴祭奠，重弹《高山流水》，寄托无限哀思。《警世通言》有诗云："摔碎瑶琴凤尾寒，

① 冀昀. 吕氏春秋［M］. 北京：线装书局，2007：276.

子期不在对谁弹！春风满面皆朋友，欲觅知音难上难。”① 清风明月、江水涛声依旧，朋友故人却溘然长逝，长歌当哭，伯牙依然哀恸难抑，遂将七弦琴摔碎，从此罢琴不弹。

这就是流传千古的“摔琴谢知音”的故事。从此，人们以“高山流水”象征深厚友谊，把“知音”喻作知心朋友。中国古人将“相知”分为三重境界：恩德相结，谓之知己；腹心相照，谓之知心；同气相求，同声相应，心有灵犀，心心相印，这才可称之为知音。前二者成于生活与道德规范的引导，后者则诞生于人性的天然禀赋，可见知音是相知的最高境界，更是人类梦寐以求的崇高情谊。正是基于此，明代冯梦龙先生引后人诗赞曰：“势利交怀势利心，斯文谁复念知音。伯牙不作钟期逝，千古令人说破琴。”② 其中的滋味有谁堪以复说？又从何复说？真是让人无以述说，欲说还休。

三、武当道家的自持与自信

武当道家的仙风道骨反映在人格的自持上。不盲目从众，不轻易流俗，我说我想，我行我素，率性而为，天人合一。如武当武术的创始人张三丰的行事为人就是这样：凭着自己对宇宙自然规律和世情物理的认识来决定为人处世的原则。他觉得这个世界到处充满欺诈和不公平，就路见不平、拔刀相助，处处行侠仗义，不管别人是褒是贬；他觉得官职官位束缚累人，就辞官为民，甘做普通百姓，不管别人说好说坏、说智说傻。张三丰的境界，事实上就是逍遥、洒脱、自由的境界。他抛弃了各种物累和羁绊，推翻了各种压迫，真正地做了自己。

---

① 冯梦龙. 警世通言［M］. 北京：华夏出版社，2013：9.
② 冯梦龙. 警世通言［M］. 北京：华夏出版社，2013：9.

武当道家的仙风道骨反映在意识形态上，表现为崇尚思想的独立。在当代，提起汉江，人们都会不约而同地想起一代哲人杨献珍不盲从潮流，不迷信权威，敢于坚持己见，独立探究，追求真理，别开生面地提出了“合二为一”的论断，表现出了一个思想者无所畏惧的勇气和一个真理探究者对真理的痴迷！这里所体现的是典型的独立求真、勇于探索的精神。

四、襄阳好风日，留待与山翁

武当道家的仙风道骨反映在生活态度上，就是珍视美好时光、把握美好事物、追求美好理想。武当道家向来重生、贵生，珍视生命，看重生命中一切美好的东西，追求长生久视，得道成仙。只有长生久视，得道成仙，这才算实现了生命的价值。而要长生久视，得道成仙，就要在心态上乐观自在，在精神上轻松自由，采天地之精华，吸日月之灵气，养好内丹外丹，强身健体，不断修炼，不断提升自己的境界，最后达成理想。

“春眠不觉晓，处处闻啼鸟。夜来风雨声，花落知多少。”① 它的作者是唐代诗人孟浩然。在襄阳东南约 15 千米处有一座鹿门山，这里曾是一批著名文人的栖隐之地，其中就包括汉末名士庞德公、唐代诗人皮日休和孟浩然。鹿门山内的孟浩然纪念馆据说是孟浩然的隐居地。孟浩然出生于 689 年，青年时曾在襄阳鹿门山中隐居。年近四十时，孟浩然满怀信心进京应举，谁知却榜上无名，怅然而归。仕途受挫让孟浩然转而寄情于山水之间，道家思想中的散淡与顺应自然成为他自我排遣、抚慰内心的一剂良药，他的诗作内容也由早期的政治诗和边塞诗转为以田园

---

① 孟浩然，汤会会. 孟浩然集［M］. 南京：江苏凤凰文艺出版社，2020：1.

诗为主，在冲淡自然中又透出壮逸之气，清代诗评家沈德潜评价孟浩然的诗为“语淡而味终不薄”[①]。

故人具鸡黍，邀我至田家。
绿树村边合，青山郭外斜。
开轩面场圃，把酒话桑麻。
待到重阳日，还来就菊花。[②]

这是孟浩然极具代表性的作品《过故人庄》。这首诗非常平淡，就好像是孟浩然坐在我们对面，跟我们谈他的一次经历一样。但是它里面有朋友之间的真挚情谊，没有客套，没有推辞，没有寒暄。

孟浩然的人生轨迹并非个例，他映射着中国历史上众多受挫于政治的文人群体，当他们在传统儒家求取功名的道路上碰壁之后，道家思想就成了他们内心自救的另一选择。

第三节　汉水流域的水利精神与文化

汉水流域位于亚热带气候区，气候温和，降水丰沛，是天然的稻作农业区。但西部山区崇山峻岭，水稻生长旺盛期又恰值伏旱，如果没有堰渠灌溉设施，就会影响水稻收成。中华民族的母亲河长江及其最大的支流汉江在这里流淌交汇，在给这一地区带来航运便利的同时也时刻威胁着江汉平原的安全。5000 多年来，劳动人民因地制宜，兴建了不少水

① 周啸天. 古诗词鉴赏［M］. 成都：四川辞书出版社，2018：142.
② 孟浩然，汤会会. 孟浩然集［M］. 南京：江苏凤凰文艺出版社，2020：67.

利工程，也创造了令我们倍感自豪的水利文化。直到今日，中国最早、最大的两项水利工程就坐落在汉水流域，赋予了汉水流域水利文化全新的时代内涵。

一、汉水流域以开拓创新为内在动力的水利精神

汉水流域是中华民族水利事业的发源地之一。传说早在4000多年前，中华民族的始祖炎帝就在随州发明了九井相连的水利灌溉技术。这种串联式灌溉系统很可能是当时世界上最先进的水利技术之一，并在短时期内迅速推广。1956年发掘屈家岭遗址时，考古人员在大片红烧土遗迹中惊喜地发现了炭化的稻谷颗粒，根据武汉大学生物系和中国农业科学院的检验，这些谷粒属于粳稻，稻谷壳形状细长，颗粒较大，与今天在长江流域普遍栽培的稻种非常相近。试想如果没有先进的灌溉技术，怎么会有璀璨的稻作文明？上古传说和考古发现告诉我们，很可能汉江儿女以敢为人先的开拓精神创造了中国最早的水利工程。

更接近史实的是大禹治水的故事。陕西省旬阳市关口镇，依山临水，风景秀丽，这里被称为汉江第一湾。汉江北岸的峭壁之上，有一个岩穴，高约8尺，深丈余，上刻“禹穴”二字。直到今天，仍有虔诚的后人不远万里赶来祭拜。大禹是传说中夏朝的第一位君主，人们祭拜他就是因为他最卓著的功绩——治理滔天洪水，大禹治水为中华民族雄伟壮丽的水利史诗谱写了最早的篇章。其实，在广袤的荆楚大地上就留有大禹治水的深重足迹——汉江三澨。据古文献资料记载，大禹的确对汉江进行过考察和治理。《尚书·禹贡》是这样记载大禹对于汉江的功绩的：“嶓冢导漾，东流为汉；又东，为沧浪之水。过三澨，至于大别，南入于江。东汇泽为彭蠡，东为北江，入于海。”

约4000年以前，华山、嶓冢山以南，岷山、蔡山以东，伏牛山以西，蒙山、荆山以北的广大区域，属于古梁州。汉江是古梁州最北面的一条大河。大禹荆州治水，从大别山下来后，西行经过内方山，到了大荆山。在这里，大禹发现了一条沧浪之水，从西北方向呼啸奔腾而来，经过荆山东北麓，直向东汹涌而去。这水因为碰到大别山山麓的阻拦，忽又折向南流，奔腾不息地流入云梦大泽，最后汇入长江。大禹继续察看水势，他发现，就在附近，除了汉江以外，还有自北而南的丹江和白河，也是水势汹涌。这三条河，其水患不仅威胁着河水两岸人民的生活，同时对下游的荆州、扬州也构成很大的威胁。大禹治水历来是顺水之性，高者凿而通之，卑者疏而宣之，使河道畅通，东流入海。但在治理汉水流域“三水”的时候，大禹却出了“怪招”：不是采取以往疏通河道的方式，而是命令众人横江修筑堤防。众人问，难道不怕水壅堤溃吗？大禹给出了令人信服的答案：汉江与黄河等河流大有不同。黄河上游流经黄土，携带泥土甚多，而下游又无大湖为之宣泄，修筑堤防之后，泥沙淤积，年深月久，必定溃决。而汉水流域“三水”，水清见底，水流平稳，在夏秋两季，上游水势上涨，地势又陡，流势因而迅疾。在这里用堤防一拦，使其就范，直向云梦大泽而去，这样人们才能安居乐业。于是，众人心悦诚服，汉江、丹江和白河上便多了三道大堤防。后来，人们便把这三道大堤防所在区域取名为“三澨”。直到春秋时期，古均州一带依然被称为“句澨”。

如果说炎帝和大禹故事只是传说，那么孙叔敖的水利功绩则是见诸正史且有实物佐证的信史。孙叔敖十分热心水利事业，主张采取各种工程措施：宣导川谷，陂障源泉，灌溉沃泽，堤防湖浦以为池沼，钟天地之美，收九泽之利，以殷润国家，家富人喜。他带领人民大兴水利，修堤筑堰，开沟通渠，发展农业生产和航运事业，为楚国的政治稳定和经济繁荣作出了巨大的贡献。期思陂建成后，安丰一带很快成为楚国的经济要地。这为楚国打败实力雄厚的晋国军队奠定了基础，楚庄王也一跃成为“春秋五霸”之一。孙叔敖修筑的期思陂，比魏国西门渠、秦国都江堰、郑国渠分别早约 200 多年、300 年和 360 年，是中国第一项规模化的水利工程。

中国最早的人工运河也出现在荆楚大地上，这项工程比著名的都江堰还要早约350 年，史称“云梦通渠”。这项被称为“云梦通渠”的水利工程东通江淮，西通云梦，沟通了汉江和长江。这条运河又被称为杨水、子胥渎和江汉运河。西晋时期，这条运河荒废，河床淤塞，《晋书·杜预传》记载，旧水道唯沔汉达江陵，千数百里，北无通路。遗憾的是，人们至今未能确定这条最早运河的具体位置。人们只能在史料上闻知这个古老传说在汉江上演过，它是汉江文明的另一个标志，代表着人类征服自然的能力进入了更高阶段。

与云梦通渠异曲同工，白起长渠历数千年风雨沧桑，直到今天还在造福一方苍生。据《长渠志》记载，公元前 279 年，白起率兵进逼鄢城，久攻不下之时，于距鄢城百里之遥的武安镇蛮河上垒石筑坝，开沟挖渠，以水代兵，引水破鄢。战后，当地农民用此渠灌田，“战渠”由此演变为灌渠。长渠历经沧桑岁月，依然默默养育着一方百姓。目前，宜城境内的长渠灌溉面积为 30. 3 万亩，占全市农田面积的一半。因为长渠的作用，宜城自古被称为“天下膏腴”之地，中华人民共和国成立之初这里曾是全国有名的“吨粮田”。汉永和年间（345—356 年），荆州刺史桓温见江陵城地东南倾，故缘以金堤，自灵溪始，建造了长江上的第一座堤防，经过历代修葺，造就了举世闻名的荆江大堤。荆州先进的水利技术也惠及周边地区。西汉时期，召信臣在南阳主持兴建六门堰和钳卢陂，以沟渠连接 29 个陂塘，形成“长藤结瓜”式灌溉系统，这种渠库结合的水利工程不正是炎帝和孙叔敖的发明创造吗？数千年来，一代代汉江儿女以“敢为人先，追求卓越”的开拓精神为我们留下了许多造福当地、惠及周边的水利工程，也留下了让我们引以为傲的宝贵的精神遗产。

二、汉水流域以富强与敬业为核心价值的水利建设文化

国富民强是历代汉江儿女的不懈追求。楚庄王能以“不鸣则已，一鸣惊人”的姿态成为春秋五霸之一得益于一支强大的军队，养活军队靠的是背后的经济实力。而楚国的物质财富的积累无疑得益于孙叔敖的水利建设。明清以来，江汉平原的粮食生产跃居全国首位，可是没有水利建设，怎么会出现“湖广熟，天下足”的经济格局？三千年前，楚人以“筚路蓝缕，以启山林”的艰苦奋斗精神创造了宏图大业，历史演进中，后人以同样的敬业精神创造财富。且不说自古繁华的江汉平原，鄂西北山区水利建设的奋斗历程，已足以让人为之动容。

鄂西北地区崇山峻岭，少有平地，地形条件限制了粮食作物的生产。但这里生物资源相当丰富，包括生漆、桐油、木耳、香菇、茶叶、药材在内的特产品种多、质量优，一直是当地农民维持生计的重要资源。贫困的山区无法提供广阔的特产市场，再优质的特产只有运出山区方有收益。以多山著称的郧西没有发达的陆路交通。汉江及其支流天河是特产外销的交通命脉。打通天河黄金水道是郧西经济发展和财源稳定的客观要求。明嘉靖二十七年（1548 年），黄翊任郧西县令，见天河巨石连亘，流常壅塞，不禁感慨“此郧民无疆利泽也”，遂决心疏浚天河，打破数百年来限制郧西发展的交通瓶颈。黄翊主持的天河水道治理工程

是事半功倍的民心工程。他在工程规划中尽量不改变河流原貌，努力顺应水流方向，这种治河理念与传统的道家思想以及今天的生态文明理念不谋而合。除了方法得当，官民共有的敬业精神和两者之间的密切配合也是治河成功的关键因素。在工程建设过程中，郧西官民合力，戮力同心。全体官民有钱出钱、有力出力是天河水道成功开通的决定性因素，也从侧面印证了山区百姓改变闭塞状态的迫切要求。

正是这种以追求富强为目的的敬业精神打通了天河的“黄金水道”。通畅的天河极大地改善了郧西的发展条件和区位优势。交通的改善使山区人民种植经济作物的积极性迅速提高。随着商标效益的推广，采摘的木耳、香菌供不应求，为提高产量，渐渐转采集为人工培育。类似天河工程这样全体官民有钱出钱、有力出力的水利建设场面在汉水流域屡见不鲜。由此可知，汉水流域的水利建设从来不是闭门造车，而是本着友善的合作精神，以集体的力量追求共同富裕。

三、汉水流域以公正和法治为根本追求的水利制度文化

无论是水利建设还是日常维护，都离不开行之有效的管理制度。汉水流域的水利制度文化同样源远流长。据载，孙叔敖在兴修水利的同时已经开始制定相应的规则。汉水流域的传统水利管理制度最终走向成熟当在明清时期。官府制定水利制度，始终本着公平、公正的原则，依照“德主刑辅，礼法结合”的传统法治精神制定行之有效的制度法规。这种原则和精神，在朱衣主持的澈瀣堰分水和赵贤始立的《堤甲法》中得到了具体的体现。

澈瀣堰在房县南十五里，灌田万余亩。水源出自滴水岩，属泉水灌

溉系统。其灌溉区域为长条形梯级谷地，按高下分三畈依次取水。如果上畈堵住水口则中、下畈无法得水，下畈为生存往往决口偷水，一旦成功，上畈必定干涸绝收。这种水利环境导致争讼不断，官府疲于应付。针对严重的争水矛盾，县令朱衣采取了三项措施：一是加固堰堤；二是加设石斗门为分水工具；三是明确用水秩序。有了完善的分水设施和相对完备的分水制度，该地杜绝了用水纠纷的发生。《堤甲法》是一套十分完备的水利设施日常维护制度。明代中期，荆州屡屡遭遇洪灾，原因出在垸田的无序开发上。最初表现为主堤与客堤的矛盾。外来移民要想侵占江湖淤地植禾种稻，就要筑堤围垸以防洪水，久而久之，容水之区渐为耕织之所。如果遇到大洪水，主客之垸都要受灾。为了抵御洪水，主客民必须共修堤防。为了解决对公共工程相互推诿的问题，赵贤规定：每千丈堤老一人，五百丈堤长一人，百丈甲一人，夫十人，一应堤防事宜，官府责成于堤老，堤老责成于堤甲，堤甲率领堤夫守御。《堤甲法》的分工也十分明确：每一堤长管五百丈，辖甲五人，夫五十人，甲夫共五十五人。如此层层责成监督，分段管理，坚决贯彻“守堤有责”的原则。这种制度从明到清沿用数百年，足见其行之有效。

房县县令朱衣成功制定分水细则得到了上级的赞赏，时任郧阳巡抚的王世贞作《澂澥堰斗门碑》叙述了此事。在细则的字里行间，我们可以窥见传统中国“德主刑辅，礼法合一”的法治理念。赵贤主持制定的《堤甲法》明确规定，不论是军屯还是民田，不论是官府土地还是王府庄田，都必须依照受利多寡各自分堤防守。在汉水流域的大山腹地，在官本位的传统社会能够如此坚决地贯彻公平、公正的法治原则，实属难能可贵。

四、汉水流域以和谐与文明为基础理念的水利生态文化

汉水流域上游崇山峻岭，山高坡陡，如果不注意生态保护，极易发生水土流失。流失的水土顺流而下，势必抬高下游河床，一旦泛滥势必给地势低平的江汉平原造成巨大的灾难。由于生态文明建设的客观要求，汉江上游的生态保护受到政府和人民的高度重视。在传统社会，国家政权没有生态保护职能，但人们出于保护农田水利、培育木材、保护风水的需要，仍有朴素的环境保护意识。一些有识之士甚至将这种朴素的思想付诸实践，客观上达到了防止水土流失、保护生态环境的作用。此处仅以明代湖北省上津县为例，以求管中窥豹。

上津位于汉江支流夹河（今金钱河）下游东岸，上津城三面环山（至今尚存），由于土质疏松，近城地区时常发生地质灾害，知县胡岗调查发现：津邑东山，近城一带旧有水道。近城东山，颇为高广，一经涨涌，水势甚大。先是山有林木，及时疏浚，居民安堵。其后因民图利，陆续开垦，锄种麦黍。骤雨淋冲，则石泥滚壅，年复一年，失于浚导，以致漫没，为害匪细。

这位胡知县对地质灾害的认识是相当正确的。老百姓贪图小利而盲目毁林垦荒造成水土流失，流失的水土淤塞水道，以致漫没为灾，影响到城池的安全。为了彻底解决问题，胡知县令业主冯激等各自歇荒，多蓄树木以供税粮。胡知县的做法与今日的退耕还林毫无差别，如此则水道疏通，城池坚固，生民可免沉溺之患。胡知县的做法立足当下，放眼长远，以社会契约和政府强制相结合的方式解决生态灾害问题，在当时的时代背景下无疑是有远见卓识的举措。

该事件说明，早在明清时期，汉水流域人民已经认识到防止水土流失对于可持续发展的重要性。明朝末年徐霞客游历武当，在《游太和山日记》一文中记录太和山间“桃李缤纷，山花夹道，幽艳异常。山坞之中，居庐相望，沿流稻畦，高下鳞次不似山、陕间矣”①，好一幅世外桃源景象。徐霞客行至均州，见到的汉江是汪然西来，崖下苍壁悬空，一派清流绕面的景象。河流的含沙量最能集中体现流域内的水土流失和植被覆盖情况。关于汉江的水质，诗歌亦有诸多记载。以襄阳为例，俞士吉的《汉江鸭绿》云:“落日行大堤，爱此春江绿。谁云可染衣，华我襄民服。谁云可作醅，取我襄民足。临流不敢唾，聊以鉴眉目。”薛瑄《汉江晓泛》载:“城下扁舟发，江清宿雾消。”没有良好的水土保持，怎么会有如此清澈的江水？可见在几百年前，朴素的生态文明理念已经深入人心，汉水流域人民已经开始为保护生态环境、构建和谐家园而努力。

五、汉水流域以爱国与奉献为内在灵魂的水利移民文化

大型水利工程的建设，总会牵涉移民问题。大型水利工程移民不仅是淹没区社会生产力的空间转移和生产要素的重新组合，也是一次社会结构的重大调整。中国人素有安土重迁的传统，让数代安居的库区人民舍弃苦心经营的故土背井离乡，无疑是牵动全局的世界性难题。丹江口水利枢纽和南水北调两项著名的水利工程都坐落在汉水流域，其建设过程中数以百万计的汉江儿女发扬“舍小家，为大家”的爱国奉献精神，含泪离开难以割舍的故土，成功保障了两大水利工程的顺利完成。

---

① 刘虎如，王美英. 徐霞客游记［M］. 武汉：崇文书局，2014：59.

为了配合国家战略调整，支援丹江口水利枢纽建设，数十万汉江儿女，义无反顾地捐献出上百万亩良田，离开了世世代代居住的祖屋，迁移到陌生的地方，重新创业。

值得一提的是，水利移民的成功落居，极大地促进了汉江文化的传播和不同地域文化的交流和融合。在中央政府的统一部署下，几乎每个受水省市都为南水北调水利工程移民提供了对口支援。水利移民在融入当地生活的同时，也将独具特色的汉江文化传播到中国的角角落落。移民所到即文化所及，水利移民极大促进了不同区域之间尤其是中原文化、巴蜀文化、荆楚文化、湖湘文化、关中文化的交流与融合。更加重要的是，广大移民以汉水流域人民特有的筚路蓝缕的进取精神艰苦创业，重建家园，让对口支援地区人民深刻感受到汉江文化的独特魅力，也让汉江文化在移民与创业的过程中得以传承和升华。

以爱国与奉献为内在灵魂的汉水流域水利移民文化，是民族精神与新时代历史任务相结合的典范。在水利事业蓬勃发展的当下将这种精神发扬光大，对水利事业继续迈进和综合国力的提升无疑具有重要的指导意义。

综上所述，数千年来，一代代汉江儿女以“敢为人先，追求卓越”的开拓精神创造了无数伟大的水利工程和先进的水利技术。在历史的演进中，逐渐形成以富强与敬业为核心价值的水利建设文化、以公正和法治为根本追求的水利制度文化、以和谐与文明为基础理念的水利生态文化以及以爱国与奉献为内在灵魂的水利移民文化。这些历史悠久且与社会主义核心价值观高度契合的优秀文化不仅是我们引以为傲的精神财富，也是推动人类水利事业继续迈进的强劲的精神正能量和厚重的历史文化支撑。

第四节　江汉朝宗流汤汤

大江东去，汉江北来，两江交汇处的汉口凭借“占水道之便，擅舟楫之利”的天然港埠，催生出“十里帆樯依市立，万家灯火彻宵明”的繁盛街市。挟裹汉正街之盛名，汉口遂由“五百年前一荒洲”演化为“天下名镇”。江汉朝宗，其流汤汤。站在汉阳龟山脚下的江汉朝宗亭极目远眺，呈现在眼前的是一幕“双江送浪波光涌”的壮丽奇观，长江在龟蛇夹持间与千里奔袭的汉江交融，造就出恍若人间仙境的江城，也造就了世界第三大河及其最大支流相融东去的雄浑壮丽景观。

一、两江淌出汉正街

中国四大名镇之一的汉口，地处长江、汉江交汇以北的地域，隔长江与武昌相望，隔汉江与汉阳相望。历史上，汉江汇入长江的地点曾多次改变。明成化年间，汉江完成了迄今为止的最后一次改道，将出水口选择在汉阳龟山北麓一片开阔的地带，使得今天的汉口成为同临两江的黄金地段。于是，便形成了汉口最早的街巷——由河街逐渐延伸而孕生出的汉正街；于是，汉口便由“满滩芦花、鱼跃凫飞”的荒滩开辟出一片新天地，渐成四方淘金者乐园，从五方杂居直至华洋荟萃，迅速崛起成为商贸巨镇，由此奠定武汉三镇隔江鼎立的格局。

汉正街西起硚口，东到集家嘴，全长超过 3 千米。汉正街商业的第一个辉煌期出现在明朝末年。当时汉口镇与河南朱仙镇、广东佛山镇、江西景德镇并称为中国四大名镇。据文献记载，汉口城市重心从沿河转移到沿江肇始于近代开埠之后，汉口的商贸中心从沿河汉正街一带转移至中山大道则发生于20世纪20年代以后。由此足以证实，汉口之所以为天下名镇，所仰仗的正是一条汉正街，因此也有“先有汉正街后有汉口”的说法。

清代，汉口的水运业突飞猛进。在传统的帆船运输时代，长江、汉江和洞庭湖流域之间的货物都通过汉口转运。清初以来，汉口便是两湖淮盐分销、漕粮转运及农副土特产的贩运中心。清康熙年间，此地设立汉口巡检司，其所在的长街成为汉口镇的正街，又称官街，沿街店铺林立，八方商贾云集，街情民风淳厚。汉正街市场西段以粮、油、棉、什业居多，东段以药材、参燕、金银、票号、典当为主，中段最为繁荣，密布百货、布匹、山珍、海味、纸张等大小商铺。应该说，汉江水运的繁荣带动了整个汉口乃至武昌、汉阳港埠的兴旺，汉正街的商贸市场由码头发展到河街，又由河街发展到正街，推动了整个武汉市场向纵深发展。

近百年来，汉正街一直是旧汉口镇的商业核心之所在。旧汉口镇之商业有所谓上八行（商业行栈）、下八坊（手工业作坊）。

改革开放后，汉正街成为中国商品流通体制改革的“引路人”，赢得了“天下第一街”的美誉。其实，20世纪80年代初汉正街的崛起，只是源远流长的汉正街商品经济的一个复苏。而数百年汉正街商贸史，完全可看作汉口商业史，乃至中国明清以来商业发展史的一个缩影。

悠悠五百载，汉正街不仅以商业贸易闻名海内外，其数百年历史发展也孕育出多姿多彩的汉口文化。古往今来，这里云集着来自各省的商贾和各行各业的手工业生产者，商铺比邻、会馆林立、庙堂棋布。多年过去，可见证这段历史的，除了史志的记载，就是世代汉正街人在这里苦心经营的规模宏大的街市和各类会馆、书院、庙堂及近代工业化的厂房等。汉正街早已不是一个单纯经济意义上的商业街区，而是一个具有老汉口商业底蕴的文化街区，它孕育了多元荟萃的汉口文化。汉正街南北汇聚、五方杂处的地域特点，也使其文化呈现出繁荣多样的景象。

汉正街作为武汉早期的商业中心，为武汉的发展添上了浓墨重彩的一笔。现在武汉已有了东汉正街、西汉正街。2011 年，武汉市引导汉正街市场整体搬迁至黄陂区汉口北市场，而在原汉正街区域进行汉正街的改造升级工程。汉正街购物主题公园项目、跨江摩天轮“汉江之眼”等都为汉正街增添了新的风景。

二、江汉朝宗进行时

自古“江河淮汉”盘绕神州，唯武汉独居其二，并独有江汉朝宗之壮景。相传上古时期大禹曾到武汉治水，引汉江入长江。在汉阳龟山脚下，迄今尚遗存一座并不显眼却有着丰富自然和人文内涵的江汉朝宗亭。而汉阳龟山东麓临江石矶，据传是大禹疏导汉江入长江之处，故名为禹功矶。武汉也因此一直是人们祭祀大禹的重要之地。

“江汉朝宗”是武汉最早的文化地标之一。这四个字出自《尚书·禹贡》“江、汉朝宗于海”①，意即江汉汇流，朝宗归海，犹如各路诸侯去朝见天子一样。因《禹贡》大部分内容都是介绍古代九州的地理要素，近当代学者多把它当作一篇古代地理志。但其实古代学者是将《禹贡》视为一篇讲“王朝贡赋之法”的著作。从其名而解，所谓“禹贡”，即为“禹制九州贡法”之意。再观其内容，对地理要素的大篇幅描述的目的是明确九州的划分和各州的税赋贡品等级，通过开九州之山以通路，导九州之水以通航，使九州统一兴旺，进而实现以天子领地都城为

① 徐奇堂. 尚书［M］. 广州：广州出版社，2001：36.

中心，以五百里半径递增的五个同心圆范围内“五服”的王朝发展战略目标，此“五服”由里向外分别被命名为甸服、侯服、绥服、要服、荒服。

最早完整记载古代中国治国典制的《周礼》，有对“朝宗”的解释，即“以宾礼亲邦国，春见曰朝，夏见曰宗”[①]。由此可见，“江汉朝宗”更在深层次承载着先祖圣贤为国家治理和发展做宏远规划的一片苦心，标志着古代中国人对一种相对成熟的政治形态与文明秩序的想象和期待，寄托着历代中国人“九州一体”“周围五服”的政治共同体愿望。

两江交汇造就了江汉朝宗的壮丽奇观和人文内涵。明朝开国皇帝朱元璋命名汉阳府东城门为朝宗门。明嘉靖年间，朱衣编纂的《汉阳府志》特将“江汉朝宗”列为汉阳十景之一。清同治二年（1863 年），汉阳知府钟谦钧于汉口镇建亭，亭中便绘有江汉朝宗图。饶有趣味的是，清代武汉地区沿江、沿河之税赋关隘亦以“江汉朝宗”四字排列，武昌白沙洲为江关，汉口下茶庵为汉关，汉阳鹦鹉洲为朝关，汉西上茶庵为宗关。1924 年 1 月 21 日落成的海关大厦取名为“江汉关”，上书“江汉关”三字为书法大家宗彝所题，气势恢宏，极为壮观，至今仍是武汉著名地标。而今，百年江汉关已化身历史博物馆，成为展示海关场景和“江汉朝宗——武汉城市现代化的历程”的主题陈列馆。

历代文人以“江汉朝宗”为题作诗不少，如陈国儒作有“江汉源虽异，洪流汇向东。乾坤归浩荡，城阙俨空濛。湖草连波碧，渔灯夹岸红。滔滔同入海，大国自雄风”，曾任明代汉阳知府的王静亦有诗曰：“岷江汉水合重流，远接长天领素秋。滚滚烟波归大海，滔滔雪浪渡芳洲。鱼吹萍靥通金口，鸥荡芦花过岸头。飞鹭落霞吟趣外，云帆往来送

① 崔高维. 周礼 · 仪礼［M］. 沈阳：辽宁教育出版社，1997：34.

行舟。”①

如今，“江汉朝宗”已成为武汉两江四岸亲水景区的名称，景区规划总面积98平方千米。核心景区为鹦鹉洲大桥至长江二桥间两江四岸大部分景点，延伸区则扩展到白沙洲大桥至天兴洲大桥间区域。景区中占据九成面积的是汉口、武昌、汉阳和汉江4个江滩景区，此外还有龟山“城市阳台”、晴川阁、江汉关博物馆、新武汉科技馆等景点。硚口、汉阳江滩建成后，也纳入江汉朝宗景区。

三、逐梦在天中国角

长江奔腾于前，汉江逶迤于后，两江不期而遇，造就了得天独厚的南岸嘴。披襟而来的浩荡江风与飒然而至的秀媚之韵，共同孕育了一座文明的城市。武汉的南岸嘴，被人说成是中国的丹田所在，是中国精气集中的地方。来到南岸嘴，你就会了解到即使是在城市的心脏地带，一样可以体会到天高地阔的精彩。俯眺两江交汇口，南岸嘴如二龙托起的明珠。

大自然的鬼斧神工，不仅切剖出数百年来武汉两江分三镇的奇特地貌，也造就了汉阳南岸嘴“泾渭分明”的水文特征。

自19世纪末开始，横陈于两江交汇处的这一渚头，被人们称作武汉的“城市之眼”，其“泾渭分明”的奥秘究竟何在？在武汉这座现代化的城市中心，汉阳南岸嘴分别与汉口龙王庙、武昌大堤口夹江而峙，两江四岸和三镇中心的标志性景观尽收眼底。这是上苍赋予江城的一大福祉。

如果将长江比喻为武汉的父亲河，那么汉江无疑就是武汉的母亲河

① 祁金刚. 江夏溯源［M］. 武汉：武汉出版社，2008：153.

了。从高空俯瞰武汉城区的地理构架，它是一个由水轴山系构成的大“十”字：水轴是“沉沉一线穿南北”的长江，山系是东西走向的珞珈山、小洪山、洪山、蛇山、龟山、梅子山等。南岸嘴恰好就在这大“十”字的交叉点上，其形成离不开汉江。

汉阳、汉口乃至武汉的命名都与汉江密切相关。隋大业二年（606年），依“水北为阳”之旧例，汉津县更名为汉阳县。直至明朝以前，汉江主河道经古汉阳城之南的诸多湖泊入江，当时仅有汉阳，尚无汉口，龟山之北还是一片水乡泽国。明成化年间，汉江下游连年大水，近百湖泊堤岸溃口，最大洪汛在汉阳排沙口、郭茨口之间决堤，径直东下，与龟山之北的多股汉水合而为一，汇入长江，劈开汉阳与汉口两方境土，从此改变了古汉阳的地理状态，形成了此后的南岸嘴。

从武汉上空俯瞰，龟蛇对望，大桥飞架，长江、汉江交汇处，正好冲刷出这样一块独特的半岛形区域。晴川阁、铁门关、大禹庙、归元寺、古琴台等人文景观汇集于此，文人的诗词足迹散落于此。

未来的南岸嘴可以用辉煌来形容，至少从规划看是这样。将来在南岸嘴上会有一个新的标志代表武汉甚至代表中国，这是武汉人的梦想，这里将是“中国之角”。南岸嘴已成为武汉壮丽的风景画，大桥飞架，长虹卧波，水绕青山，塔雄阁秀，涛声入耳。正当大武汉复兴的号角吹响，上演新一轮长虹飞架的巨变之时，在长江新城建设的背景下，相信在不久的将来，南岸嘴一定能够大放异彩，中国角的新奇迹值得期待！

逶迤汉江，蜿蜒三千里，历尽沧桑，兼收并蓄，孕育了流域数千年的文明，为中华民族创造了一个又一个奇迹与辉煌。江水滔滔，川流不息，历史流淌到了今天，汉江这条古老又现代的河流，背负着新的使命，又开启了全新的航程！

参考文献

[1] 张笃勤. 文化视域的汉江与武汉[M]. 武汉：华中科技大学出版社，2014.

[2] 蓝勇. 长江[M]. 南京：江苏教育出版社，2006.

[3] 王杰，王保畲，罗正齐. 长江大辞典[M]. 武汉：武汉出版社，1997.

[4] 钟年，孙秋云，詹全友，等. 大江东去：长江流域的自然地理和人文地理[M]. 武汉：武汉出版社，2006.

[5] 贺云翱. 长江文化论丛[M]. 北京：中国文史出版社，2006.

[6] 黄强，唐冠军. 长江航运百年探索[M]. 武汉：武汉出版社，2009.

[7] 罗亚蒙，崔林涛，刘典立，等. 中国历史文化名城大辞典[M]. 北京：人民日报出版社，1998.

[8] 左鹏. 汉水[M]. 南京：江苏教育出版社，2006.

[9] 石泉，何浩，陈伟. 楚国历史文化辞典[M]. 武汉：武汉大学出版社，1996.

[10] 王学雷，吴建农，王慧亮，等. 湖北省湖泊保护与管理存在的问题及对策[J]. 人民长江，2009(19)：10-11，32.

[11] 盛海洋. 我国南水北调工程规划综述[J]. 水利电力科技，2003(2)：15-22.

[12] 杨万娟. 中国汉江与楚文化[J]. 学习与实践，2006(8)：151-154.

[13] 傅广典. 郧阳文化的解读与认定：郧阳地域文化考察报告[J]. 民间文化论坛，2009(5)：76-81.

[14] 钟运峰. 陕南蜀河古镇及其传统建筑研究[D]. 成都：西南交通大学，2014.

[15] 何报寅. 江汉平原湖泊的成因类型及其特征[J]. 华中师范大学学报(自然科学版)，2002(2)：241-257.

[16] 程金文，邢海虹. 基于历史文化名城的汉水流域文化时空特征研究[J]. 郧阳师范高等专科学校学报，2013(5)：18-22.

[17] 叶裕民. 湖北钟祥石牌古镇研究[D]. 武汉：武汉理工大学，2006.

[18] 王生铁. 汉水文化开发与“南水北调”相关问题[J]. 沙洋师范高等专科学校学报，2013(1)：33-41.

[19] 王雄. 汉水，中国神话文化的源头[J]. 中国三峡，2012(6)：5-7.
[20] 李中轩，朱诚，闫慧. 汉江中下游新石器文化遗址的空间格局[J]. 地理科学，2011(2)：239-243.
[21] 邓宏兵，郭敏. 汉江中下游湖泊——流域地区综合开发与整治[J]. 中国地质大学学报(社会科学版)，2005(2)：56-59.
[22] 杨斌庆. 汉江文化之旅[J]. 政策，2011(12)：70-71.
[23] 张中旺，白华云. 汉江水文化探讨[J]. 襄樊学院学报，2007(4)：77-80.
[24] 陈玉祥. 汉江水患史略[J]. 湖北文史资料，1998(4)：13-17.
[25] 黄强，彭东方. 大江经纬——长江流域的纵横水网[M]. 武汉：长江出版社，2013.
[26] 刘涛，罗军，姚育胜，等. 江上明珠——长江流域的水坝船闸[M]. 武汉：长江出版社，2014.
[27] 李孝聪. 中国区域历史地理[M]. 北京：北京大学出版社，2004.
[28] 刘军. 长江：瞩目巨龙之舞[M]. 郑州：黄河水利出版社；武汉：长江出版社，2008.
[29] 潘世东. 汉水文化论纲[M]. 武汉：湖北人民出版社，2008.
[30] 潘世东. 多维视野下的汉水文化历史地位探寻[J]. 郧阳师范高等专科学校学报，2016(1)：15-23.
[31] 钱穆. 中国文化史导论[M]. 北京：生活·读书·新知三联书店上海分店，1988.
[32] 张丛笑. 太白之光[M]. 西安：太白文艺出版社，2019.
[33] 顾炎武. 日知录[M]. 郑若萍，注译. 武汉：崇文书局，2020.
[34] 房玄龄，等. 晋书[M]. 曹文柱，等标点. 长春：吉林人民出版社，1995.
[35] 李聃，赵炜. 道德经[M]. 西安：三秦出版社，2018.
[36] 蒙文通. 周秦少数民族研究[M]. 成都：巴蜀书社，2019.
[37] 常璩，刘琳. 华阳国志校注[M]. 成都：巴蜀书社，1984.

[38] 乐史. 太平寰宇记[M]. 上海：商务印书馆，1936.
[39] 蒋冀骋. 左传[M]. 长沙：岳麓书社，1988.
[40] 冀昀. 吕氏春秋[M]. 北京：线装书局，2007.
[41] 郦道元. 水经注[M]. 谭属春，陈爱平，校点. 长沙：岳麓书社，1995.
[42] 司马迁. 史记[M]. 裴骃，集解；司马贞，索隐；张守节，正义. 北京：中华书局，1959.
[43] 谭其骧. 谭其骧全集[M]. 北京：人民出版社，2015.
[44] 水野幸吉. 中国中部事情：汉口[M]. 武德庆，译. 武汉：武汉出版社，2014.
[45] 刘向，耿天勤. 战国策[M]. 武汉：崇文书局，2020.
[46] 刘建平，刘仲喜，李大钧，等. 伤寒杂病论[M]. 石家庄：河北科学技术出版社，1994.
[47] 萧统. 昭明文选[M]. 北京：华夏出版社，2000.
[48] 王世贞，汪云鹏. 列仙全传[M]. 扬州：广陵书社，2017.
[49] 王嘉. 拾遗记译注[M]. 孟庆祥，商微姝，译注. 哈尔滨：黑龙江人民出版社，1989.
[50] 冀昀. 尚书[M]. 北京：线装书局，2007.
[51] 陈振. 宋史[M]. 上海：上海人民出版社，2003.
[52] 张骅. 西安生态文明启示录[M]. 西安：西安出版社，2013.

后　记

汉江是一条美丽而神圣的河流，即使在工业化程度前所未有的今天，它依然如诗画般清澈、美丽、安宁。汉江又是一条在我国发展历史进程中有着重要意义的河流，一个“汉”字融合了汉江与中华民族文明史的特殊缘分。用现代眼光来看，汉江是沉寂而厚重的，但正是这种沉寂与厚重，使其比中国其他河流更接近自然与人文的原生态。

面对这样一条大河，如何去展示它的诸多精彩，的确是一个巨大的挑战。由于工作关系，作者彭东方到过汉水流域的很多地方，工作期间参与了迄今为止规模较大、内容较全的流域文化丛书“中华长江文化大系(二)”的编撰，两位著者编写了《大江经纬——长江流域的纵横水网》《江上明珠——长江流域的水坝船闸》《汉江歌魂》《童心不泯——一条大江千年不歇的儿童歌谣》等著作，为编撰本书打下了良好的基础。尽管如此，在编写本书时仍感力不从心，所幸有许多专家、学者提供了有力的帮助和支持。长江航务管理局黄强同志对本书的著写始终给予了关注、支持和指导，兰州大学历史文化学院左攀博士，长江航运发展研究中心刘涛、易巧巧，特别是汉江文化研究专家、汉江师范学院潘世东教授等为本书的完成做了十分有效的工作，在此必须对他们表示衷心的感谢和诚挚的敬意！

本书是在彭东方《逶迤汉江》基础上的拓展深入，是多方多地合作的结晶。受“汉水流域文明研究文丛之乡村文化自信”总主编、汉江师范学院潘世东教授的特别邀请，着眼于为汉水文化研究的抢救保护和传承转化担当责任并做出应有的贡献，本着分工合作、文责自负的原则，本书主要由彭东方、潘龚凌子联手完成，其中，彭东方重点完成了本书自然历史、环境资源和水利水运等方面的内容，潘龚凌子重点完成了社会历史和文化艺术等方面的内容。同时，潘世东教授、王道国教授、左攀博士也完成了部分内容与段落，由于承担的内容有限，他们分别表示放弃书中署名，在此特别说明并致谢。

著者

2022 年 12 月